Basketball Lab contents

[特集] 日本のバスケットボールの未来。

[スキル特集] パス技術の水準を高める。

［特集］日本のバスケットボールの未来。

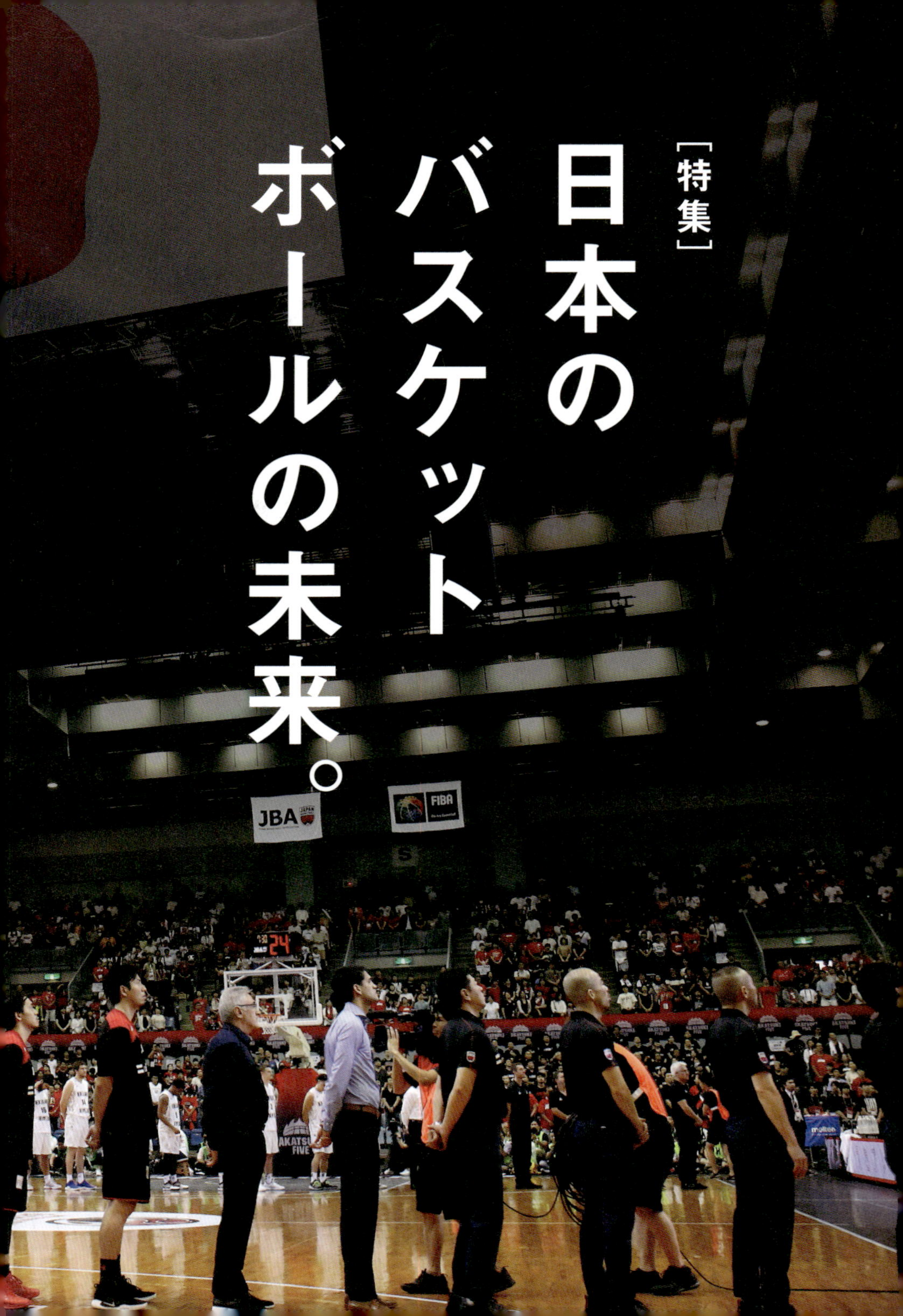

本書『Basketball Lab(バスケットボール・ラボ)』、略して「バスラボ」を刊行したのには理由がある。もっとバスケットボールを深掘りできないか。インターネット動画などでは伝わりにくいコーチや選手の考えに直接触れることで、バスケットボールをより深く学ぶことができないか。より上質なバスケットをみんなで携え、世界の階段を駆け上ることができないか。そう考えたからである。

2014年、日本はFIBA(国際バスケットボール連盟)から資格停止の処分を受けた。翌年それが解除されると、日本のバスケット界はかつてないほどのスケールで改革を断行し、2016年にはB.LEAGUE(Bリーグ)が開幕した。それ以前から世界を舞台に戦っていた女子をも一気に追い越すように男子バスケットが脚光を浴び、実力をつけ、ついにはNBAドラフトに指名される選手まで現れた。アジア3連覇中の女子を含めて、日本のバスケット界は間違いなく今、史上最も明るい光を放っている。

しかし、これに満足してはいけない。これからもより明るく輝き続けるために、普及・育成・強化それぞれの環境が改善されるような、そんな日本のバスケット界であってほしい。「バスラボ」は微力ながら、読者の皆さんとともに、その一端を担いたいと考えている。

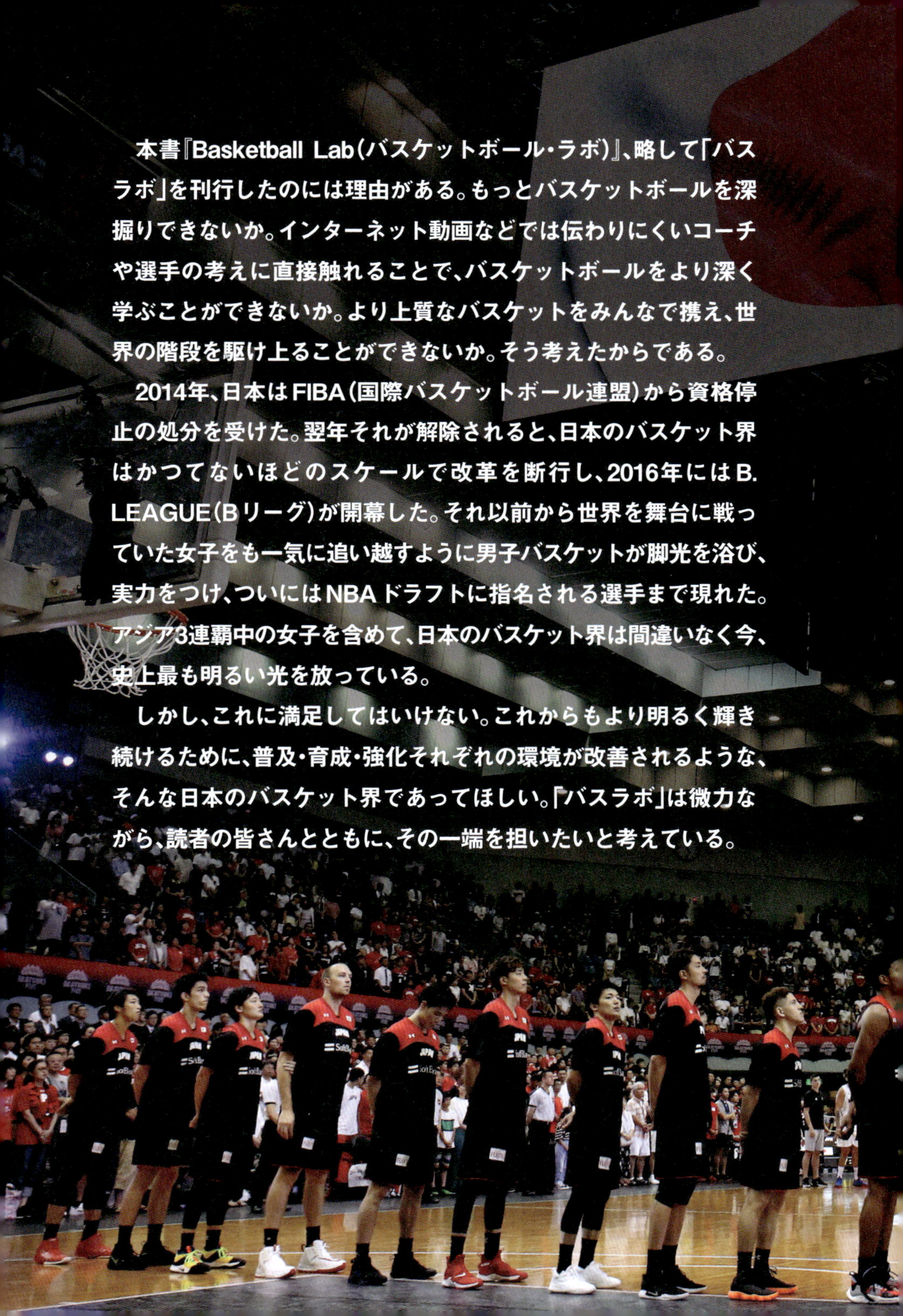

【巻頭コラム】

“当たり前”を飛び越えて明るい未来へ

text _ 宮地陽子　photo _ AFLO

田臥勇太が県立能代工業高校を卒業して、ハワイのブリガムヤング大学ハワイ校に入ったのは、今からちょうど20年前、1999年の秋だった。当時、田臥は直前まで、のちの彼からは想像できないぐらい些細なことでいろいろと迷い、それでも最後には渡米を決断した。思えば、新しい世界への好奇心があったからだったのだろう。このときの留学がなければ、間違いなく、初の日本人NBA選手誕生は2004年よりもずっとあとになっていた。

その田臥も、そして、この20年のあいだにアメリカ留学したり、アメリカでプロ選手となった選手たちにも共通していたのは、それまで慣れ親しんでいた環境を飛び出してくる勇気があったこと。そして、彼ら、彼女らはアメリカでのヒリヒリするような競争心に魅せられていった。練習のときから本気で競い、負けると本気で悔しがる。アメリカでは当たり前の、そんな環境が、日本から来た選手たちには新鮮に映った。日本では経験しなかったような壁にぶち当たり、それを乗り越えようと努力することも楽しんでいた。

印象的だった言葉がある。今から6年近く前の渡邊雄太の言葉だ。去年NBAメンフィス・グリズリーズと2ウェイ契約を交わし、田臥に次いで日本人2人目のNBA選手となった渡邊だが、このときはまだアメリカに出てきて1年目、コネチカット州にあるプレップスクール、セントトーマスモア・スクールで過ごしていた。

当時の渡邊は、初めてアメリカで過ごすシーズンを満喫していた。自分と同じぐらい背が高く、かつ万能なスキルを持つチームメイトに、今の自分ではとても敵わないと舌を巻きながらも、いつか追いつきたいと練習で競うなど、充実した日々を送っていた。

そんな渡邊に、日本でプレーしていたときに物足りなさを感じたことはなかったのかと聞いてみた。2mを超える長身でいながら器用さも兼ね備えた渡邊にとって、日本の高校では相手になる選手がいないのではないかと思ったからだ。

すると、渡邊はこう答えた。

「日本でやっていたときに（物足りなさを）感じたことはなかったですけれど、こっちに来て、たぶん今、日本に帰ったら、いろいろな部分で物足りないだろうなと思います」

想像するに、日本にいたときもそれなりにうまくいかないことがあったはずだ。試合も全部勝ったわけではないだろうし、シュートも自由自在に決めていたわけでもなかっただろう。負けた試合やミスをしたことを反省し、もっと成長しなくてはいけないと思いながら、日々を送っていたはずだ。だから、それを物足りないとは思わなかった。それが当たり前の環境だったのだ。

JAPAN
12
SoftBank

JAPAN
8
SoftBan

渡邊の3年後、2016年に八村塁がアメリカに出てきた。田臥のように留学を迷うこともなく、渡邊のようにプレップスクールで準備することもなく、明成高校を卒業してすぐに強豪ゴンザガ大学に入り、3年を過ごして、今年春、NBAドラフト1巡目9位でワシントン・ウィザーズに指名された。

身体能力ではアメリカ人選手の中に入ってもまったく見劣りしなかった八村が、大学3年で学んだいちばん大切なことは、戦うためのメンタリティだった。日本では回りにも闘争心むき出しで戦う選手がいなかったこともあって、そこはカルチャーショックだったと、八村も語っていた。そんな彼に、ゴンザガ大のマーク・フューHC（ヘッドコーチ）は「もっとナスティ（嫌な奴）になれ」「ナイスすぎる」「タイガーになれ」といろいろと言い方を変えて、試合での気持ちの強さを教え込んでいた。

八村も、日米の闘争心の違いについてこんなことを言っていた。

「闘争心とかの部分では、どうしてもカルチャーショックじゃないですけれど、日本とアメリカのもともとの考え方が違うじゃないですか。（日本人は）闘争心というものは少ないんじゃないかなぁと思って。それを今変えようと思っても、小さい頃からやっていることなので難しいところがあります。けど、だんだんわかってきたんじゃないかなと思います」

インターネットで世界がつながり、日本にいてもアメリカの選手のプレー動画を簡単に見られるようになり、スキルを真似することは簡単になったが、メンタル的な違いは実際に経験してみないとわからないところだ。

渡邊や八村がアメリカで成長してくるのと並行するように、日本のバスケットボール界でも、長く停滞していたものがようやく動き始めた。2人の存在も当然大きいが、それだけでなく、時を同じくして協会の改革が進み、才能発掘に力を入れ始め、Bリーグが設立されて国内の競争が激しくなったことも影響している。そのすべてに共通しているのは、従来の環境に甘んじることなく、変化を求めたことだ。好奇心旺盛に外に出たり、新しい方法を模索していたりすることで、日本のバスケットボール界全体が変化し始めた。

今、日本バスケットボール界の未来はこれまでになく明るく見える。それでも、現状に満足するわけにはいかない。今は当たり前なことも、年数がたち、環境が変わればすぐに当たり前ではなくなる。変化に受動的に対応するのではなく、自ら率先して新しい世界に飛び込み、変化を作り出す好奇心旺盛な人たちがさらに増えることを願っている。■

profile

東野智弥（ひがしの・ともや）

1970年生まれ、石川県出身。北陸高校～早稲田大学～アンフィニ東京。25歳で現役を引退し、指導者の道へ。コーチ時代にはトヨタ自動車アルバルク（現アルバルク東京）をJBLで、浜松・東三河フェニックス（現三遠ネオフェニックス）をbjリーグで、それぞれ優勝に導くなど、ふたつのリーグで優勝を経験。前後して男子日本代表のアシスタントコーチとしても2006年の世界選手権（現ワールドカップ）に参戦するなど数々の経験を積んでいる。2016年、現職に就任。混迷を極めていた日本のバスケット界に新しい道を示した。

公益財団法人日本バスケットボール協会　技術委員会委員長

東野智弥

TOMOYA HIGASHINO

「楽しく・一生懸命に」、世界の壁をぶっ壊せ！

東野智弥は日本バスケットボール協会の技術委員会委員長就任後、数々の改革を行ってきた。21年ぶりの自力でのワールドカップ出場、東京2020オリンピックの出場という、男子日本代表の躍進の背景にはこの男の存在がある。東野が取り組んできたこと、そしてこれから先に見据えるものとは？

text _ 三上 太　photo _ 谷内仁美

世界でトップに立つためにどうしたらいいのか考えた

東野智弥が公益財団法人日本バスケットボール協会の技術委員会委員長に就任したのは2016年5月のこと。その2年前にFIBAから発令された無期限の資格停止処分が解け、本格的に東京オリンピックに向けた日本代表チームの強化と、その後に続く若い世代の育成を推し進めることが彼に与えられたミッションだった。

しかし、当時はそれらのミッションをどのように進めるべきか、明確な答えがなかったと東野は認める。

「2016年7月に行われたリオデジャネイロオリンピックの世界最終予選に出た男子日本代表は、ラトビア代表に48対88で大敗し、チェコ代表にも71対87で敗れました。8月に行われた、当時渡邊雄太が所属していたジョージ・ワシントン大学との親善試合でも3連敗を喫したわけです。これはもう一度足元から見直す必要があるぞと考えました。なにがよくて、なにが悪いのかをもう一度検証しなければいけないと思ったんです」

検証を進めるなかで最初にぶち当たった壁は、日本に「強みがない」ことだった。むろん勤勉さや粘り、細かいことへの追求といった国民性とも言うべき長所はあるが、バスケットにおけるそれを見つけられなかった。いや、敏捷性やシュート力といった長所はあるのだが、単体では大きな効果を出しえない。ではどうしたらいいのか。深掘りしていくと、東野が以前から漠然と感じていた違和感にたどり着いた。

「男子も女子も『アジアを勝ち抜いて世界へ』という意識だったんです。もちろんそれはそのとおりなんですけど、でも実際にアジアを勝ち抜いても、世界では負けているわけでしょう。中国などは世界を倒そうとさまざまな施策をしているんですね。それではいつまでたっても追いつかない。根本的なところから見直して、世界でトップに立つためにはどうしたらいいのかと考えれば、おのずとアジアでも勝てるだろうと考えたわけです」

大風呂敷を広げている。そう思われるかもしれないが、結果的に今、男子日本代表が21年ぶりに自力でワールドカップ出場を決めたことを考えると、その原点が東野の着想にあったことは否定できない。

世界で戦うための「一気通貫」のシステム作り

それまでアジアでも10番目付近を行ったり来たりしていた男子日本代表が、世界で勝つためにはなにが必要か。明白だった。世間一般でも言われるとおり、サイズ、つまりは身長の高さである。2016年のリオデジャネイロオリンピックに出場した12カ国の平均身長は約200センチ。対する日本は約190センチである。この差をいかに埋めるか。

「それはつまり『弱みを最少化する』ことなんですね。日本の弱点とされてきたインサイドでの攻防とリバウンド。ここで相手にアドバンテージを取られてしまったら、日本の長所と言われる速さやシュート力にたどり着かないんです。だから身長という弱みを最少化してこそ、自分たちのよさを出せると考えたんです」

とはいえ、さまざまな技術が発達した現代社会においても、身長を思いどおりに伸ばすことはできない。東野は半分本気、半分冗談で「『ドラえもん』のビッグライト（その光を浴びると対象物が大きくなる秘密道具）があれば、日本を勝たせられると思ったんです」

身長という弱みを最小化してこそ、自分たちのよさを出せると考えました。

と笑う。しかしそれはできない。ドラえもんは、いない。

そこで東野は、「ビッグライト」の代わりになるものを探した。それが海外でプレーする選手を招集してすぐにチーム化できるコーチの招へいであり、帰化選手の招集であり、日本国籍を持っている、もしくは選択が可能な、いわゆる「ハーフ」と呼ばれるサイズの大きな選手を世界中から発掘することだった。

むろん彼らを招集したからといって、すぐに勝てるわけではない。それ以前に、そうした選手だけでチームを作ることは数の上からもできないし、これまで日本をけん引してきた自負を持つ選手たちは国内にも数多くいる。ビッグライトを当てつつも、国内にいる選手をいかに世界基準に引き上げていくか。

「そのためには世界を知らないといけません。日本人は積み上げていくことが得意な国民性です。毎日やり続けることに関しては世界でもトップクラスにあると思っています。ただそれが世界レベルのものでなければ、毎日繰り返しても世界レベルには到達しないんです。

だから私は、アルゼンチン代表をロンドンオリンピックで4位に導いたフリオ・ラマスを男子日本代表のヘッドコーチに、NBAで活動を続けていた佐藤晃一をスポーツパフォーマンスコーチに、それぞれ招へいしたんです」

それだけではない。現代バスケットの戦術では欠かせない「ピック＆ロール」の世界基準を身につけるべく、ルカ・パヴィチェヴィッチ（現アルバルク東京HC）をテクニカルアドバイザーとして招へいし、日本代表重点強化選手70名を対象としたキャンプを毎月行い、世界基準を徹底させていった。

チーム戦術だけではなく、「ゲームを細分化することでレベルアップすることがわかり、そのために個人レベルで落とし込むことが重要」と考えてスキルコーチを採用し、また国内のコーチライセンスにもテコ入れし、Bリーグのヘッドコーチには S級ライセンスを持たせることで国内のコーチのレベルも引き上げていった。

「いかに世界レベルの日々を創出してくか。もちろん戦術や技術も必要ですが、それは

YouTubeなどで動画を見ればわかります。でも結局のところ、選手自身、コーチ自身が変わるようなプレゼンをしなければ、変わらないと思ったんです。それを促さない限り、日々は変わらないし、日本のバスケットの文化は変わらないんです」

そこで生まれたキーワードが「日常を世界基準にしよう」だったわけである。

さらにそれを浸透・継続させるべく東野の改革は続く。

さまざまな分野のスペシャリストを集め、その英知を結集して意見を出し合う技術委員会と、それぞれの専門部会を設けた。今後、新たにひとつかふたつ増やす計画もあると言うが、現状で9つの部会を立ち上げ、大会ごとに上がってくるレポートに対して改善策を提案し次の大会に生かしていく。文字どおり「日本一丸のPDCA（Plan＝計画、Do＝実行、Check＝評価、Action＝改善）」である。

改革は男子に限られた話ではなく、女子にも適用し、また男子でもA代表だけでなく、アンダーカテゴリーの日本代表や、将来その

可能性を秘めた選手たちへの育成にまで至った。世界で戦うための「一気通貫」のシステムを作り上げたのである。
「『一気通貫』のシステムに関しては、私が以前研究をしていたアルゼンチンの取り組みを参考にしました。アルゼンチン協会は彼らが土台となって、すべての選手、すべてのチームが競争して、みんなで世界を目指すように方向づけたんです。そうすることで国内から不満の声も聞こえなくなってきました。日本も目指すところはアジアではなく世界だと。国内でBリーグやWリーグをやっていて、もちろん国内で勝つことも素晴らしいことなんだけれども、世界に立ち向かうためになにをやるのか。そういうキーワードをきちんと出さなければバスケットボールの発展はないと考えたんです」
「一気通貫」に世界を目指すためには、変化もいとわない。代表のカテゴリー分けでも2019年度からU20が新設された。
「どんどん変えていきます。世界と戦ううえでは、どうしてもやってみないとわからないことがあります。やってみてダメなものがあれば、それをさらにアグレッシブに前進させることが、世界の成長曲線に追いつき、さら

アグレッシブに前進させることで、世界の成長曲線に追いついていく。

にレベルアップすることになります。私はこれでいけると思っているんです。なぜなら、我々日本人にはやり続ける力と、粘りがあるからです」

　むろんこれまでの日本がなにもしていなかったわけではない。世界を目指してはいたが、結果として世界で通用したかといえば、それは歴史が教えてくれている。

「どこかつながらなかったんです。カリフォルニアサイズの日本で地方とか中央だとか言い合っているし、実際に男子はふたつのリーグに分かれていた。しかも40チーム以上あったわけでしょう？　でもそれがチャンスでもあったわけです。そのチャンスを日本代表にどう生かすかというプログラムを作ったときに、日本代表はとんでもないチームに変わっていったんです」

　普及・発掘・育成から代表チームの強化、選手のレベルアップ、コーチやレフェリーの養成、それらすべてがリンクしていったことで、ワールドカップ・アジア予選における男子日本代表の「4連敗からの8連勝」につながった。東野はそう見ている。八村塁（ワシントン・ウィザーズ）や渡邊雄太（メンフィス・グリズリーズ）、ニック・ファジーカス（川崎ブレイブサンダース）の加入だけがその要因ではなく、みんなが世界を目指すことに目を向け、つながったからこそのワールドカップ出場であり、その後の東京2020オリンピックの開催国枠での出場権獲得にもつながったというわけだ。

バスケへの関心、人気をレベルアップにどうつなげるか

　ここ数十年、世界はもとよりアジアでさえなかなか結果が伴わなかった男子日本代表。FIBAからの無期限の資格停止を受けるなど紆余曲折を経ながらも、Bリーグが誕生し、日常を世界基準に変えていこうとしたことで、自力としては21年ぶりのワールドカップ出場という大きな結果を生み出した。それが東京2020オリンピックの出場権獲得にも大きな影響を及ぼしたのは間違いない。

　ただ、それで満足をしていたら日本のバスケットの未来はまたも閉ざされてしまう。女子日本代表が常に世界と戦いながら、それでもやはり注目から一歩遠ざかってしまうのは、決して彼女たちに問題があるわけではなく、男子日本代表の活躍にかかっているところが大きい。

　日本のバスケットの未来について、東野はこう言及する。

「変化してきた現状になにかを付け足すというよりも、東京2020オリンピックまでという短期の強化と、その次のところはちょっと切り離して、またゼロから考えなければならないと思っています。オリンピックに44年間も出ていなくて、ワールドカップも21年間、自力で出ていないなかで、ただ今のままの勢いだけに任せると落とし穴があるのではないかと私は思っています。今も将来構想の中で改革を行っています。それは大会方式の再考であったり、リーグ戦文化を入れること、ディベロップメントセンター（育成センター）の設立、コーチのライセンス制度の再構築、レフェリーとの関係性も含めて、さまざまな

ことを考えています。もちろん社会を取り巻く環境が変わっているなかで、いかに今の子どもたちを育てていくかを考えなければなりません。それが未来につながるわけですから」

その一環として、東野は3×3（スリー・エックス・スリー）を5対5の育成ツールにしてはどうかと考えている。そこには「DNP（＝Did Not Play）」、つまりゲームでプレーしなかった選手をなくすという考えも含まれている。

「中学1年生や高校1年生の多くはゲームに出られなくて、ボールハンドリングをしたり学校の外を走ったり、腹筋などの体幹を鍛えるだけで1年が終わってしまう。そうではなく、3×3を取り入れることで彼らにもプレーの場所を与えて、DNPをなくしていく。3×3はハーフコートサイズのスペースしかありませんし、フィジカルにプレーしないとうまくいかないんです。攻守の切り替えも5対5以上に速くしなければいけないし、試合全体の時間配分なども、コーチが声をかけられないルールですから、選手たち自身でしなければいけない。そうした経験はすべて5対5にも通じるところです。3×3の大会が増えればバスケットそのものも盛んになって、代表レベルの選手発掘ももっと増えると思うんですね。正式ではありませんが、2024年（パリ）、2028年（ロサンゼルス）のオリンピックでも3×3は公式競技として認められるだろうと言われています。であるならば、日本も今からその文化を変えていかなければいけません。3×3のクラブができるかもしれませんし、もしかするとひとつのバスケット部で3×3でプレーする人と、5対5でプレーする人を分けて、メンバー選考をするところも出てくるかもしれません。それを年に1回シャッフルする。いい選手は引き上げ、ケガをした人はリハビリをして、3×3から復帰するといった新たな構造を作ってもいいかもしれません」

自ら「妄想を現実にしてきた」と自負する東野の頭の中には、いくつもの妄想、アイデアが詰まっている。

2016年、日本国内でバスケットをする競技者人口は63万人だった。1990年代、マイケル・ジョーダンが世界を虜にし、『スラムダンク』の連載が始まった頃は、競技者人口が100万にも達していたが、それが63万人まで減少し、さらにそのうちの約89％、56万人は小中高生である。大学に目を向けると競技者人口は一気に減ってしまう。むろん競技者登録をせずにバスケットを楽しんでいる愛好者もいるだろうが、国内に約760もある大学に進みながら、競技者登録をしない要因のひとつに「DNP問題」があると東野は考えている。

それと併せて、成熟した選手をもう少し早く育成していくことも大事だと考えている。

「日本では大学を卒業した22歳でプロになった、日本代表になったと喜んでいますが、世界では18歳でプロになる選手が多くいます。世界の潮流からすれば日本は遅れているんです。もちろん日本の社会や文化を考えると、セカンドキャリアのことを含めて大学に進学する選手のほうが多いことはわかっています。Bリーグで1億円プレーヤーが誕生しましたが、そうした選手もまだまだ少ないのが現状です。だからこそU20を新設したように大学バスケットの改革も急務だと思っています」

日本のバスケットの未来をより明るくするためには、そうした新しい将来を協会が主導して築いていかなければならない。よりきめ細かい目で可能性のある選手をどんどん引き上げ、安全と信頼のある協会をバックボーンに海外へ挑戦していく。国内が空洞化してしまうのではないかという懸念もあるが、そこは高いコーチングスキルを身につけたコーチ陣がカバーし、より国内をレベルアップさせていくことで、海外挑戦をした選手との融合、海外で発掘された新しい選手や帰化選手たちとの融合を行い、次の日本は新しく、プラスされたものになる。

「これまではこうした大枠をないがしろにしてきて、一つひとつの技術や、一つひとつの練習など、数々の『一つひとつ』をやってきました。でも大枠がなければ、それらをいくらやってもつながりません。大枠を策定して、選択したものをつなげていけば、日本のバスケットはおそらく世界の成長曲線にもついていけるし、さらにレベルアップすると考えています。我々の大好きなバスケットがもっと世界に追いつけ、追い越せの状況になっていく。とてもうれしいことに、今は多くの人々がバスケットに関心を持ってくださっています。でも、だからこそ今の勢いというか、短期の関心、人気ではダメだと感じています。それをさらにどうレベルアップさせるか。今のことをそのままやっていても、私はうまくいかないと考えています。そのためになにをやるかが私の次のミッションだと思っています」

協会だけではうまくいかない みんなでつながることが重要

大枠という名のキャンバスを広げたら、あとはその中身を描く人を選んで、任せていく。それが東野の役割であり、大枠の中身までを自分ひとりで描くつもりはないと認める。

「私は25歳で現役を引退してから、20年間、『クラッシャーバスケットボールキャンプ』と呼ばれるキャンプを続けていました。参加する子どもたちにサインをするとき、いつも『楽しく・一生懸命に』って書くんです。でも楽しくっていうのは『楽をする』こととは違う。一生懸命に楽しむことなんです。我々が学生の頃は、一生懸命というと眉間にしわを寄せて、厳しく叱責されながらもやることでしたが、今はそうであってはいけません。みんなで楽しみながら、一生懸命になにかを達成していく。達成することで学んでいくことが大切です。そのためにはコート上の5人がバラバラでは力が出ません。5人がひとつになることで力になって、楽しく・一生懸命になれるんです。そうすれば、バスケットを通じてよい人間になれるよと伝えてきました。未来に向かって描くキャンバスも同じです。コーチたちがよいアプローチをして、ちゃんと教えていけば、日本のバスケットは絶対によくなると思うんです。絶対はないけれども、やればやるだけ成果は出てくると思うんです。私はそう信じています」

コーチだけではない。選手やクラブ、リー

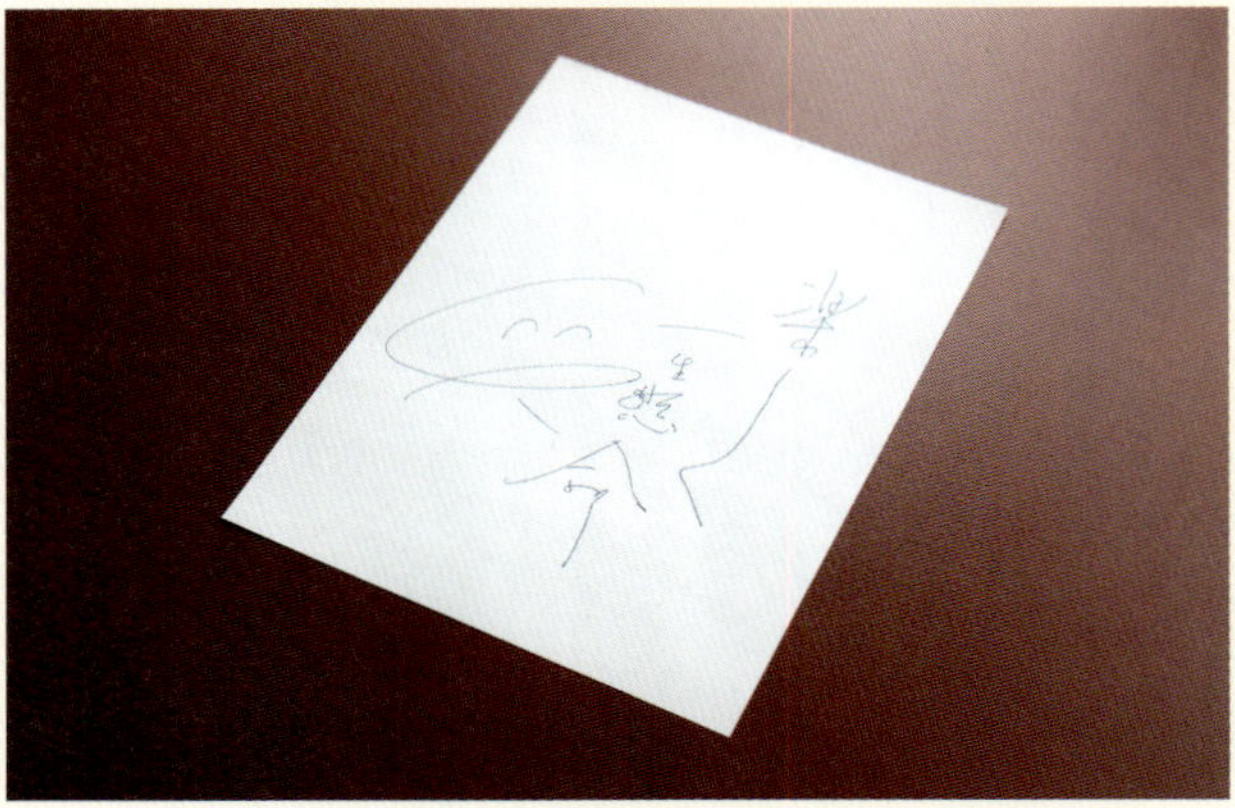

今なお東野は色紙に「楽しく・一生懸命」を記す

グ、レフェリー、スポンサー、ファン、メディアなどバスケットボールというキャンバスになにかを描こうとした人たちすべての活動が、日本のバスケットの未来につながっていく。

「それら一つひとつがつながることで、みんながいい笑顔になるんです。我々日本バスケットボール協会だけがやってもうまくいきません。みんなでつながっていくことが重要なんです」

“クラッシャー”は不変 熱く激しく道を突き進む

今年のNBAドラフトで八村塁が日本人として初めて、ドラフト1巡目9位でワシントン・ウィザーズに指名され、入団を果たした。東野はそれを「とんでもない新しい未来が始まった」と言う。しかし、その「未来」は今が過去に変わる積み重ねで生まれたものだ。今あるものを精査し、もっと質を上げていけば、日本の未来はよりよい方向に変わっていく。それを八村のNBA入りで、改めて違和感なく口にできるようになったと東野は明かす。

「まだまだ難しいところもあるんですけど、

やはりいろんなことを積み上げていかなければいけないし、形にもしなければいけません。またそれが正しいかどうかもわからないわけですよ。それでもひとつずつ……ワールドカップのアジア予選で男子日本代表が4連敗しているなかでこれを言っても理解してもらえなかったかもしれませんが、その後の8連勝で風向きが変わりました。だから今、『なぜ変わってきたか？』『こういう考えをしているから変わってきたんだ』と言えるようになってきました。そうしたキャッチボールみたいなことをやっていくしか、未来を築く方法はないと思うんですね。今はよいことを実践している人や、そのもの自体にフォーカスしつつ、その本質がなんなのかを検証したいと思っています。日本のみならず、ほかの国がやっていることにも忘れず目を向け、突き進んでいきたいと思っています」

現役時代、その激しいプレースタイルから“クラッシャー”の異名を持つこととなった東野。それは技術委員会委員長になっても変わらない。東野はこれからも世界の壁を突き破るべく、笑顔で、しかし内では熱く、激しく道を突き進む。■

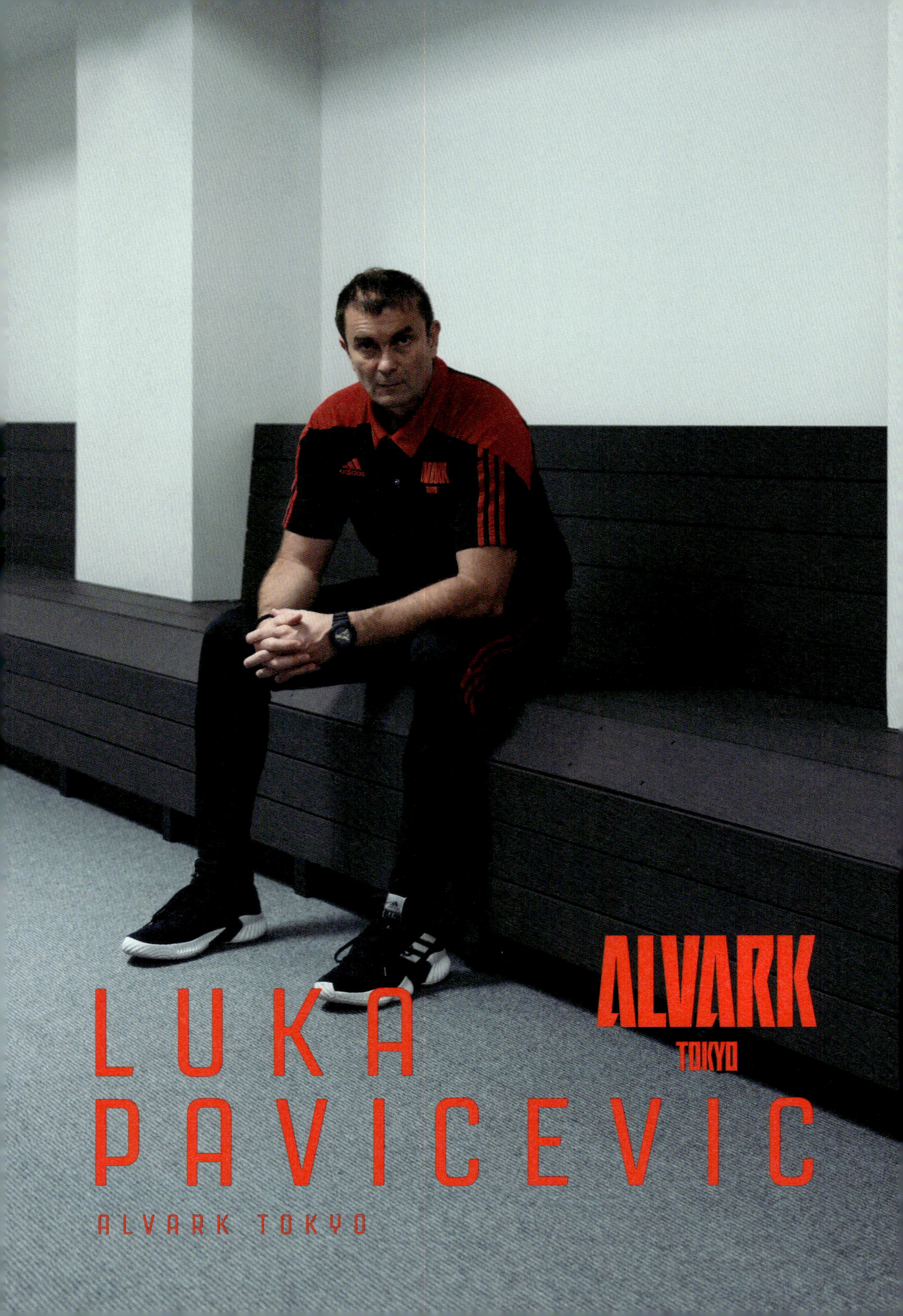
ALVARK
TOKYO
LUKA
PAVICEVIC
ALVARK TOKYO

【指揮官たちが語るコーチング哲学】

アルバルク東京　ヘッドコーチ

ルカ・パヴィチェヴィッチ

日本バスケットボールの未来へ

アルバルク東京をBリーグ2連覇に導いた指揮官が培ってきたバスケット哲学とは？　そして、彼が日本の未来に示す提言とは？　B.LEAGUE公認アナリストの佐々木クリスがその深淵に迫る。

interview _ 佐々木クリス　photo _ 少路昌平

クリス　まずなによりもBリーグ連覇おめでとうございます。一般的なファンはシーズンを戦い抜くことの困難のみならず、2連覇をすることの難しさを理解しようとしてもなかなかできないものだと思います。

ルカ　ありがとう、クリス。君は正しいと思うよ。1度のチャンピオンシップを勝つことさえ人生では大変光栄なことだ。チャンピオンシップで勝つ経験は自分の中にも永遠に残る。もしアスリートやコーチがよいサポートを受け、よいチームを組織できたとしたら勝つチャンスは増えるけど、それでも勝つことは難しいんだ。だからこそチャンピオンシップを1度でも優勝したとなれば、それは大きな成果だし、それが2度目の優勝となれば、さらに険しく、別次元とも言える。簡単にそれを達成できないのは世界中どこでも同じだが、日本には優勝候補と言えるチームがいくつも存在している。国によっては、（リーグの中で）ひとつか多くてもふたつ、特定の強いチームしか優勝候補とは言えない。でも日本では7つ、時には8つものチームにチャンピオンシップを望めるだけの力が備わっている。だからこそ優勝はより意義深くなるし、2度優勝することは本当に素晴らしいことなんだ。選手たちを本当に誇りに思う。クラブのマネジメント（フロント）のことも誇りに思うし、サポートしてくれたファンに対しても誇りに思っている。

クリス　今あなたが言ったように、2連覇達成直後のインタビューを含め、いつもプレーヤーやファンに対して彼らに相応しい賛辞を送るばかりか、ごく自然にそれを表現していますね。かつてはU19のユーゴスラビア代表としてアメリカ代表を下して金メダルを獲得し、ユーロでも3連覇もしている。なぜそれほどまでに謙虚でいられるのでしょうか？

ルカ　たぶん僕は前世で日本人だったからじゃないかな（笑）。まず、賛辞はすべて本心から来ている。そのうえバスケットで強くあり続けるためにはプレーヤー、コーチ、そしてマネジメント、それぞれの重要性という点からアプローチすることが大切だ。（インタビューなどで）3つの要素のうちひとつでも触れなかったり、強調しないことがあればそれは間違いだと思う。まず最良のチームを組織するうえで最も重要なことは、よいマネジメントの存在だ。よいマネジメントがあるチームは「我々が成長できる大地」のようなもの。そしてよい組織が存在しても、よい選手

profile

佐々木クリス（ささき・くりす）

バスケットボール解説者、B.LEAGUE公認アナリスト。青山学院大学時代にインカレ優勝を経験し、当時bjリーグの千葉ジェッツ、東京サンレーヴスでプロ選手として活躍。引退後の2013-2014シーズンよりNBAアナリストとして解説を始める。B.LEAGUE開幕年の2016-2017シーズンはチャンピオンシップナビゲーターを務め、2017-2018シーズンから公認アナリストに就任。データを駆使したわかりやすい解説に定評がある。

を集められなかったら、どれほど土壌が豊かでも関係はない。種子がよくなければ土壌が豊かでも大きくは育たないわけだから。このときに潤沢なコーチングスタッフがいなかったり、チームを作り、競技するうえで選手たちに教え込むべき習慣や規律作りの示し方を知っているコーチがいないと、マネジメントの選手選抜も難しいものとなる。だから三つのつながりは非常に強固なもので、とてもいいシンクロ状態が求められる。ただ、もし一度、誰かが幸運にもそのトライアングルを確立したとしても、対岸には似た組織力、似たコーチング力を持ったクラブが存在しているそして試合は拮抗し、多くの人が（勝敗は）運によって決まったと勘違いしてしまう。コーチにはよい選手が用意され、そしてその選手たちがコーチを招き入れて（聞く耳を持って）くれることも大事だ。時に選手は特定の人物からコーチされる準備ができていないこともある。幸運にも私のもとにはすでに人間性も含めた素晴らしいプレーヤーたちがいるそして私にコーチさせてくれる（耳を傾けてくれる）ことに感謝している。また、私自身の哲学とやり方を信じてくれるマネジメントに関して感謝も示さなければならない。（自分のやり方が）優勝するためにいちばんの近道じゃなかったかもしれないけど、コーチとして信頼を置き、サポートしてくれることはバスケットボールにおいてなにかが成長するためには欠かせない要素だ。だからこそ選手やマネジメントに感謝の言葉を口にするときは決してお世辞ではない。謙虚さは日本の大

profile

ルカ・パヴィチェヴィッチ

アルバルク東京HC。セルビア・モンテネグロ(旧ユーゴスラビア)出身。ユタ大学卒業後、欧州チャンピオンズカップ(現ユーロリーグ)3度優勝など活躍し、引退後の2003年から指導者に。ギリシャ、ドイツ、フランスを渡り、2012〜2014年はモンテネグロ代表HCを務めた。2016〜2017年は日本代表暫定ヘッドコーチ(テクニカルアドバイザー)、2017年6月より現職。2017-2018、2018-2019シーズンのBリーグ連覇へ導いた。

きな伝統の一部だと感じる。"Kenkyo"って言うんだよね? 世界の別の地域で暮らしていたのでその言葉は知らなかったけど、僕は両親や高校などで素晴らしい先生たちとの対話を続けて、最高の指導のもとヨーロッパで世界基準のバスケットを教わった。たくさんの教えがあったが、人として両足で地に立つこと、謙虚であることが、なににも優って重要だということを知った。私はこれをひとつ人生の尺度として位置づけ、コーチとしてチームや選手に伝えるようにしているよ。

クリス 謙虚であり続けることが、選手やマネジメントと向き合うことを手助けしていると感じますか?

ルカ 確信はないよ。これはコミュニケーションを取るために私が選んだ選択肢のひとつだからね。現代的な考え方では自己顕示や謙虚さを踏み越える行動もしばしば見られる。よりアグレッシブに注目を求めることも、目標へと到達する別の選択肢とも言える。でも、さっきも言ったように人生には選択肢があって、これは私が下した選択だし、もう51歳だからほかの選択肢を試すにはもう遅いかもしれない(笑)。

クリス 人々はそんなコーチの姿が大好きですよね。ファンがルカHCの顔写真グッズを持っているのを見て、最初にどう思いましたか?

ルカ 初めて見たときはかなり恥ずかしかったよ(笑)。コーチはとても重要な人物でありながら、コーチのあるべき姿はチームを導き、なにかを成し遂げようとする選手たちを

©ALVARK TOKYO

人として両足で地に立つこと、謙虚であることが、なににも優って重要だ。

せめて邪魔しないことだと思う。実際に試合をプレーするのは選手たちだ。試合では、アシスタントコーチとともにいろいろなアイデアを選手たちに提供し、選手たちはそれをとても注意深く吸収しようとする。彼らの頭、手、身体、そして化学反応が起こると、素晴らしいプレーが生まれる。スポットライトに当たるべきなのは選手たちだ。実は（竹内）譲次が初めに作ったんだよ。最初に写真を見たとき、スマホのスクリーンに映った写真はとても情熱的で、しかしとてもユーモアに溢れていると思った。自分をハンサムだとは言わないけど、譲次がこのユーモア溢れる、チーム（の連帯感）を強調したTシャツを作ったら、ファンの人たちが食いついてくれたんだ。小っ恥ずかしかったな。選手たちの邪魔になるような存在になりたくなかったが、今はプライベートなアルバルク・ジョークだと思っているよ。

クリス　僕はとても好きです。日本のファン、とくにアルバルクのファンがいかにあなたを受け入れているかを示していると感じるからです。さて、話はコーチの哲学に移ります。あなたが日本に来て、守備面ではソリッド（堅実）に、アグレッシブ（積極的）にそしてインテンシティ（激しさ、気迫を）高くということを掲げ、攻撃面ではコート上でのプレーヤーの動き、ボールの動き、複数のピック＆ロールを掛け合わせて起こすアクションなどを提唱しています。どのようにしてこれらの哲学を得てきたのでしょうか？

ルカ　私にとってバスケットボールは激しさ、積極性、スピードを掛け合わせたゲームだ。そしてボディコンタクトの多いゲームでもある。守備を構成するためにさまざまな局面で総合格闘技のテクニックを応用できる。私は自らのメンターや年月をかけてほかの同僚からも学びながら、現代的なバスケットをプレーするために選手は身体的に鍛え上げられていなければならず、積極的で、激しく、タフとなるための準備が必要だとわかった。その後に、唯一絶対のものは存在しないが、守備のコンセプトが構成される。次にチームメイトがお互いに助け合わなければならないシチュエーションがある。これらを認識し、覚えることも大切だ。コーチとして守備面ではタフであってほしいが、ソリッドにやってほしい。その意味は、ギャンブルなし、不必要なヘルプもなし、理由なくオフェンス（対戦相手）に機会を与えてはいけない、ということ。容易なことではない。このような激しく、積極的で、タフな守備をするためには選手は予測の準備として、かなりバスケットの知識を有する必要がある。攻撃側が常に先手を打てて守備はそれに対処する側なので難しいことだが、守備が攻撃を上回るためには予測が必要で、かつ簡単に守備の考えを崩さないためにも間違った対処からソリッドさを失わない強い規律が必要だ。これは私がキャリアを通じて自分の中で進化（発展）していったことでもある。今まで語ってきたことはいちクラブには所属せず、私が日本に来て男子日本代表の暫定HCとして日本のリーグや試合を見ながら、欠けていると感じたことばかりだ。皆、技術や特定の局面を制する高度な戦術にばかり思考が向いていた。多くのコーチが知識も戦術も豊富でありながら、先に挙げたようなことがスキップされているかのようだった。とくにソリッドさの欠如と不必要なヘルプの多さが際立っていた。お互い助け合おうとしているのはわかる。しかし、それは強敵に対して、より一層弱点を露呈している状態だった。だからこれらを強固なものにするべきと言い続けた。なぜならお互いを助け合う日本の倫理観や自律を重んじる姿勢が他国よりもこれらのことを達成しうるために有利だと思えたからだ。これが私からの日本バスケットボールに対する守備面での提言だった。

　攻撃面では、私はキャリアの中で、残念なことにポイントガードでありながらピック＆ロール（P＆R）を使うことなどを禁止されていたこともあった。とくにキャリアの初めの頃だが、当時はP＆Rは2対2の勝負であると考えられ、ほかのチームメイトを巻き込めないと言われていたからね。もちろんそれはP＆Rオフェンスとしては誤った考え方だ。だから私自身はスクリーンオフェンス、モーションオフェンス、インサイドオフェンスなどをたくさん遂行することが求められた。ただ、時とともに（世界の）守備が発展し対戦相手に対してしっかりとした（スカウティングに基づく）準備をすれば、複雑な（オフボール）スクリーンも守れてしまうことが明らかになった。そこから、とくにヨーロッパでは攻撃の潮流が優位性作りのためのP＆Rへとシフトチェンジした。それも2対2の戦いにとどまらず、5人全員が含まれる形でね。この頃から私は入念にP＆Rについて考えて、違うタイプの守備に適した選手の配置について学び始めた。ボールムーブメントの向上に

お互いを助け合う日本の倫理観や自律を重んじる姿勢が他国よりも有利だと思えた。

つながるコースや、ボールをサイドからサイド、アウトサイドからインサイドに動かすことで得られる優位性などだね。そしてコーチとしての成長過程で、チーム作りの中にP&Rオフェンスでの戦略や、P&Rを扱うことに慣れていない選手にも落とし込む方法論などを構築していった。P&Rは今やポイントガードひとりではなくすべてのアウトサイド選手が扱えなければならない。もちろんP&Rを起点として守備の反応を見てドライブ&リアクトに進展するし、クローズアウトからの1対1をどのように突くか、ほかの選手はスライドしたり、（ボールの動きに）リアクトしてどこに位置取りを変えるかなど、洗練されたP&Rのコンセプトを基本的に構成している。2対2と表現されるものが複雑な戦術にまで昇華されているわけだ。私が日本に来たとき、日本はこれとは完全にかけ離れたところにいると気づいた。だから私が男子日本代表を率いたときは（P&Rを行ううえでの）国際基準をもとに、（今後の）日本バスケット界の傾向を決めるための人選だった。

そして私が思ったことがもうひとつあって、日本は主にスペシャリストの活用に傾倒している。いかに〝シューターをノーマークにするか〟などね。その影響で各チームにP&Rを扱える選手がいてもひとり、もしくは誰もいないといった状況だった。加えて世界基準からかけ離れていたさらなる要因は、外国籍のルールだろう。外国籍は重要だと思う。ただし日本では外国籍の選手にボールを集め、外国籍の選手が試合を作る傾向がある。コート上には最大でふたりの外国籍選手しか出られない。ということは、背の高い選手が不足する日本では外国籍選手の獲得はすべて背が高く、点が取れる選手に限られている。2分間でそのような選手を10回もP&R（のスクリーナー）に送ることは現実的ではなくなる。その結果として日本は誤った道を進んでしまったんだ。そのあいだに世界ではより細身で身体的に絞られたインサイドプレーヤーへと傾倒して、ビッグマンでありながら複数のP&Rを行えるような、平面でも垂直方向にも運動能力がある選手が重んじられるようになった。それを尻目に日本では才能こそ豊かだが、しかし幅広で機動力に乏しくP&Rではあまり効果を発揮できない選手が選択されてきた。これも結果的に日本のガードのP&R技術の乏しさにもつながってしまったとみている。これらを人々に説明するのは難しいことだった。なぜなら日本のガードたちに教えることだけでなく、どのような外国籍選手を獲得すべきかという変化は日本のコーチたちにとって少しリスキーなことだからね。Bリーグのコーチになってからは、（攻守で）これらのことを実行している。日本への提言、それは自分が信じて疑わないことばかりだから。P&Rやボールムーヴメントなど、より多様性ある攻撃の展開へと前進するためには、もっと機動力のあるビッグマンの獲得が欠かせない。そしてより余力があり、パワフルかつスピードを維持したパフォーマンスのためにもそのような選手が（チーム内で）増えなければならない。これが攻守にわたる問いの答えであり、日本に渡ってきたあともそれがどのように結びついているかの説明だろう。

クリス　先ほどおっしゃった守備における不必要な、もしくは過度のヘルプについてですが、これまで多くの局面でそのようなヘルプをすることが日本の選手の本能などに植えつけられている状態でした。そこからアルバルクや代表選手のマインドセットを変えるのはどのくらい難しいことだったのでしょうか？

ルカ　日本代表がいちばん難しかった。月に1度しか合宿を行えないからね。僕と佐々宣央アシスタントコーチ（当時。現・琉球ゴールデンキングスHC）らスタッフでムービーを作ることはとても重要だった。そこから選手たちは各々過去のプレーを見て自分自身を見つめ直す。日本代表の過去の映像から、できていないこと、学ぶべきことの例を見つけるのは難しくはなかった。そしてヘルプすること自体はいいこと、そしてヘルプを必要としていることも事実と説明した。そのうえで、なぜ助けるのか、いつ、そしてどのくらいヘルプをし、誰に対してヘルプするのかを理解する必要があった。でも、状況によって誰を助けるかは変わってくる。異なる状況それぞれに果たすべき仕事が違うわけだが、とくに頻度の高いものから順番に分析していった。もちろん悪い習慣はなかなか抜けないものだ。

よい習慣を身につけることは非常に難しいことだが、悪しき習慣から抜けることはより困難を伴うものだからね。選手たちに一度、職務を伝え、その背後にある理由を理解してもらったあとは、彼らもそれを掌握するために献身的に取り組んでくれた。細部にわたって理由が明確なディフェンスコンセプトを持つことが重要なんだ。最大の敵は『誰が、なぜどのくらい、いつまでヘルプする』と明確に示されていないこと。だから私は、コーチとしていつもこれらディフェンスの細部を選手たちに的確に伝える努力をしている。

クリス　代表の話で思い出したのですが、60名もの選手を集めた強化合宿がありましたよね。そこで60名全員の名前をファーストネームで覚えていました。セルビアから来た人物がそれをやってのけるというのは非常に印象的でした。

ルカ　初めに訂正しておくが、私はラストネームを知っていた。だから過大評価しないでくれ（笑）。ラストネームを覚えるのは大変だったよ、セルビア語とまったく似ていないしね。でも合宿前にチームやプレーヤーの研究に多くの時間を費やしたよ。日本は五輪出場へのカウントダウンが始まっていたからこそ真剣そのものだった。幸運だったのは、若くて才能豊かな佐々ACがいてくれたことさ。キャンプ準備のために時間をたくさん費やし、佐々ACの助けをもらいながら彼らの名前を覚えることも重要だと感じていた。

クリス　当時の準備が、今度はあなたが（リーグ戦中に）彼らと対戦するうえでの準備にもなっていますね（笑）。

ルカ　たぶん君の言うとおりだね。とても助けになったのは、改めて日本のバスケットリーグの特殊さを理解できたということと、それらがアルバルクのコーチとして最初の一歩を正しい方向に踏み出す助けとなったことだ。海外のコーチが日本に来て、日本のバスケットを詳細に理解していなければ、過去にも、そして今も迷子になるケースはあるからね。

クリス　もう少しだけ攻撃、P&Rについて伺います。アルバルクの練習会場に来ると、コートにマークが貼られているのに気づき、明確にあなたの好きなスペーシングがあると理解しています。また、話で伺ったように（コート上で）3人はP&Rを扱えることを要求し、異なる状況に応じたパススキルも選手たちに求めていますよね？　それらの細部にこそ真の美しさが潜んでいると感じますが、少

日本への提言、それは自分が信じて疑わないことばかりだ。

し説明していただけますか？

ルカ　みんなパスの重要性を過小評価しているね。実際にバスケットの試合はパスの内容に大きく左右されるものだ。誰もがシュート力やフィニッシュに取り組み、ドリブルにも取り組む。しかしパスももっと取り組まれなければならないと感じているよ。速攻状態でのパス、1対1やドライブからのパスなど。そしてP&Rが現代の攻撃の主流であるからこそ、P&R下におけるパッシング技術が必要であると伝えておかなければならない。戦術的にP&Rが発展していくなかで守備もそれに抗う。ざっと12通りくらいの（P&Rに対する）戦術があるため、我々が同じP&Rを同じ場所でやっても、相手がまた別のP&Rディフェンスをすれば、それは完全に違うプレーに見えるんだ。引いて守るP&Rディフェンスと積極的に出てくるP&Rディフェンスでは、まったくパスの出どころが異なってくるよね？　ということはP&Rオフェンスの効率を上げたければ、まず守備側が我々をどのように仕向けようとしているのかを教える必要がある。守備がしていることを理解することで守備の弱点を知れる。優位性を作るため、どこがオープンでどこに目線を向けるべきかがわかる。（守備は）ロールマンに対してインサイドからヘルプを送っているのか、アウトサイドから来ているのか。リングに向かいながらのパスにもなるし、リングから遠ざかりながらのパスにもなる。右利きなら左手でのパスはどのくらいできるのか。たったひとつのP&Rの状況でも選択肢はさまざまだ。そして、我々は複数のP&Rを仕掛けるという意味でパターンは何乗にもなる。コート上の印はとくにシーズン序盤、（P&Rの）教え始めの手助けのためにある。（コート上の）どこからP&Rを始めてどのように展開し、種類の違う守備に対処しうる準備のためにある。しかしその先は選手たちが自ら判断し、時折指摘する程度のためだけで、選手たちは印が必要なくなる。パスは試合を構築するために必須であり、P&Rにおけるパスは重要だ。P&Rこそが我々のメインオフェンスという傾向があるし、我々は試合中対峙しうるさまざまなP&Rディフェンスによってボールがどこに展開されていくのかを全員が予見できるようにしたいと考えている。

クリス　日本のほかのチームもそれについて学ぶべきだと思いますか？

ルカ　サイドからコーナーへのディープパスを日本のサイズの小さいガードが習得するには？　と尋ねられたことがある。（P&Rで）高い位置まで出てくる守備に当時苦心していた富樫（勇樹／千葉ジェッツふなばし）とも話したことがあるが、確かに彼はサイズがない。しかし一度相手が高い位置まで出てきたならば、しっかりとスペースを取ってディフェンスを引き伸ばし、一見不利に見える状況をむしろ有利にするべきと伝えた。富樫の得点能力を恐れ、ディフェンスが出てこようものならほかの選手に与えられるスペースは広大なものとなる。これらの状況で必要な技術や〝読み〟は誰にでも取得しうるものだ。

クリス　今回このインタビューを通じて、コーチの哲学を細部にわたって伺えたことをうれしく思います。次のシーズンではまた仕事が山積みだと思いますが、待ちきれないです。

ルカ　（田中）大貴に2連覇について尋ねたとき、彼は「非常にうれしい」と言っていたが、両手を見ながら「まだ8本の指が余っているよ」と言っていたんだ。非常に面白いジョークだったが、自らに大きな責任を課すことにもなったね（笑）。2連覇はもう過去のものだ。確かに誰もその功績を奪うことはできないが、未来の戦いが目前に迫っている。■

ATSUSHI
ONO
CHIBA JETS FUNABASHI

【指揮官たちが語るコーチング哲学】

千葉ジェッツふなばし　ヘッドコーチ

大野篤史

プロだからこそ「勝ち方」よりも「負け方」

千葉ジェッツふなばしを率いて4シーズン目を迎える大野篤史。躍進するチームのカルチャーやチームコンセプト、そして日本におけるパスの技術についての考えを語ってもらった。

photo _ 長谷川拓司

立ち返る場所になるチームカルチャー

我々千葉ジェッツふなばし（以下ジェッツ）は、「責任」というチームカルチャーを持っています。試合をする以上、勝つことが目標になりますが、そればかりを追いかけてしまうと、勝ってるときはいいのですが、負けているときに立ち返る場所がなくなってしまいます。勝つことよりもジェッツとしてなにを提供できる存在になるか、市民球団として支えてくれているブースターの皆さんにどのような存在にならなければいけないのかをチームとして追求してきました。

我々はお金をもらっているプロである以上、スポンサーもブースターもお客様になります。我々の商売は、物を売ることではなく、感じてもらうものです。支えてくれている人たちが、ジェッツの試合を見て「楽しかったからまた明日も頑張ろう」「ジェッツの応援をしたい」「週末、試合に行くのが楽しみ」などと思うような楽しさや喜び、生きがいを提供する存在になる必要があります。

プレーヤーも人間ですから好不調の波が必ずあります。しかし、その一試合しか見ることができないブースターもいるのです。そのような状況で「調子が悪い」や「気持ちがのらない」などといったことは、なんの言い訳にもなりません。調子が悪くても、気持ちがのらなくても、一試合しか見ることができないブースターに自分が持っているすべてを見せる「責任」があるのです。

応援しているチームが勝つことは、ブースターの胸を打つ瞬間のひとつとなるでしょう。しかし、先ほども述べたように好不調の波が必ずあり、負けてしまうこともあります。我々は、たとえ負けたとしてもブースターの胸を打つ瞬間を提供しなければならない。その意味で、「勝ち方」より「負け方」が重要なのです。たとえ20点差で負けたとしても、最後まで戦おうとしたかどうかが問われます。好不調の波の中で、一試合を通してどのように負けるかが我々の「責任」が問われるところ。つまり「責任」とは、勝利に向かって必死に戦う真摯な姿であったり、諦めない姿として表現され、そのような姿は勝敗にかかわらずブースターの胸を打つことでしょう。さらに、そのような諦めない姿が、我々が立ち返るべき場所になるのです。

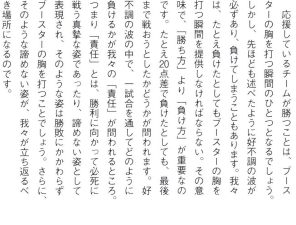

チームカルチャーを形成するため3つのチームゴールを掲げている。

チャンピオンになる以外のチームゴールの設定

我々は、チームカルチャーを形成する要素として「コミュニケーション」「練習（習慣）」「コントロール」の3つのチームゴールを掲げています。もちろん、チャンピオンになることもチームのゴールになりますが、チームカルチャーを形成するためのチームゴールとしてこの3つが位置づけられています。

最近のプレーヤーは自分で言葉を発せないと強く感じます。「言わなくてもわかっているでしょ」というようなスタンスです。一方で、なにか困ったときには「なにをしたらいいんですか？」と自己判断ができない状態になる。そのような状態になってしまう原因のひとつに、コミュニケーション能力の低さが挙げられるでしょう。

各個人が相手に対して「わかっているだろう」と思っていることを相手がわかっていなければ、戦術のミスにもつながり、人間関係の構築にも発展しないため、チームが成立しなくなります。どのようなことでも言葉として発し、言葉を発することで「責任」が醸成されていきます。しかし、コーチが「話せ」と言っても、その場だけで終わってしまい、継続的に言葉を発することはありません。そこで、ジェッツの練習ではワンウェイごとに次のディフェンスの方法をプレーヤーたちに話し合わせて決めさせています。つまり練習の中にコミュニケーションを取る環境を設定するのです。これにより、ゲーム中にもハドルを組むようになり、コミュニケーションを取らざるを得ないようになりました。

「練習」は「習慣作り」の場としています。フェイクは見抜かれます。お客さんがいたり、調子がいいときにファイトしたり、ルーズボールを追いかけることは、誰でもできます。しかし、苦しい状況でそれができるかどうかはお客さんがいない練習でしか鍛えられません。練習でできたことしか試合では発揮されません。習慣を育てるために練習をするのです。前述したコミュニケーションを取る習慣も、練習において習慣作りをした結果になります。

「コントロール」とは、「コントロールできること」と「コントロールできないこと」を把握し、「コントロールできること」にフォーカスすることを意味しています。レフリーの笛やゲームが始まってからの調子、ボールのバウンドなど、バスケットボールには「コントロールできないこと」が数多く存在します。「コントロールできないこと」にフォーカスしてもなにも起こりません。「コントロールできること」は、ボールを追いかけることや、ファイトすることなどです。転がっている五分五分のボールは、取りに行かなければ自分たちのボールになることはありません。取りに行くアクションを起こすことはコントロールできます。シュートが入らない日もありますが、試合が始まってからシュートの調子をコントロールすることはできません。どんなに調子が悪くともシューターは打ち続ける必要があります。調子が悪くてもシュートを打ち続けるメンタリティを持つことが重要で、それはコントロールできることとして捉えています。

試合で個性を発揮させることが私の仕事であり、「打てる、打つことが俺の仕事だ」と思って遂行することがプレーヤーの仕事であり、責任だと捉えています。自分の気持ちがのろうが、のるまいが、やるべきことをやり、ベストを尽くすことが重要なのです。この3つのチームゴールを達成することでチームカルチャーが醸成されると考えています。

ゴール達成のための 3つのチームコンセプト

さらに、我々はチームゴールを達成する要素として「ハイエナジー」「ステイトゥギャザー」「タフ」の3つのコンセプトを持っています。

「エナジー」がないチームなんて誰も見たくはありません。「エナジー」とバスケットボールに対する情熱は1ミリも緩んではいけない。

「タフ」というのは、「タフ」か「タフじゃない」かのふたつにひとつしかないと考えています。したがって、今日は「タフ」だけど昨日は「タフじゃない」などということはなく、それは「タフじゃない」ことを意味します。「タフ」か「タフじゃない」かの二択なので、我々は「タフ」になるしかないのです。「タフ」の中には身体的な「タフ」さも含まれますが、気持ちが折れないといったメンタル面の「タフ」さも重要です。

「ステイトゥギャザー」というのは、いいときだけでなく悪いときも、どんなときでも常に「ひとつになろう」というものです。1年目は必要のないファイトをしてしまい、2年目もギブアップし、そこで諦めてチームがバラバラになりました。その状況から持ち直すことができず、ひとつにまとまって戦えなかったことから「ステイトゥギャザー」というコンセプトを作りました。

3年目は、ヘッドコーチ就任当初から積み上げてきたチームカルチャーがかなり浸透し、我々のプレースタイルやカラーを表現することができました。1年目、2年目はチームの成熟度が低く、2年目のラストではギブアップをしてしまいました。

2年目を終えたときに、我々に諦めることや全力を尽くさないといった選択肢がないことを確認しました。ギブアップするようなチームは絶対に勝てません。3年目は、徐々にではあるものの、ギブアップせずに勝利に向かって必死に戦う真摯な姿を可視化することができました。悪いゲームがなかったかというと嘘になりますが、一試合を通して悪かったことはほぼなく、悪いながらも自分たちで切り替え、持ち直すことができました。それは、プレーヤーが「責任」を持って戦っている証拠だと捉えています。「ベストを尽くそうとする」「改善しようとする」意欲や姿勢が見られたことは2年目からの成長と言えるでしょう。

自分で決断できる人間になってほしい

人として成長していかなければプレーヤーとして大成できない。これは間違いないと思います。関わったすべてのプレーヤーによいキャリアを送ってほしいと思っています。別のチームに移籍したとしても、1年でも長くプレーしてほしいし、さらに引退後のキャリアにおいてもよい人生を送ってほしいと思います。人の指示だけを聞き、それに従って生きていく〝指示待ち人間〟では、よいキャリアを送ることはできないでしょう。私が関わったプレーヤーには、人の言うことだけ聞いて従うような安っぽい人間になってほしくは

ありません。自分で決断できる人間になってもらうために、コーチはプレーヤーがそれまで積み重ねてきたことを承認し、そのうえで自分の意思で決定したことについて見守る必要があると思っています。

それまでの過程がないプレーヤーの勝手な判断については指摘しますが、意思を持って「自分はこれがやりたい」とコミュニケーションを取り、そのことに対する努力や過程が確認できるのであれば、判断したことについてコーチが上から指摘して押さえつける必要はありません。見守って責任を取ることがコーチの仕事であると思います。このような、コーチとしてのプレーヤーとの関わりは、プレーヤーが自分で決断できる人間として成長するためのひとつの方法として捉えています。

私は、プレーヤーが自分で決断できる人間として成長する過程をコーチとして一緒に歩めたことに幸せを感じます。よく聞くフレーズに「俺が育てた」というコーチがいますが、私は大嫌いです。育てたのではなく、「育った」のでしょう。人を育てるなんておこがましくて言えません。コーチとしてプレーヤーが成長していく過程を見させてもらったと思っています。

コーチに求められているのはプレーヤーとの関係性を構築する能力。

バスケットの内容以上に大切なことがあるコーチング

私がコーチとしてのスタートを切ったばかりの頃は、多くの知識を持ち、戦略や戦術に特化しているコーチがよいコーチだと思っていました。最近でも、アメリカなどから帰ってきて知識をひけらかすコーチを見かけることがあります。もちろん、コーチとして戦略や戦術に関する知識を多く持っていることは必須です。

例えば、生徒は学校に科目を学びに通っており、先生は科目についての知識を充分に持っています。つまり、学校の先生が科目についての知識を持っていることは当たり前のことなのです。バスケットボールのコーチも同じで、コーチなのですからバスケットボールに関する知識を持っていることは当たり前のことなのです。したがって、コーチが当たり前に持っているべき知識をひけらかす必要はないのです。

それよりも、コーチに求められるのはコミュニケーション能力といったプレーヤーとの関係性を構築する能力です。勉強したことをベースに、どのようにプレーヤーたちに携わっていくか、関係性を作っていくかが重要なのです。これは、プロだから、強化だからといったことは関係ありません。育成でも強化でもプロであっても、どのようにプレーヤーたちに携わっていくか、関係性を作っていくかは大切な要素です。

このことに気づいたのは佐古賢一さんと一緒にコーチを務めたときでした。勝つチームにいた人の考え方に触れることができた期間でした。佐古さんは、常に「絶対に諦めない、泥臭くボールを追いかけるチームを作る」という短いコンセプトを言い続け、チームづくりをしました。とにかくこのコンセプトに特化し続け、常日頃からこの部分だけは譲らないという姿勢をプレーヤーに見せていました。佐古さんのもとでアシスタントコーチを務めると決まったときは、もっとバスケットボールのことを言うものだと思ってました。もちろん、バスケットボールのことについても言いますが、それよりも大事なものがあるというと点はまったくブレがありませんでした。

また、佐古さんはオンコートとオフコートでガラッと変わります。オフコートではプレーヤーと近い関係を取りますが、オンコートではコーチとプレーヤーの関係性を保ちました。このことは私にとって大変衝撃的でした。

私は、佐古さんのもとでプレーヤーとの関係がなあなあにならず、離れすぎず、一定の絶妙な距離感を保つ。このことを佐古さんのもとで学びました。

佐古さんには私にないカリスマ性があり、キャリアも充実しています。佐古さんはひとつの言葉でプレーヤーを変えることができます。一方、私は佐古さんよりも時間が必要になります。これは、自分で自身のキャラクターを分析して感じたことです。したがって、私が佐古さんと同じようにプレーヤーに対してアプローチしても有効ではありません。私にあったコーチングを見出す必要があったのです。

コーチの押しつけがプレーヤーのパスをイメージする能力、創造性を奪う。

押しつけ厳禁 プレーヤーの意見を聞く

私は、プレーヤーにとってそのプレーがカンファタブル（落ち着いている、居心地のい い、という意）か、アンカンファタブルか、というところを重要視しています。私自身が有効だと思って提案したプレーであっても、プレーヤーにとってまったく快適でなければ、私はすぐそのプレーを捨てる決断をします。

もちろん、時間をかければうまくいきそうな兆しが練習中に見られたならば、合意を得て継続します。そのような試みの中で、シーズンの最後には我々にとっていい武器になったりすることもあります。

まず、こちらから提案することについて、なぜそのような動きが必要なのかという原理・原則を理解してもらいます。この過程をおろそかにすると、その練習で出した指示を形でしか覚えなくなってしまいます。なぜその動きが必要か、どのようなアライメントになっているか、どのようなタイミングでやるのか、なぜそのようなアライメントやタイミングなのかについて詳細に伝えます。

「これはよいものだから、やれ」などとは絶対に言いません。結局、押しつけても結実の可能性は低くなります。やっているときにプレーヤーの顔を見ればわかります。納得できているときの顔と、「これってどうなの？」と納得できていない顔があります。納得できていない顔が見られた場合には、「どんなやり方がある？」などと質問をします。プレーヤーから「俺はこうやったほうがいいと思います」などと回答が得られたら、そのプレーを選択するリスクを説明したうえで、プレーヤーの提案を実施し、うまくいかなければ私が提案した元のプレーを試します。

プレーヤーとコミュニケーションを取り、プレーヤーに考えさせて改善したほうが、結果的によい効果が得られます。結局、押しつけてばかりいたら、質問してもプレーヤーから回答は返ってきません。普段からコーチとプレーヤーがコミュニケーションを取る習慣を作っていくことが重要です。

しかし、これはとても時間がかかります。ジェッツでも、私が最初に来た頃は誰も意見をしてくれませんでした。プレーヤーが意見を発するようになるまでにかなりの期間を要しました。

目的は、プレーヤーが思っていることを聞き出すことで、決してプレーヤーに責任をなすりつけたいのではありません。最終的に責任はコーチが取ります。そのことを事前に言っておかないとプレーヤーが意見を言うことはありません。コーチが責任を取るとプレーヤーが理解しているから、自分が言ったことをやらなきゃという思いも自然と強くなってくれます。「責任あるんだぞ」なんてことを言わなくても、「言ったからにはやるしかない」という雰囲気がチームにできてくるのです。

私が考える上質なパス

現在の日本人のドリブルやシュート技術、身体的な能力は、過去と比較して格段に上がっていると思いますが、パスの技術力は下がっていると感じます。パスの種類やポイントなども重要ですが、パスにはイメージする能力や創造性が必要になります。

ところが、現在はコーチによるプレーヤーへの押しつけにより、プレーヤーのパスをイメージする能力や創造性が奪われてしまっています。コーチが伝えたことしかやらせない形の弊害が、パスによく現れていると感じます。「こうしなさい」「こうやりなさい」などとパスの判断が限定され、自己判断が認められていないため、パスをイメージする能力や創造性が育まれていかないのです。

例えば、片手でパスを出してミスにつながったときに、コーチが「なんで片手で出すんだ!!」と怒鳴る指導が横行しているように見受けられます。しかし、両手でパスを出すよりも片手で出したほうが素早くパスを出すことができます。そもそもプレーヤーは創造性豊かなのに、その創造性を奪っている、スイッチを切っているのは実はコーチなのです。

そのことが顕著に見られるのが「パス」だと感じています。コーチには、創造性を膨らませ、豊かにするために、プレーヤーの自己判断や意思を汲んでもう少し見守ってあげることが求められます。

指導現場では、1対1やドリブル、シュートはよく指導されるものの、パスの重要性についてあまり説かれないように思います。それでも、そこそこいい状況になっていることが原因なのかもしれません。さらに高いパフォーマンスを求めるのであれば、パスから目をそらすことはできません。

以前、見学させていただいたアンタナス・シレイカ（元・宇都宮ブレックスHC）の練習は大変興味深いものでした。パスの練習ではレッグやバックビハインドなど人の股の下を通すことや、身体の後ろを通すことも認めていました。とくに小さいプレーヤーはビッグマンが来たら股の下を通すパスが有効になります。日本ではこうしたパスが「かっこつけやがって」となってしまうことがあります。そのような考えがプレーヤーの創造性を奪っているのです。

もちろん、チェストパスなどのスキルも教える必要があるとは思いますが、必ず両手でやらなければいけないというルールはありません。簡単に済ませるわけではなく、片手でしか通せない状況があるのです。ディフェンスではなくコーチがパスコースを限定的にしてしまっている。つまり、コーチの考えが相手チームのディフェンスをヘルプしているように思えてならないのです。■

profile

大野篤史（おおの・あつし）

1977年石川県生まれ。2000年、日本体育大学卒業。早稲田大学院を経て修士。2000年、三菱電機バスケットボール部所属。2006年、パナソニックトライアンズ所属。2001年、日本代表メンバーに選出。2010-2011シーズン途中よりパナソニックトライアンズのアシスタントコーチに就任。広島ドラゴンフライズのアシスタントコーチを経て、2016年に千葉ジェッツのヘッドコーチに就任し、チームを天皇杯3連覇に導いている。

NORIO SASSA

RYUKYU GOLDEN KINGS

【指揮官たちが語るコーチング哲学】

琉球ゴールデンキングス　ヘッドコーチ

佐々宜央

なりうる最高のチームを目指して

佐々宜央は常に自分自身と戦っている。そこには琉球ゴールデンキングスのため、日本のためによりよいバスケットを志している彼の熱い思いがあった。

text _ 三上 太　photo _ 吉田宗彦

激動の2シーズン目は後悔の残るシーズンだった

後悔の残るシーズンだった——琉球ゴールデンキングスのヘッドコーチとして2年目となる2018-2019シーズンを佐々宜央はそう振り返る。

もちろんチャンピオンシップ（CS）のセミファイナルまで勝ち進み、優勝したアルバルク東京と第3戦までもつれ込む死闘を繰り広げたのだから、すべてが失敗だったわけではない。事実、並里成や橋本竜馬（レバンガ北海道）、ジョシュ・スコット、ジェフ・エアーズ（アルバルク東京）が加入したシーズン序盤は「このチームはすごくなるぞ」と期待感を抱いていた。11月上旬にアウェイでアルバルク東京を連勝で下したときは、期待が手応えにもなっていた。

「僕たちはピック&ロールをベースにオフェンスを構築しているんですけど、前のシーズンはそれを使いこなす選手が少なかったんです。もちろん岸本（隆一）や田代（直希）らがそれをうまく使えるようになってはきたんですけど、まだ不充分でした。それが昨シーズンは並里とスコットのコンビが、とくにシーズンの序盤で相手チームの脅威になっていたと思うんです。彼らがいたことでピック&ロールに深みを持たせることができて、前のシーズンに比べると点が取りやすくなっていました」

しかし、12月にアイラ・ブラウン（大阪エヴェッサ）とスコットがケガで戦線離脱をすると、徐々に潮目が変わってくる。

「実際には1月に5連敗したとき、この状況をどう乗り越えるかでかなり腐心しました。さらに昨シーズンのチームは個性の強い選手たちが多かった分、彼らを長いシーズン、ひとつにまとめて戦うところでコーチとして不甲斐なかったなと思う部分もありましたね」

同じ頃、佐々はチームとしての戦い方にも頭を巡らせなければならない状況に直面していた。チームの根幹とも言うべきディフェンスの質が下がっている。2017-2018シーズンはオフェンスこそイメージどおりではなかったが、ディフェンスで粘ることによって勝利を積み上げていた。昨シーズンも最終的にはそうしたチームになったが、シーズン序盤はディフェンスの停滞感が大きく、下位チームに負けることも何度かあった。それに対して佐々自身も苛立ちを隠しきれなかっ

プロの世界ではコーチと選手がどれだけ歩み寄れるかだと思う。

たと明かす。その苛立ちが、時にチーム内の雰囲気を悪くさせたとも。

「それでも最終的にCSのセミファイナルまで勝ち上がれたのは、選手の人間力だと思います。我慢強い選手が多くて、最終的には悪くなった雰囲気さえもエネルギーに変えてくれました。シーズン終盤には、僕自身が感情をうまくコントロールしきれなかったところがあったんです。バスケットをしていれば予期せぬことが起こるわけですよね。昨シーズンのNBAでもゴールデンステイト・ウォリアーズがそうであったように。それに対してはヘッドコーチが冷静に対処をしなければいけないのに、平常心でいられない自分がいて、気持ちが張り詰めて、フラストレーションも溜まってきて、選手に対する接し方も次第にきつくなっていました。チームの雰囲気も当然悪くなります。それが昨シーズン、僕が犯したいちばんの失敗です。それでも、選手たちがそのネガティブな状況を乗り越えてやろうという強い気持ちの持ち主だったので、最終的にセミファイナルまで勝ち進めました。自分がなにかを成していたとは到底思えません。その意味で本当に選手には感謝ですね」

　後悔が残るとは、そういうことだ。しかし主力選手のケガへの対応、周囲への言動と、それに伴う関係性など、これまでできていなかった経験ができたことはヘッドコーチとしての財産である。

「本当にそのとおりだと思います。もはやバスケット論というよりも組織論です。もちろんバスケットのことももっと学ばなければいけないんですけど、それはもともと自分がやるべきことです。それに加えて、組織論についてももっともっと学んでいかなければならない。それが今の自分だと思っています」

トップコーチに求められる メンタルコントロール

　佐々のコーチとしての原点は中学3年生までさかのぼるが、その後、現在のプロコーチに至る方向づけをしたのは、東海大学で1年生のときから学生コーチになったことによる。

　今も選手たちにハードワークを求める佐々だが、学生時代は輪をかけて熱く、激しく、時には厳しくそれを求めていた。ハードワークそのものはプロコーチになった今も譲れない信念だが、プロコーチになってあることに気がついたという。

「プロチームではさまざまなバックグラウンドを抱えている人たちとチームを作らなければいけません。でも僕がダメなところは、自分の考えを強要してしまうところだと思うんです。だから、とくに昔は選手と衝突することが多かったんです。学生の頃もそうだし、プロになってからも当時のヘッドコーチが僕を泳がせてくれていたんだなって思うんです。でも選手にはそれぞれ別のよさがあるし、生き方、考え方もある。それなのに自分の考えを強要していたら、選手がそれぞれに持つよさを引き出してあげられなくなってしまう。そのことに気がついたんです」

　学生のときは「ハードワーク＝必死」だと考えていた。だから佐々自身も必死にコーチングを学び、実践もした。選手たちに強要したこともある。しかし、経験を重ねてわかるのは、強要することがコーチの役割ではない。そのことに気づいたわけである。

「例えば僕が白と言ったときに、黒という選手がいたとしたら、お互いがどれだけグレーゾーンに歩み寄れるかだと思うんです。真ん中がパーフェクトかどうかはわからないけど、黒に寄りすぎてはダメだし、白にさせようとしてもいけない。だからこそコミュニケーションが大事なんです。どちらかと言えば学生の頃って『おい、白になれよ』で白になっていたんです。でもプロの世界って、それでは成り立たないんです」

ただ、と佐々は続ける。

「自分のよさは忘れちゃいけないと思っているし、そのよさをコーチとして選手にいかに還元させるかが大事なことだとも思っています。そこはコーチングの経験……いや、コーチングというより人生としての経験が必要なのかなって思いますね」

チームとしてどんなバスケットをやるのか。その方針を決断するのはヘッドコーチの役割である。しかしその方針に向かって選手がどのようなプロセスを踏んでいくかは選手自身が考えることでもある。そこにはプロとしての生き様や考え方があるからだ。もちろん、

その考え方やアプローチではチームのバスケットに不具合が生じると思えば、きちんと説明をし、選手たちに修正を求めていく。見守る大きな器を持ちながら、一方で自身が持つ情熱も絶えず保っておくわけだ。

「指導者って、ある一面では感情的であるべきだと思うんです。よく言えば情熱的とも言えるかもしれませんが、感情を見せられないコーチって選手からするとわかりづらいと思うんです。いいのか、悪いのか、選手も判断が難しくなる。ただ、人間の感情ってポジティブなものと、ネガティブなものがあって、そのネガティブな感情が出てしまったときに、どれだけ素早く対処できるか。それはトップレベルのコーチに求められる資質だと思います」

今の佐々には未熟さも残る。しかしそれはヘッドコーチとしての伸びしろであり、ひいてはチームの伸びしろでもある。

「シーズンが終わって、何人かのベテランコーチと話す機会がありました。そこで学ばなければいけないなと思ったのは、Bリーグは18チームあって、1チームしか勝って終われない。残りの17チームはみんな悔しい思いをするわけですけど、その17チームがすべてダ

NORIO SASSA

RYUKYU GOLDEN KINGS

メだったと反省ばかりしていたら、実際にはよかったことさえも見えなくなってしまいます。自分を責めすぎると、結局自分が苦しむだけなんです。僕個人としては自分で自分を褒めるというのは性に合わないんですけど、いいところを認めることもメンタルをコントロールするうえでは大切なんだなって学びました」

ヘッドコーチになったからこそ、わかったことがある

そうした葛藤は、実際にヘッドコーチにならなければわからないことでもある。2年前、佐々が琉球ゴールデンキングスのヘッドコーチ就任を受けたのは、もちろん自分の中でやってみたいバスケットが醸成されてきたという理由もある。それと合わせて、ヘッドコーチの醍醐味や、一方にある責任や重圧などに向き合ってみたい、チャレンジしてみたいという向上心も間違いなくあった。ならば、ここでヘッドコーチの世界を知るチャンスを逃してはいけないんじゃないか。しかも沖縄ほど文化としてバスケットボールが根付いているフランチャイズでできるチャンスはそうないと思ったからこそ、あえて困難な道に踏み

日本がどんなバスケットをやらなければ勝てないのかは大事に考えている。

出したのである。

　踏み出した当初こそ順調に進んだが、シーズンが深まり予期せぬことが起こったときに、ヘッドコーチとして素早く解決できなかった。戸惑い、苛立つこともあった。

「これはかりは本を読んでもわからないことがあります。実際にヘッドコーチをやってみて、例えばこのわずかな時間の中でこの問題を解決しなければいけないとか、その重圧の多さはヘッドコーチにならないとわからないことでした。もしかすると僕がヘッドコーチになるのは早かったのかもしれません。ひとりになったとき、そう考えることもあります。でもだからこそ、踏ん張って、逆にチャレンジしていこうという気持ちにもなっています」

　起こりうるすべてを受け入れる覚悟で、琉球ゴールデンキングスのヘッドコーチとして、行き着くところまで全力で取り組みたい。そうした責任を取れる覚悟こそが、佐々の考えるヘッドコーチとしての醍醐味でもある。

選手の持つ力を最大限に引き出すのがコーチの役割

　琉球ゴールデンキングスの、というより佐々の構築するオフェンスは決して外国籍選手に頼らず、現代バスケットの主流であるピック&ロールをベースにしながら、ほかの3人も連動し、コート上の5人でオープンショットを作り上げていくスタイルだ。

　そこには銀行員だった父親の転勤で4歳から12歳までアメリカで過ごした経験も大きく関係している。当時のアメリカはマイケル・ジョーダンが全盛期。1992年のバルセロナオリンピックではドリームチームが結成され、その熱狂を佐々はアメリカ本土で感じていた。

　中学1年生で帰国したが、当時の日本にはプロリーグがなかった。年齢を重ね、自分が日本代表のアシスタントコーチになってからも、世界はもとより、アジアの壁さえもなかなか破ることができない。コートに出ていくと、そうした国々の選手から「お、日本も来たの？　今日は勝てるぞ」といった雰囲気を出されたこともあるという。その悔しさを佐々は今も忘れていない。

「プロとしては勝たなければここに居続けられないわけだから、こんなこと言うときれい事と受け止められるかもしれません。でも日本代表につながるというか、日本人としてどんなバスケットをやらなければ勝てないのかはすごく考えます。外国籍選手を含めて選手はそれぞれに長所があり、役割もあるのですが、その役割以外はなにもしなくていいというスタンスは持っていません。わかりやすく言うと、点が取れるからといってディフェンスをしなくてもいいとはなりません。そこには常にハードワークを求めます。そういった、ハードワークによってチームをひとつにまとめていく。選手が持つ個性を生かしながら、それでもバラバラにならず、常に一体となっているようなチームを作ることが日本のバスケットの未来にもつながると信じています」

　選手にはそれぞれ長所があるように、それ

ぞれ短所もある。しかしその短所を言い訳の理由にせず、それぞれが持つ長所で周りの短所を補っていく。それが佐々のチームを作り上げるための流儀とも言える。

「キングスのベンチを見るとわかると思いますが、チームメイトが得点を決めたときはみんなで騒いて、喜び合っています。誰かがコートで倒れていたら、近くにいる選手がすぐに手を差し伸べて立ち上がらせに行く。そうした細かいことはうるさく言っています。むしろ、そこをすごく大事にしています。自分のことだけを考えている奴は嫌いなんです。みんなでやっているスポーツですから」

むろん「スコアラー」と呼ばれる、得点感覚に秀でた選手にはエゴイストが多いことも理解している。そんな選手にチームのこと、チームメイトのことばかりを伝えすぎると、彼自身が持つ長所をつぶしかねない。そのバランス感覚もヘッドコーチには求められると佐々は言う。

「僕が考えるいいコーチって、選手一人ひとりが持っている力を最大限に出させてあげられるコーチだと思うんです。だから個人的には優勝をいちばんの目標には設定しないんです。もちろん優勝を目指してやっているんだけど、コーチとしてはチームの『最高』を見つめなければいけません。その最高ってなにが正解かはわからないけど、明らかに『このチームは選手の力を引き出しているな』と見てもらえることにも通じると思っています。僕は、逆にコーチが『力を加える』ことって少ないと思っています。選手はそれぞれに潜在的なよさを持っていて、それによってチームのよさも生まれてくる。それをコーチがいかに『引き出す』か。間違えやすいのは、コーチ自身がこうなってほしいと思い描くものがあって、でもその力が選手たちの中にはない。するとコーチはそれを足そうとするんですけど、そうではなく、その選手の長所をどれだけ引き出して、思い描いたものに近づけるか。とくにプロに入ってくるような選手は長所を見出されてこの世界に入っているわけだから、その長所を技術的にもメンタル的にも、どれだけ最大限に引き出せるのかがコーチの重要な役割だと思います」

冒頭に記したように、佐々にとって2018-2019シーズンは後悔の残るシーズンだった。それは優勝に手が届かなかったことだけが原因ではない。最終的にCSまで勝ち上がったのは選手たちの火事場の馬鹿力であり、コーチング力は不充分だった。そう考えるからこそ悔いが残るのだ。

でも、だからこそ、次のシーズンにチームの「最高」を求めて、佐々は挑戦を続ける。

「コーチングにはこれといった答えがないんです。時代も変わってきて、選手たちも変わってきて、これまで響いていた言葉が響かないこともあります。だからこそ物事をどうポジティブに持っていくかが今の時代はすごく大事なのかなと思っています」

「昨日、うまい酒が飲めました」の幸福

2019年5月31日、琉球ゴールデンキングスは2019-2020シーズンも佐々体制の継続を発表した。現在35歳。ヘッドコーチとして3年目のシーズンを今年も沖縄で過ごすこととなったが、10年後をどのように思い描いているのか。

「もう少し選手の成長の手助けになれるようなコーチになっていたいと思います。選手としてだけではなく、人間としてもなにか手助けできるように、自分自身の幅がもう少し広くなっていればいいなと。理想的には『この人のもとでバスケットをやってみたいな』と

思ってもらえるような、それでいてリーグで勝てるようなコーチになっていたいです」

ひとつ間を置き、佐々は言葉を継ぐ。

「でも僕がこの仕事をしているいちばんの理由は誰かのため……沖縄のためにどうすれば力になれるのか、日本のバスケットのためにどうすれば力になれるのか、なんです。今はまだ小さな点でしかないですけど、それを少しずつでも積み重ねていって、10年後、バスケットで社会や人々の生活になにかしら貢献できていたら、僕としてはすごく理想的な人生だなと思っています」

ヘッドコーチとして重圧ののしかかる日々を送るなかで、佐々が幸せを感じるもののひとつとして、住んでいるフランチャイズ、今であれば沖縄に多少の影響を持っていることを挙げる。勝利した翌日に、街でファンから「昨日、うまい酒が飲めました」と声をかけられるだけでも、背負っていた重圧から少し解放された気分になると明かす。

「なにかつらいことがあった日に、キングスのゲームを見て少しでも酒がうまくなったと感じてもらえれば、人のためになにかできているのかなと思うんです。ヘッドコーチとしての幸福は決してひとつじゃないけど、そんなこともヘッドコーチをやり続けられる理由だと思います」

百戦錬磨のベテランコーチたちと比較すれば、まだまだキャリアは少ない。生きてきた時間も短い。しかしその短い時間の中でも佐々は多くの人たちの影響を受け、手助けをされ、自分を紡いできた。これからもさまざまな影響や手助けを受けることになるだろう。そこで得たエネルギーを多くの人に還元できたら、バスケット界を含めて、社会はよりよいものになる。そう信じている。

コート上では熱く、激しい佐々だが、内では常に自分と向き合って、戦い続けている。それは誰かのために力になりたいと心から思っているからだ。

最高のチームを作るために――答えのない戦いを佐々宜央はこれからも続けていく。■

profile

佐々宜央（さっさ・のりお）

1984年生まれ、東京都出身。東海大学1年からコーチの道へ。卒業後は日立サンロッカーズ（現サンロッカーズ渋谷）、リンク栃木ブレックス（現・宇都宮ブレックス）、男子日本代表でそれぞれアシスタントコーチを務め、2015年から琉球ゴールデンキングのヘッドコーチに。座右の銘は「不撓不屈」。

RYUZO
ANZAI
UTSUNOMIYA BREX

【指揮官たちが語るコーチング哲学】

宇都宮ブレックス　ヘッドコーチ

安齋竜三

よいコーチと勝敗はイコールではない

安齋竜三は2013 - 2014シーズンからアシスタントコーチを務めたのち、2017 - 2018シーズン途中から宇都宮ブレックスのヘッドコーチに就任。流通経済大学バスケットボール部ヘッドコーチの小谷究が、チーム作りのこと、そしてパス技術のこと、若きヘッドコーチの考えを聞いた。

interview _ 小谷 究　photo _ 吉田宗彦

チームはディフェンスから組み立てる

――ヘッドコーチ2シーズン目となる、2018-2019シーズンを振り返っていかがでしたか?

安齋　ヘッドコーチとしてオフの時期から始めるのは初めてのシーズンだったので、まずはどういうチームを作るかという基盤から考え始めました。ディフェンスから組み立てるというコンセプトはそれまでと同様に継続しながら、オフェンスにおいてはもう少しスペーシングに気をつけて展開することを、シーズン序盤からできるように取り組みました。実際、プレシーズンの段階からいい手応えを得ることができたと思います。メンバーも変わっていませんでしたので、前のシーズンで試みたことに加えて、私自身の考えをどんどん出しながらシーズンを進めていきました。そのなかで、ある程度勝ち星も重ねることができて選手たちも自信を持ってやれたと思います。最終的に優勝には至らなかったものの、セミファイナルまで進むことができましたし、その上（ファイナル）というのは、ある程度そのときの状況によると考えています。手応えもある反面、ファイナルに進めなかったことは来季の反省としてつなげていきたいと思っています。

――ディフェンスから組み立てるというコンセプトは、安齋コーチがアシスタントコーチ時代から宇都宮ブレックスで取り組まれていたことですか?

安齋　以前は、それほどディフェンスに重点を置いたチームではなかったと思います。アンタナス・シレイカHCのときは、それほどディフェンスに重きを置いておらず、むしろアーリーオフェンスに重点を置いていた印象が強いです。トーマス・ウィスマンHCは、どちらかというとマンツーマンディフェンスとゾーンディフェンスを組み合わせて使います。フルコートというよりは、ハーフコートで強度の高いディフェンスを行っていました。さらに、ピック&ロールのディフェンスでも強度の高いディフェンスを実施していました。

――現在と考え方は違ったわけですね。

安齋　2013-2014シーズン、トヨタ東京（現アルバルク東京）に負けたときに、我々と相手チームの違いはなんなのかを考えました。そのシーズンのトヨタ東京はドナルド・ベック氏がヘッドコーチを務めており、オールコートで常にプレッシャーをかけるディフェンスを行っていました。ウィスマンHCがチームに戻ってきたシーズンに負けた三河（現シーホース三河）には橋本竜馬選手がいて、彼が前からどんどんプレッシャーをかけてきて、我々が思うようにオフェンスを展開できない形になりました。その負けた経験から、我々に足りないものはそこ（フルコートディフェンス）だと感じました。

―― 敗戦から学んだのですね。

安齋 オフの期間になるとウィスマンHCはアメリカに帰っているので、そのあいだは自分たちが多くの時間を使ってチームを見ていました。その期間にディフェンスをフルコートでやり、ディナイの仕方などを少しずつ加えていき、ディフェンスを主体としたチームが徐々にでき上がってきました。それが、今につながっていると思います。

―― ディフェンスの強化は、安齋コーチが自チームとライバルチームの違いを分析して強化したいと提案したのですか？

安齋 そうですね。どちらかというと、ディフェンスの強度とか、エースを抑えるためのディフェンスの仕方、どういうつき方をしたら得点効率を下げられるかを考えていたので、それを少しずつウィスマンHCに取り入れてもらっていました。

―― ヘッドコーチになって、そのカラーを前面に押し出したのですか？

安齋 プレスディフェンスを採用して、オールコートで少しずつズレを作るディフェンスを目指していて、まだまだやれることはいっぱいあると思います。そういう意味では自分がヘッドコーチになったことで、ディフェンスを重視したカラーをより出していきたいと思っています。

―― オールコートで少しずつズレを作るというのは、バックコートのエンドラインからオフェンスにプレッシャーをかけるというイメージですか？

安齋 基本的にはそうです。

―― Bリーグにそのようなディフェンスをしているチームはどのくらいありますか？

安齋 A東京、琉球（ゴールデンキングス）、ブレックス、昨シーズンは秋田（ノーザンハピネッツ）。千葉（ジェッツふなばし）のように選手個々で高い位置からプレッシャーをかけてくるチームもあります。

―― では、オフェンスにおいて取り組んだスペーシングについて詳しく教えてください。

安齋 現在のバスケットボールではピック&ロールが多用されます。我々もインサイドゲームというよりはピック&ロールからオフェンスを組み立てるので、そのスペーシングがかなり重要になります。誰をどこに配置するかを細かく指示しました。選手の配置を詳細に決めたほうが、よりよいスペーシングを取れるようになると感じています。選手の配置を自由にすると、せっかく自分たちでズレを作っても、ボールを供給したいところにディフェンスがいたり、味方がいたりと、ピック&ロールがうまく展開できないということが起こります。前のシーズンではそれほど細かく選手の配置を決めていなかったので、ヘッドコーチ2年目のシーズンから、選手の配置を細かく決めたオフェンスに取り組みました。

― 選手の配置についてもう少し聞かせてください。

安齋 基本的にはどこに位置するかということになりますが、さらに、このポジションにいるならここまで広がるとか、ランニングしたらディープコーナーまで走るといったものです。ただ、この点についても最終的にすべてできたというわけではありません。これは何年も続けていかないと習得できないと思います。選手がそのスペーシングを取れるように習慣づけていく必要があります。また、スペーシングも年々変わってくるので、2019-2020シーズンはまた違ったスペーシングでやろうと思っています。

― 選手によってスペーシングは変わってきますか？

安齋 そうですね。選手の特徴によっても、外に出すのか、それともゴール下の深い位置に配置させるのか。メンバーは変わらないので、より成熟させることができるはずです。

ヘッドコーチとして大事なのは「人間関係」

― ヘッドコーチとしていちばん大切にしていることはなんですか？

安齋 「人間関係」です。選手との信頼関係が構築できないと、自分が指示したことに対して働いてくれないといったことが起こります。アシスタントコーチの頃から、どのように関係性を構築するかを重要視してきました。ヘッドコーチに就任するにあたっても、人間関係、信頼関係をどのように築いていくのかがやはり重要でしたし、難しいところでもあったので、意識的にさまざまなアプローチをしました。ただし、仲良くなりすぎないところも重要です。一方で、壁を作りすぎてもよくないと思っています。プレーヤーとコーチとで意見が言い合えるけど、最終的に決定するのはヘッドコーチという関係性を築きたいです。

― 人間関係を最も重要な事柄と位置づけ、その下にバスケットボールの技術や戦術といった知識の部分があるといった考えでしょうか？

安齋 そうですね。いちばんは人間関係になります。人間関係が築けなければ誰もついてこないし、勝てるチームにもならないと思います。クラブとして人間関係を構築できるようにならなければいけないと考えています。

― コーチとしてのメンターや相談する人などはいますか？

安齋 よく話しをするのは佐々氏（宜央／琉球ゴールデンキングスHC）です。ちょっと話をしながらヒントを得たりしています。もともとアシスタントコーチとして3年間、一緒にやっていたので、その関係が続いています。現在は地区が違うので対戦するのは年に

チームのマインドを変える必要性を訴えたうえで、戦術についての映像を見せた。

2回くらいですけど。毎シーズン対戦を楽しみにしています。

――シーズンの途中でアシスタントコーチからヘッドコーチになりましたが、そのときは最初になにをしましたか？

安齋　シーズンの途中に変えられるものというのは本当に少ないです。そのなかでもいちばんに変えられるものは、先ほど話した信頼関係の部分だと考えました。そして、チーム全体の信頼関係を作るために、まず選手たちに映像を見せました。

――どういった映像ですか？

安齋　当時のベンチの状況や、ゲーム中に味方がボールに飛び込んで倒れているのにほかの4人が手を差し伸べていないという映像です。どういうチームになれば勝てるかをわかっているはずなのにできていない……。それを認識して戦術云々よりもまずはそこから始めないといけないと思いました。「チームとしてどうなっていきたいか」「どういうチームになりたいか」というところを変えていくことに着手しました。加えて、ディフェンスにマインドを戻すことです。

――どういうチームになれば勝てるというのをわかっているはずなのに、倒れている味方がいてもなにもしないといったことは、なぜ起こってしまうのでしょうか？

安齋　それはもう、モヤモヤした気持ちしかない。バスケットボールに対するモヤモヤした気持ちしかないから、そういう状況に気づいてもいないのだと思います。ミスをしたとか、チームがうまくいかないとか、個人がうまくいかないとか、そういうことだけを考えているから、気づくべきことに気づけないのだと思います。そのようなチームは落ちる一方で、うまくいくはずがないというのは経験からわかっています。

――まずは選手に大切なことに気づいてもらうことが大事だったのですね。

安齋　映像などで現状を把握してもらって一気に変えないといけない。少しずつ変えていくとか、そんな意識では無理です。少し変えたとしても、同じようなことが起こったときに気づかない人間がひとりでもいるとチームは成り立ちません。いろいろなチームを見てきて、なにかを変えるときは一気に変えなければ意味がないことを実感していたので、我々は現状を一気に変えなければならないと思っていました。

――意識改革はすんなりといったのでしょうか？

安齋　まず意識させることをルールとして決める必要がありました。当時の状況から好転させるためには、すぐに、すべてやることが必要だったのです。倒れているのに誰も助けにいかないとか、いいプレーをしているのに喜んでいる仲間が半分しかいないとか、逆にミスしたときにベンチもうつむいているとか、「そんなの必要ある？」と問いかけました。もちろん、そうなってしまうこともあるけど、それをしたところで次にいいことが起きることはありません。その選手もそうだし、チーム全体としても、よくない状況になったときにこそ、もっと励まさなければいけません。本当に、小学生に言うようなことかもしれませんが、そこが最も大切なことだと思ったので、ヘッドコーチに就任したときの最初のミーティングの冒頭で訴えかけたのです。映像を見せて、チームのマインドを変える必要性を訴えたうえで、戦術についての映像を見せました。そこからは、ある程度、変わることができました。

――そうしたことがあったのですね。

安齋　その都度、指摘して、シーズンを過ごしていくなかで、チームは変わっていくことができました。例えば、ベンチでうなだれている映像を見せて「このときなにを考えていたの？」と選手に聞いたりします。怒るのではなく、コミュニケーションとして選手に問いかけました。強烈に意識を変える必要があるときは、「我々はこんなチームですよ」と映像を見せるときもあります。そのことにより、徐々に選手に理解をしてもらいました。

ヘッドコーチとして選手に信頼されていたい

――コーチとしてのいちばんの失敗談はなんですか？

安齋　失敗として最も印象に残っているのは、ゲーム中の対応です。勝つか負けるかという展開で残りは数秒、点差は2点、タイムアウト明けでサイドからのスローインといった状況において、急にディフェンスを変えるチームがありました。そのときの対応が印象に残っています。昨シーズンは、その対応で2試合を落としました。経験の多い外国人コーチは、その状況でマンツーマンからゾーンに変えてきました。その時点で、我々にはひとつタイムアウトが残っていたのに取りませんでした。一度、選手をコートに出し、ゾーンを確認できた時点でタイムアウトを請求してゾーンアタックの指示を出せばよかったのです。ただ、タイムアウト時の説明で「ゾーンでもこれをやろう」と言ってしまっていたので、タイムアウトを請求せず、明確な指示がないままとなり、結果として試合を落としてしまいました。

――土壇場での駆け引きの部分ですね。

安齋　スローインをする前だったら、もう一度、タイムアウトを請求できます。そこで、再びマンツーマンにしてくるか、ゾーンのままかといった駆け引きにはなりますが、そういった駆け引きのなかで、自分の判断のせいで納得するシュートを打たせられませんでした。入ったかどうかは別にして、納得するかどうかが重要なんです。タイムアウトが残っていたにもかかわらず、そのような状況になってしまったのは私自身の経験のなさが出たと思っています。

――ヘッドコーチは難しい判断を要求される場面が多いので、経験が大事になってくるのでしょうね。

安齋　もうひとつは天皇杯決勝の最後のプレーです。ディフェンスをどうするかをもっと明確に持っておく必要がありました。自分としては明確にしているつもりだけど、選手の心境なども汲まなければいけませんでした。あのようなビッグゲームを落とすと、もう少しはっきりとした指示を出せなければいけないと感じます。

――こうした経験をできたということは、ポジティブに考えるとヘッドコーチとして成長できた部分ではないですか？

安齋　あのような状況でどのようにしたらいいのか、というのは成長できた部分だと思います。とはいえ、シュートが入ったから正解、外れたから失敗かというと、それだけではないと思います。富樫（勇樹／千葉ジェッツ）選手がすごかったということもあるし、（千葉ジェッツHCの大野）篤さんの指示によるところもあります。誰と誰とでピック&ロールをやってくるかがポイントになります。その点については、経験を積んでいくしかないと思っています。とくに、千葉とはシーズンを含めて10試合以上対戦しているので、お互いが手の内をよく知っている状況でなにをするか、予測の中で裏の裏をかきながら、元に戻したりといった駆け引きをしています。

――安齋コーチが考える「よいコーチ」の定義とは？

安齋　勝てばいいというわけではないと思います。私としては自チームの選手と信頼関係を構築したいです。信頼関係を築けるコーチがよいコーチだと思います。ヨーロッパのサッカーのペップ氏（ジョゼップ・グアルディオラ）の本を読んだり、情報を仕入れたりしますが、そのようなトップコーチでさえ全選手と信頼関係を築くのは難しいと思います。コーチとまったく合わない選手がチームから離れることを考えると、ペップ氏がすべての選手に信頼されるわけではないし、逆にペップ氏が信頼していないからトップ選手でも放出されるパターンもあります。信頼関係があるうえでコーチ自身の明確なシステムというか、ビジョンを持ってチームを作って勝たせる、自身のビジョンが明確にあり、勝つというイメージができるコーチがよいコーチなのだと思います。結果だけではないと思います。

――ビジョンが明確にあっても、それを遂行させることができなければコーチとしては……。

安齋　意味がないですよね。勝ち、負けというのは、クラブごとの資金によって変わってくる部分もあります。NBAでも勝つために選手をこぞって集めるチームもあれば、シーズンによっては育成を考えて優勝だけが目標ではないチームもあると思います。それでは、育成を目的にするようなチームのコーチが素晴らしくないかと言えば、そうではありません。いくらコーチがよくてもタレントがそろっていなければ勝てませんし、タレントがそろっていてもその選手たちがやってくれなければ勝つことができません。資金やタレント、勝敗などは、すべてつながっていると思います。勝敗はもちろん重要ですが、よいコーチと勝敗というのは、必ずしもイコールではないと思います。

実践的なパス技術の習得を

――本書では「パス」をひとつのテーマとして扱っているのですが、日本の「パス技術」をどのように捉えていますか？

安齋　日本で通ずる基本みたいなものだけに多くの時間を使い、実戦で使えるパスの技術を習得している選手が少ないのではないかなと思います。チェストパスやバウンズパスを出すにもピボットを一歩踏んでからパスを出すとか、それも重要な練習です。私自身もそのようなことを基礎として教えられてきましたけど、ヨーロッパのコーチであれば、ピック&ロールを使ったあとのポケットパスやオーバーヘッドパスの出し方、さらには視野の取り方や、その判断まで必要であることを教えています。

――パス練習のためのパスではなく、試合で使えるパス技術を教える必要があると。

安齋　日本人はそうしたスキルを小さい頃からあまり教わってきていないので、このレベル（Bリーグ）になって初めてパスの出し方を知ることもあります。パスを出すためにどこまでボールを上げなければいけないとか、その姿勢を作るため、視野を確保するためにどのようなドリブルをしなければならないなどの「パスを出す以前の準備」をあまりやっていないように思います。シレイカHCがいたときには、バックビハインドパスなどの身体の後ろ側から出すようなパスも日々のアップの中で取り入れられており、実際に実戦の中でそのようなパスの使用を見ることができました。身体の後ろ側から出すようなパスなどはギャンブル性が含まれており、日本ではどちらかというとタブーになっています。また、片手でのパスもタブーとされており、「両手で出すんだよ」と指導されます。最終的に、ゲームで使えるスキルなのか、ただの形なのかということですよね。

――ゲームでチェストパスでは絶対に無理な状況もありますしね。

安齋　チェストパスは、基礎の基礎としては必要ですが、段階を踏んで次に進むことも必要です。ピック&ロールからのポケットに入れるパスの方法は、コーチによって教え方が違うと思いますが、ディフェンスを考慮していないものを見かけることがあります。身体を引きながらバウンズパスを出したりするのです。どのような姿勢を作って出すのか、どのような視野を持ってフェイクを入れたりしながら出すかということを、実践的に教え、繰り返していかないとパスはうまくならないと思います。

――このあたりは大事なことですね。

安齋　ドリブルでボールをどの高さまで持ってこないとそのパスを出すことができないかなど、教えることは本当に数多くあります。「細かいドリブルをしろ」「姿勢を低くしろ」とよく言われましたが、そのようなことは、今ではそこまで重要ではない場合もあると考えています。ピック&ロールを使ったあと、どっちを向いているかによってどこまで視野が広がるかなど、パスを出す前段階の部分がよいパスにつながる重要な要素だと思います。身体を寄せるのかどうかも含めた姿勢やドリブルが重要ですね。■

profile

安齋 竜三（あんざい・りゅうぞう）

1980年福島県生まれ。2003年、拓殖大学卒業。卒業後、関東実業団に所属する新生紙パルプに入社。その後、大塚商会アルファーズを経て、2005年、bjリーグの埼玉ブロンコスにドラフト1巡目で指名を受け入団。2007年、栃木ブレックスへと移籍し、2009-2010シーズンにはチームの初優勝に貢献。2013-2014シーズンから栃木ブレックスのアシスタントコーチを務め、2017-2018シーズン途中、ヘッドコーチに就任。

KYOKO
KOGA
MITSUBISHI
ELECTRIC Koalas

【指揮官たちが語るコーチング哲学】

三菱電機コアラーズ　ヘッドコーチ

古賀京子

未来を築くChange for the Better

三菱電機コアラーズを創部以来初のファイナル進出に導いた古賀京子。スーパースター不在のチームを生え抜きのヘッドコーチはいかに変えていったのか――。

text _ 三上 太　photo _ 長谷川拓司

30点差の屈辱を乗り越え初のファイナルへ

三菱電機コアラーズの創部は1956年。Wリーグ（バスケットボール女子日本リーグ）に現存する12チームの中で最も古いチームだ。その三菱電機が2018‐2019シーズン、チーム史上初となるファイナル進出を果たした。導いたのは古賀京子。就任3年目のヘッドコーチである。

「なにかを大幅に変えたわけではありません。手法を変えただけです」

古賀は昨シーズンの躍進をそう振り返る。

例えばシチュエーションドリル――「残り何分で、何点勝っている、もしくは負けている」といったシチュエーション（状況）を設定して5対5を行う練習――を増やした。

その原点は古賀がアシスタントコーチからヘッドコーチに昇格した1年目、Wリーグの絶対的女王とも言うべきJX‐ENEOSサンフラワーズに完敗を喫したところから始まる。2017年1月22日、静岡県武道館で行われた試合で、ファイナルスコアは46対95だった。

「あの試合は私のバスケット人生の中でも忘れられないひとつなんですけれど、第1クォーターが1対31だったんです。なにもできないというか、衝撃的というか……もう一度、なにをしなければいけないかという思考力さえ根こそぎ持っていかれた、そんな感覚でした」

就任1年目で古賀の構築したいバスケットが浸透していない時期ではある。しかし、後述するとおり、三菱電機は伝統的に組織力で戦うチームだ。古賀自身も9年間の現役生活を三菱電機で過ごし、その後は8年間、アシスタントコーチとして後輩たちとともにチームを築いてきた。ベースとなる戦い方は変わっていない。つまり古賀が18年間をかけて自分の内側に取り込んできた三菱電機のバスケットが、根底から覆されたようなゲームだったわけである。

もちろん試合後にはさまざまな角度からその要因を探っていった。試合前の選手の状態や試合の入り方、試合中のメンタル、シュートが入らないときの立て直し方、ベンチの修正力と、それに対する選手の対応力……ありとあらゆる角度から30点差の要因を探り、それは今も古賀の頭の中でしっかりと記録されている。絶対的女王の隙のなさを痛感し、彼女たちを倒して自分たちが女王になるためには、自分たちもその隙のなさを身につけなければならない。

しかし、話はそれだけでは収まらない。ファイナルまで勝ち進んでいくには、その後、いくつもの試練を乗り越えなければならなかった。

「1対31から始まって、いろんな経験を積むんですけど、今度はベスト4の垣根が越えられないんです。1点、2点といった僅差が1対31の30点差と同じように感じられたんですね。まったく歯が立たないことと、僅差で負けることが紙一重というか、表裏一体というか、その悔しい思いが選手たちにもあって、例えばマイナス7点差からどう追い上げるかとか、8点勝っていたけど追い上げられるときが弱いとか、そういう状況で勝ちきる練習をやったんです」

三菱電機ではシーズンが終わると全選手がレポートを提出する。コーチ陣も出す。チームのなにがよくて、なにが悪かったのか。それを古賀が回収し、古賀自身の考えではなく、選手たちの考えも聞いたうえで、翌年、なにを優先的に改善していかなければいけないのかを決めていく。

シチュエーションドリルは暑い盛りの夏場に行われたため、トレーナーからは「オーバーワークです」と進言されもした。しかし古賀は「わかった」と言ったあと、「でもここで終わるわけにはいかない。みんなでこれを乗り越えないと前には進めないと思う。ここで勝負をしたいから、バックアップしてほしい」と勝負をかけた。それがシーズン前に行われた韓国遠征などで、逆に三菱電機が1点、2点の僅差で勝つ成功事例につながり、後半に強い三菱電機へと変貌するきっかけとなった。

結果として昨年のWリーグ・ファイナルではJX－ENEOSに連敗し、初優勝こそ逃した。しかしその第2戦、16点ビハインドで始まった第3クォーターに27得点を挙げるなど猛反撃を見せられたのは、そうした積み上げが実を結んだからでもある。

全員が「主役」となってこそ真のチーム力が生まれる

躍進はプレーの改善だけが要因ではない。もうひとつ、昨年、古賀が重点的に変えたのは「コミュニケーションの図り方」だ。

「選手がみんなの前でどれだけ発言できるか、当事者になれるか。年上、年下関係なく。みんなが発言できるような、安心感が持てる環境作りをしようというミーティングが増えました。具体例を挙げると、『1分間スピーチ』です。人生を変えた人というテーマでひとりずつ喋って、それに対して気づいたことや思ったことを質問していく。みんながどれくらいその人に興味を持てるかを引き出すためです。声のボリュームも必要なので、2階の観覧席から話したりもしました。つまりはコミュニケーション術ですよね。通じ合うという意味でそうしたアクションを起こしました」

これは古賀自身がコーチのS級ライセンス取得講習会で経験した手法である。最初こそバラバラだった約40名の受講者が、伝える技術を明確にすることで、はっきりと感じられるほどその距離を縮めていく。これをチームに持ち帰ったら、よりチーム力は上がるのではないか。

「そうしたアクションの中でも『最後まで諦めない』ことは選手たち全員が持ち味としていて、チーム力でもここは欠かせないところでした。コミュニケーションを図ることで自分たちの強みが明確になって、役割分担がよりはっきりしました。主力メンバーとして試

KYOKO
KOGA

MITSUBISHI
ELECTRIC
Koalas

まったく歯が立たないことと、僅差で負けることが紙一重、表裏一体だと感じました。

合に出ている選手たちだけではなく、ベンチメンバーも含めた全員が『主役』という感覚を持ちえたんです。チーム力というのは、結局ひとりではなにもできないということでもあります。それをみんなが自覚できたところが、昨シーズンいちばん成長したところじゃないかと思います」

三菱電機は自他ともに認める「チーム力」で戦うチームだ。むろんそれはチームスポーツを行うすべてのチームが掲げるところでもあるが、なかでも三菱電機には突出するようなスーパースターがいない。事実、昨シーズンのプレーオフに進出した8チームのうち、7月に行われた女子日本代表の強化合宿に三菱電機の選手はひとりも選ばれていない。もちろん過去には日本代表としてプレーした選手もいるし、高校時代に全国大会で優勝した選手、強豪校のエースだった選手も多くいる。しかし昨シーズンのファイナリストから日本代表に選出されないのは、ケガなどの理由もあるかもしれないが、サイズを含めて世界と戦うには、なにかもうひとつ足りないところがあるからだろう。そんな選手たちでもひとつの集団、チーム力を高めることで国内最高峰の頂上決戦まで勝ち進むことができる。こ

個を知り尽くしているからこそ、全体をまとめ上げることもできる。

れは非常に大きな意義がある。

「私自身も一昨年までは突っ走っていたところがあったんです。でも昨シーズンは選手と一緒に解決する……選手の意見を聞いて、コーチの意見も聞いて、私の意見もすべてテーブルの上に出したうえで、『じゃ、これでいこう！』と言ったときに、選手もコーチもみんなが納得してくれたんです。もちろん選手たちがそれに共感してくれて、実際に出力してくれたからこその結果で、それが一概にどのチームにも当てはまるかと言えばそうではないと思うのですが……」

確かにすべてのチームに当てはまる手法ではないかもしれない。しかし目の前にあるチームを、より力が発揮できる「真のチーム力」に引き上げるために、選手個々が当事者意識を持ち、それぞれが「主役」になる関係性を築くことは必要不可欠である。

変化し続ける時代の中で 求められるコミュニケーション

チーム力を引き上げるためにコミュニケーションの重要性を改めて求めた古賀。その原点を探ると、2人の指導者を語らないわけにはいかない。佐賀清和高校の貞松義人であり、三菱電機の林桂三（リン・ケイゾウ）である。

貞松は、高校入学当時、バスケットコートを一往復するだけでも息を上げていた古賀を、その後、女子日本代表にまで引き上げる礎を築いた。むろん厳しさもあったが、一方で高校生から生の言葉を引き出そうとするコミュニケーション力があった。

「貞松先生は誰かになにかを問うとき、その子が答えられないと次の誰かに問うんです。それを何人か繰り返したあと、最初に答えられなかった子に戻って、再度同じ質問をします。そうやって私たち選手に考えることを常に求めていたんです」

それは三菱電機の林も同様で、選手たちの内側にある考えを引き出そうとしていた。

「林さんは私が三菱電機に入団したときこそ技術顧問でしたが、2年目にヘッドコーチになられた方です。そのときすでに70歳近くで、私は19歳。それでも林さんは私を一選手ではなく、ひとりの人間として目線を下げてくれて、いろんな問いかけをしながら、いろんな気づきを引き出してくれたんです。50歳近く年が離れているのに、私にも意見を聞いてくるってすごいなぁと。この人の脳みその中を覗いてみれば、どういうバスケットができるんだろう？　というワクワク感とか、バスケットが楽しくて仕方がなかったんです」

貞松も林も親子以上に年齢の離れた若者をひとりの人間として向き合ってくれた。それが10代の古賀にとっては衝撃的だったという。

後年、古賀が三菱電機のヘッドコーチ就任の打診を受けたことは青天の霹靂《へきれき》だった。しかし、自分自身を育ててくれたチームから必要とされ、そこになにかできることがあるのならチャレンジしてみようと引き受けた。そのとき頭に浮かんだのが貞松のコーチングであり、林のそれだった。

「ふたりとも選手と対話をするし、褒めるし、とにかく時間を費やすんです。しつこく教えられて、脳みそに詰め込まれていく。そういうバスケットの奥深さを事細かく教えてくださいました。それがコーチをするときの憧れになっていったんです」

古賀は優秀なヘッドコーチとは「全体を見ながら個を見ることができるコーチ」だと考えている。

「全体の中の個をしっかり見られる。個を知り尽くしているから全体もまとめ上げられるのかなと思うんです」

そのためにはやはり対話が欠かせない。貞松や林との出会いで自分の中の土台を築きながら、一方で変化を続ける時代にも即していく。古賀は変化に対するヒントをFacebookから得たと言う。

「Facebookはざっくばらんに、カフェテリアでチームを作って仕事をするらしいんです。普段はバラバラにいるけど、意見の合ったところで仕事を積んでいく。トップダウンというよりは、みんなでひとつの『木』になっていく。『実』をつけていく。そういうやり方が今後は必要なのかなと感じました。そのためには風通しがよくなければいけないし、コミュニケーションもしっかり取らなきゃいけない。土台は変えずに、でも時代の変化には対応していく。ちょっと混乱しかけましたけど、そうした事例も参考にしながら、チーム作りを始めていったんです」

そこに男性ヘッドコーチとは異なる、女性ならではの協調性や勤勉性を引き出せる自分の色も出していった。誰かの真似というよりも、気取らずに相手の言葉を受け入れ、普通に選手たちと話していく。それを強みにして、チームを築いていった。葛藤も、長年一緒にいるがゆえに共通理解の深いところでぶつかることもあった。いや、それは今もあると古賀は言う。しかし意見の相違があるからこそ、コミュニケーションが生まれ、チームは次のステップへと進むことができるのだ。

チームスローガンに込めた三菱電機の戦い方

古賀自身、チーム力で戦う理由について「1対1で真っ向勝負をしても勝てない」からだとはっきり言う。

「でもチーム力には強みと弱みがあって、アドバンテージがある。みんなで補えるんです。それをいちばん表現できるのがディフェンス。オフェンスは水物で、シュートが入る、入らないはその日の調子によりますけど、ディフェンスはベースがあるので調子に左右されない。そういう意味で揺るぎないチーム力を発揮できる。原理原則をみんなが周知して、共通理解をすれば先に進めて、ひとつの個体として相手にぶつかっていけると思うんです」

三菱電機のディフェンスというと、すぐに頭に浮かぶのはゾーンディフェンスだ。統率の取れたあのゾーンディフェンスはチームの伝統だと古賀が教えてくれる。

「あれはまさに林さんのゾーンなんです。当時の三菱電機は日本リーグでも下位のほうにいて、でもコツコツ型というか、大器晩成型の選手が多かったんですね。私にはそれがかっこよく見えたんです。鳴り物入りで入って騒がれる選手より、5年目くらいにしてようやく花が咲くような先輩が多くいらっしゃって、その精神が素晴らしいなと。そのときにマンツーマンだと負けるけど、組織的なゾーンディフェンスなら充分に勝てると言われていて、それが今も息づいているんです」

古賀自身は、今でこそ珍しくなくなってきたが、当時は180センチのオールラウンダーとして注目を浴びていた。鳴り物入りに近い形での入団だったが、決してスーパースターではなかったと振り返る。運動能力こそやや秀でていたかもしれないが、なにを覚えるにも人より倍の時間がかかった。前記のとおり、高校1年生のときは貧血気味で、コートを1往復するのもやっとだった。自分がそうであったからこそ、高校卒業後の進路を決めるとき、じっくりと選手を育てて、チームとして戦う三菱電機に惹かれたのだ。

もうひとつ、古賀がチーム力にこだわる原点がある。

「日本代表の強化合宿に呼ばれたときに、改めてそれを感じたんです。当時の日本代表には萩原美樹子さん（現アンダーカテゴリー女子日本代表HC）たちがいて、1対1をしたらボコボコにされてしまうんですね。でも周りの先輩たちがカバーしてくれるなど、私の不出来なところを補ってもらえたんです。そこで学んだことは、器の大きさというか、思いやり……気配りや目配りができないとそうした察知能力、一手、二手先を読むことはできないってことだったんです。そのときの先輩方は私生活のレベルも高くて、人を思いやる心があった。それがチームで戦ううえでの原点でもあるんです」

そして今、三菱電機はチームスローガンとして「TEAM（チーム）」を掲げている。4つの言葉の頭文字を組み合わせたもので、Trust（信頼）、Energy（情熱）、Appreciation

（感謝）と続き、最後の「M」は「Mitsubishi Soul（三菱の魂）」である。

「企業風土を示す『人の三井、結束の住友』と並んで『組織の三菱』という言葉があります。そういう言葉があるのなら私たちの戦い方はそれに見合っているのかなと。また私は会社のコーポレートステートメントである『Change for the Better（常によりよいものを目指し、変革していく）』というその言葉が好きで、それを『Mitsubishi Soul』の中にも込めたんです」

三菱電機のチーム力は、古賀の歴史であり、チームの歴史であり、さらにはチームを支える企業の歴史でもあるわけだ。むろん、そうした歴史をすべて今のチームに背負わせるつもりはない。ただ、そうした歴史の上にチームは成り立っていることを忘れてはいけないと古賀は思っている。

失敗してもいい、そこから立ち上がる強さを

選手との対話を重視する古賀だが、もちろんヘッドコーチとして譲れない一線はある。

「シンプルですけど、本当に最後まで諦めないことの強さは選手たちにも求めます。いろ

んなことに挫折してもいいと思うんです。ぶつかって、倒れて。ただそこで立ち上がらないことは嫌だなって思います。だから選手には『失敗していい』と言っています。失敗して、それを肥やしにして、次につなげるようにと。だからチャレンジしないことには怒ります。チャレンジしたミスには怒らないですけど、チャレンジしないままやるときは怒ります」

むろん、その信念は自分にも向けられる。自らを好奇心旺盛だと認める古賀は、だからこそ、S級ライセンス取得講習会で知りえた手法も迷うことなく取り入れた。

「取り入れることに怖さはなかったですね。やってみて、失敗したら、またそこで変えればいいわけですから。もちろんそれを実行するまでには充分な準備をしますけど、なんの優先順位が高くて、なににチャレンジしたいのかは常に考えています」

なにかにチャレンジし、失敗しても、そこで得た経験を次のステップに生かすことができれば、それは失敗ではない。チャレンジという言葉に適する対義語が見つからないが、古賀の信念を借りれば、それは「諦め」なのかもしれない。諦めなければ、チャレンジは続けられる。

古賀は日本の女子バスケットの選手にも、もっともっと海外を目指してほしい、チャレンジしてほしいと言う。

「WNBAだけじゃなく、ヨーロッパを目指すのでもいい。そういう選手が増えていけばいいなって思います。今は渡嘉敷（来夢／JX－ENEOSサンフラワーズ）さんがいますけど、人数が増えれば吸収力が違うし、還元するものも変わってくると思います。もちろん三菱電機でそれを希望する選手が出てくれば、喜んで送り出しますよ。井の中の蛙で終わってほしくないんです。いろんなところに行って、いろんな壁に当たって、それを肥やしにしてほしい。それでみんなになにか伝えられることがあるんだったら、それはぜひ行ってほしいですね」

諦めずにチャレンジする。よりよい選手、よりよいチーム、よりよい女子バスケット界、そしてよりよい日本のバスケットの未来を築くために——それこそが古賀のChange for the Betterである。■

profile
古賀京子（こが・きょうこ）

佐賀県出身。佐賀清和高校～三菱電機。現役時代は身体能力の高いプレーでオールラウンダーとして活躍。2004年に現役を引退すると、2008年にアシスタントコーチとして現役復帰。2016年ヘッドコーチに就任すると、3年目の2018-2019シーズンにはチームを創部以来初のWリーグ・ファイナルへ導いた。

KYOKO KOGA

MITSUBISHI ELECTRIC Koalas

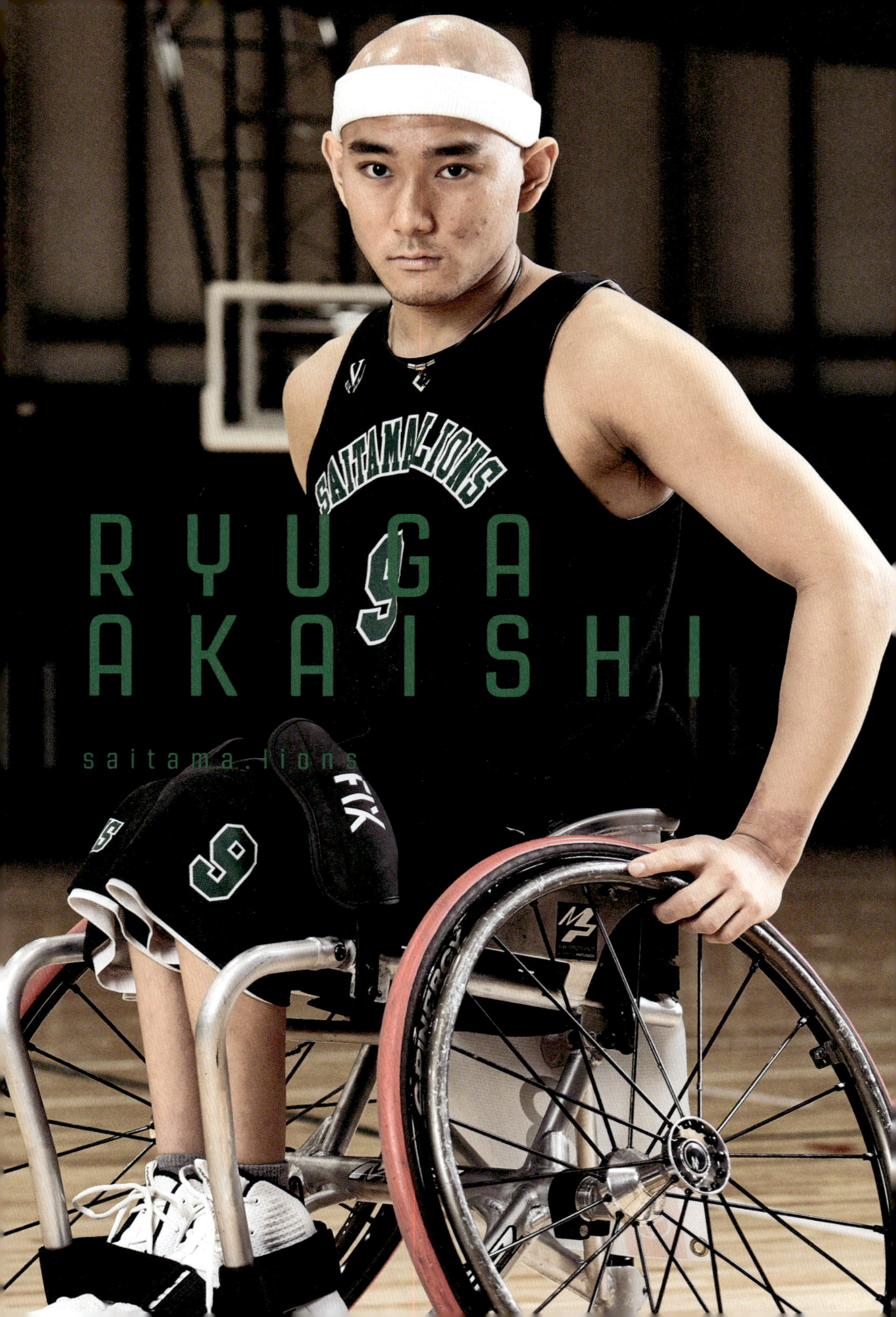

RYUGA AKAISHI

saitama.lions

【次世代の主張 _ 車いすバスケットボール】

埼玉ライオンズ

赤石竜我

障がいを持つ子どもたちが憧れるヒーローに

赤石竜我は、昨年18歳にして車いすバスケットボール日本代表に選出された。さまざまな壁にぶつかりながらも高みを目指していく、若きホープの競技にかける思いを聞いた。

text _ 泉 誠一　photo _ 吉田宗彦

初先発を任された特別な大会

今年の『「天皇杯」第47回日本車いすバスケットボール選手権大会』（以下、選手権）において、埼玉ライオンズは4年ぶりに決勝進出を果たした。18歳の赤石竜我が、初めて先発を任されて挑んだ日本一決定戦。「今まで何度も経験してきましたが、今年が僕にとっては特別な大会だったのは間違いないです」――悲願の初優勝には届かなかったが、自信をつかむことはできた。

赤石と埼玉ライオンズの出会いは、中学1年時にリハビリの先生に紹介されたことがきっかけ。同時に、初めて車いすバスケという競技を知った。練習生からスタートし、翌年から正式にメンバー登録される。ベンチから日本一を争う選手権の空気を味わいながら、少しずつ経験を積み重ね、今年は先発で起用されるまでに成長を遂げた。ディフェンスでハッスルし、オフェンスでは誰よりも速く前線へ抜け出し、タッチダウンパスを受けてゴールを決める。チームがピンチになれば、コート上では最年少でも臆することなく声を出し、リーダーシップを発揮していた。

「これまでは自分のことで精いっぱいであり、〝自分ファースト〟という考えでした。今年は勝利のためにどうすべきか、〝チームファースト〟で考えられるようになったことが大きかったですし、自分の成長にもつながっています」

チームを優先に考え、一歩引いてみたことで逆に前進することができた。赤石の成長はチームにも好影響を与え、「今年の選手権は日本一になるという自信がこれまで以上にありました」という言葉どおりに埼玉ライオンズは勝ち進んでいく。

昨年の準優勝チームであるNO EXCUSEに72対57で快勝し、初戦突破。続く準決勝は日本一の速さを誇るパラ神奈川スポーツクラブと真っ向勝負し、59対48で走り勝った。しかし、決勝戦では宮城MAXに35対71とダブルスコアで敗れ、11連覇をアシストする形になってしまった。「相手は絶対王者であり、油断してはいけない相手にもかかわらず、自分たちが強くなったからと少し過信して相手を甘く見てしまったのではないか、と今ならば言えます」と敗因を挙げ、後悔の念に駆られている。それまで好調だった赤石の活躍は鳴りを潜め、決勝は無得点に抑えられてしまった。

王者を超えることはできなかったものの、赤石はオールスター5（優秀選手賞）に初選出された。「個人として評価していただいたのはすごくうれしかったです」と喜びを表す一方で、「チームが目標としていた日本一を達成できなかった悔しさのほうが大きいです。決勝戦で宮城ＭＡＸにあそこまで実力差を見せつけられて負けてしまったことがいちばん悔しいです」と悔しさをあらわにする。自信があっただけに、その反動も大きかった。

これが世界レベルか――衝撃を受けたアメリカ遠征

昨年、アジアパラ競技大会で日本代表デビューを飾り、今年も選手権後の6月には日本代表としてアメリカ遠征メンバーに選出された。彼《か》の地では、リオパラリンピック銀メダリストのスペインと、金メダリストのアメリカという世界の二強と対戦する機会を得た。初めてアメリカ戦を経験した赤石は、大きな衝撃を受けることになる。

「本当に次元が違いました。同じ人間なのかと思うほど、はるか彼方の存在だと思わされました。僕のスピードなんかまったく歯が立たなかったですし、僕よりも速い選手もいました。これが世界レベルかということを本当に思い知らされました」

自慢のスピードも世界トップの前では通用したとは言い難い。アメリカとの2試合は、38対54、40対95と、いずれも完敗に終わった。

２０１７年、U23世界選手権予選リーグでアメリカと対戦したときは、64対57で勝利した。その勢いで快進撃を続け、世界4位の好成績を収めている。「あのときも世界の選手たちは強かったですが、まだU23ということもあり、それなりにできたという手応えはありました」と振り返る。しかし、今回のアメリカA代表との戦いでは「本当になにもさせてもらえなかった」と言うほど、簡単には埋められない差を感じた。取材は帰国直後であり、「まずは課題を明確にしなければ」と迷宮に迷い込んだような状態だった。

車いすバスケだけではなく、すべてのカテゴリーにおける日本代表が世界へ挑むためには、ディフェンスからブレイクを出すトランジションバスケットが武器となる。

「僕はスピードがあるので、それを生かしたハードなディフェンスを徹底しています。コンタクトをして相手のスタミナを削るようなディフェンスが求められています」

日本代表で赤石に求められている役割は明確だ。オフェンスでは「味方を生かすためのクロスピックなど、ボールがないところでの動きを意識しています」と攻守ともに身体を張らねばならない。こうしたプレーは、埼玉ライオンズのスタイルにも相通じるものがある。

「僕としては埼玉ライオンズのために戦っており、正直言えば日本代表よりも優先順位は高いです。それほど埼玉ライオンズが好きなんです」

赤石は日本代表を通じて成長し、埼玉ライオンズを強くするという確固たる意志を持っている。

壁にぶつかり挫折ばかりの7年間

車いすバスケを始めて1年で埼玉ライオンズのロスターに入り、その3年後の高校2年時にはU23世界選手権へ出場し、シックスマンとして世界4位に貢献した。２０１８年、高校3年時にはアジアパラ競技大会に出場し、日本代表デビューを果たす。２０１９年の選手権では先発として埼玉ライオンズを準優勝

RYUGA AKAISHI

saitama.lions

埼玉ライオンズや日本代表では、大人たちを相手に飛び級で存在を示し続ける18歳。

に導いた。

車いすバスケは競技技術だけではなく、車いすの操作や305㎝頭上にあるゴールにボールを届かせるためにも上半身のフィジカル強化が欠かせない。それゆえに時間がかかり、経験がものをいうスポーツである。そうしたなかで赤石は飛び級で存在感を示し続けているが、「年齢を言い訳にはできない」と言いきる。2歳年上の鳥海連志の存在が妥協を許さないのだ。

「若いから下手でもしょうがないということは言い訳にならないです。鳥海選手は17歳でリオパラリンピックに出場し、今は古澤選手も日本代表で活躍しています。さらに、ふたりはU23世界選手権のオールスター5に選出され、結果を残しました。彼らに負けたくないという気持ちがあるからこそ、今も頑張ることができています」

20歳の鳥海と23歳の古澤拓也は、共にパラ神奈川に所属し、日本代表を支える若きエースたちである。「今はまだ彼らとの差は正直ある」と赤石は認めており、事実、日本代表でのプレータイムが圧倒的に違う。国際試合を戦う以上、日本代表としてスピードは絶対条件である。それにプラスして、鳥海にはド

RYUGA
AKAISHI

saitama.lions

ライブがあり、古澤は3ポイントシュートという武器を兼ね備えている。そんなライバルたちに対し、赤石はディフェンスで活路を見出す。U23日本代表の京谷和幸HC（現・日本代表アシスタントコーチ）も、「赤石のディフェンスは正確であり、100%の力で相手を止めることができる。それは連志や拓也にはない部分であり、このチームでディフェンスのナンバーワンだ」と太鼓判を押していた。

今年19歳になる赤石はまだまだ発展途上であり、これからどんな選手にだってなれる。だからこそ、赤石は今、基礎を固めていくことから着手している。

「判断力をよくしていきたいです。でも今は、一つひとつのレベルがまだまだ彼らよりも劣っています。まずは一つひとつのスキルをレベルアップさせていく必要があります」

埼玉ライオンズでも、日本代表でも、U23日本代表でも経験のある年上選手たちの中で活躍してきた。順風満帆に見える赤石の車いすバスケ人生だが、その裏には「挫折ばかり」の厳しい時間があった。

「幼い頃から車いすで生活してきましたが、競技用は全然違いました。車いすを操作しながらボールを扱うことは難しく、シュートも届かない。練習を続けたことで少しはうまくなりましたが、そこから先が伸び悩み、いくらやっても上達しない。もうバスケをやめようと思ったときに父と衝突してしまいました」

高校へ進学した直後、5月に行われた選手権では3位決定戦で敗れ、4位に終わる。悔しさのあまり、決勝戦を見ないで会場をあとにしようとした赤石の態度に父は叱責した。

「当時はバスケをすること自体がつらかった」と言うほど思い悩んでいた矢先に核心を突かれたことで、生まれて初めて反抗してしまった。このときの出来事は今も忘れられない。しかし、その衝突が思わぬ好転を生むことになる。自分の思いをぶつけたことで、違う感情が湧いてきたのだ。「やってやるよ」と反骨心が芽生え、立ち直るきっかけになった。

「やめることはいつでもできる」と思い直し、翌年に控えるU23日本代表のメンバー入りに照準を合わせる。やるべきことが明確になったことで壁を乗り越え、目標を達成することができたのである。

「でも、U23世界選手権で4位に終わったことが悔しく、世界の壁を痛感しました。その壁を乗り越えたくてがむしゃらに頑張った結果、日本代表候補として呼ばれるようになり、アジアパラ競技大会で日本代表デビューできました」

目標は達成した瞬間に過去のものとなる。U23日本代表からフル代表へ。赤石は貪欲に上を目指し、今も自らに磨きをかけている。

前述したように、選手権では準優勝。燃え尽き症候群のような状態に陥り、日本代表のアメリカ遠征でも実力差を思い知らされた。「壁にぶつかっています」というのが、彼の現状だ。

「僕が壁にぶつかっているあいだも、どんどん東京パラリンピックが迫ってきています。一刻も早く、この壁を乗り越えるための課題を明確にし、克服していかなければいけない

壁にぶつかり、挫折ばかりの競技人生も、裏を返せば成長の証。

RYUGA AKAISHI

saitama.lions

と思ってはいますが……」

　壁を破れない焦りはある。ただ、アスリートにとって立ちふさがる壁は歓迎すべきものでもある。壁があるからもっと上を目指せる。壁を乗り越える努力をすることで、もっと強い自分になれる。これまで同様に上を向いて、乗り越えるしかない。

障がいを持つ子どもたちに車いすバスケを伝えたい

　車いすバスケ選手にとって、直近に控える最大の目標は東京2020パラリンピック出場だ。壁にぶつかり、もがきながらも、赤石は夢の舞台を目指し、その先まで見据えている。「2024年パリ、2028年ロスのパラリンピックでは、日本代表の主力になりたい」と高い志を抱く。

　車いすバスケは、最も重い障がいを持つ1・0から4・5まで0・5刻みで個人に持ち点があり、ゲームに出る5人の合計が14点以内にしなければならないルールがある。赤石の持ち点は2・5であり、「ちょうど真ん中のミドルポインターであり、なんでもできる」とポジティブに捉えていた。

「世界の2・5点の選手を見れば、アメリカ代表のジェイク・ウィリアムズ選手は3ポイントシューターですし、日本代表の千脇（貢）選手は高さがあるインサイドプレーヤーでもあり、いろんなタイプがいます。そのなかで、なんでもできるプレーヤーになりたい。味方にパスをさばくこともでき、どこからでも得点が決められるオールラウンダーになりたい。今は理想でしかなく、そのために具体的になにが必要かもまだわかりません。でも、最終的な完成形はそういう選手であり、そうなりたいです」

　京谷アシスタントコーチからは日本代表の司令塔である「豊島英になれ」と背中を押された。豊島（宮城ＭＡＸ）の存在は赤石にとって身近なお手本とも言える。

「豊島選手の判断力は素晴らしいです。チームにとってよい選択をして、勝利に導いてくれています。日本が勝った試合には、必ず豊島選手がいました。もしアメリカ遠征に豊島選手がいたら、結果もだいぶ違ったと思います。本当にすごい選手であり、まだまだ足元にも及ばないですけど、少しでも近づくために、なにをすべきかを考えて取り組むしかないです」

　今春より日本体育大学に進学し、引退後にコーチになることを視野に入れて勉学にも励んでいる。入学当初、車いすバスケの選手だと自己紹介したところ、思っていた以上に関心度が高いことに驚き、喜んだ。東京パラリンピックをきっかけに、さらなる魅力を伝えていくことも使命として考えている。

「障がい者スポーツ全般に言えることですが、競技者人口が普通のスポーツに比べて少ないです。そのためにも障がいを持った子どもたちには、車いすバスケというスポーツがあることを知ってほしいです。まずは見てもらって、憧れてくれることで、スポーツをするきっかけにつながります。僕らは子どもたちが憧れるような姿を見せていかなければならないとも思っています」■

profile

赤石竜我（あかいし・りゅうが）

2000年9月11日生まれ、埼玉県出身。5歳のとき、ホプキンス症候群という日本人として3人目の希有な病を患い、脊髄損傷により車いす生活を余儀なくされる。中学進学と同時に埼玉ライオンズで車いすバスケに出会う。その後、17歳でU23日本代表、18歳時に日本代表デビューを飾り、将来有望な若手ホープのひとり。スキンヘッドにヘッドバンドがトレードマーク。

S
S

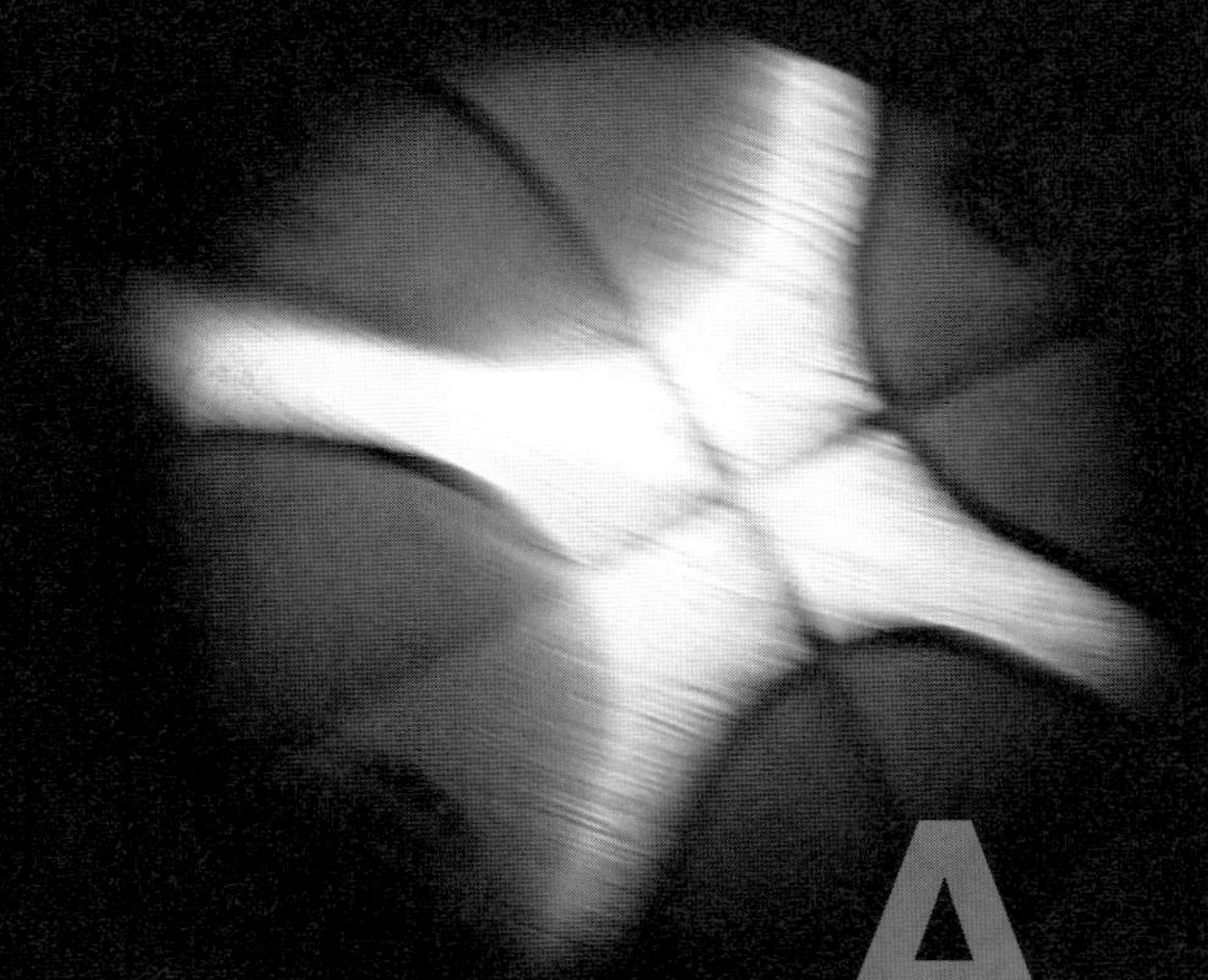

P A

[スキル特集]

パス技術の水準を高める。

シュートやドリブルに比べるとパスはやや地味な印象が強い。「バックビハインドパス」や「ノールックパス」など派手なパスもあるのだが、やはりどこかで「ボールをつなぐ」地味な印象がぬぐいきれない。しかし、現代バスケットではピック&ロールが主流になり、しかもそれが2対2だけで完結しない、チームオフェンスの軸になっている今、パスの技術を改めて見直すときが来ている。いや、日本はそうした世界の潮流からも遅れていて、パスに対する意識を変えることが急務と言ってもいい。「Basketball Lab（バスケットボール・ラボ）」、略して「バスラボ」創刊号では、パスの水準を高めるための考察をあらゆる角度から探ってみた。ようこそ、深淵なるパスの世界へ！

photo _ AFLO

［スキル特集］

パス技術の水準を高める。

Introduction

上質なパスとはいったいなにか？

鈴木良和
株式会社ERUTLUC

２０１９年５月、あるスペイン人コーチを日本にお招きし、ジュニア年代の子どもたちにクリニックを行ってもらいました。スペインのカタルーニャ州でU12とU14の州選抜を指導するコーチで、示唆に富んだ創造性溢れる素晴らしいクリニックでした。クリニックが終わったあとに、日本の子どもたちをコーチングした感想を聞いたところ、「ドリブルや1on1のスキルは非常に高い選手が多かったことに驚きました。スペインの水準で見ても、この年代でできたほうがいいＭＡＸの水準を10としたときの、7～8くらいのレベルの子たちが多かった。ただ、それに比べてパスの技術の低さが目立ちました。この年代でできたほうがいい水準でいう2くらいの技術しかない印象です。ドリブルや1on1に比べて、パスの技術はできるレベルに極端に差がある。これはとても問題だと思いました」という答えが返ってきました。

今回、『バスケットボール・ラボ』が創刊され、どのようなテーマが読者の皆さんの役に立つのか質問されたとき、いちばん最初に僕の頭に浮かんだのは、このスペインコーチのひと言でした。

２０１６年、男子日本代表がＯＱＴ（リオデジャネイロオリンピックの最終予選）でラトビアとチェコに敗れ、オリンピック出場が閉ざされたのちに、ＦＩＢＡからの制裁などの流れもあり、今の技術委員会が発足されました。その技術委員会がその年に開催された全国コーチ講習会の講師として招いたのは、ＦＩＢＡから推薦があった現アルバルク東京ＨＣのルカ・パヴィチェヴィッチ氏と、現・滋賀レイクスターズＨＣのショーン・デニス氏でした。彼らが日本でのクリニックのトピックに挙げた項目の中で僕が印象的に感じたのが、パスについてでした。その当時の日本代表の試合を見て、課題だと思う部分をさまざまな海外のコーチたちにリサーチしたときにも、パスの技術に問題があるという意見が多く聞けました。

そんななかで、僕自身もヨーロッパやオーストラリアのコーチたちの講習会を受講するたびに、パスの技術についての講習をよく目にするようになりました。そして、クリニックを見ていくうちにある違和感を覚えるようになったのです。

講習会の講師の方々がパスの講習で言っていたのは、「速く出す」こと、「正確に出す」ことでした。これは、僕たちが現役の選手だった30年前から一般的に指導者の方々から言われ続けていたことです。同じことを徹底しているのに、なぜヨーロッパではパスのうまい選手が育ち、日本では育ちにくいのか。なにがパスの技術の質を左右しているのか。ここが僕の中に生まれた違和感を紐解くためのひとつの問いになりました。そして、講習会で学び続けているうちに、その違和感が瓦解《がかい》していくようなひとつの気づきを得ることができたのです。そのヒントになったのはあるビジネスセミナーでの学びと、野球のイチロー選手の考え方でした。

P・F・ドラッカー氏のマネジメントについて造詣の深い浅沼宏和氏(『世界一優しいドラッカーの教科書』や『ストーリーでわかるスターバックスの最強戦略』(共にぱる出版)の著者)のビジネスセミナーで学んだのが、「定義」することの重要性です。例えば、修正と是正という言葉があります。皆さんはこのふたつの言葉の定義の違いをご存知でしょうか?修正というのは、問題を正すことです。是正というのは、問題が起きた原因を正すことです。つまり、単なる修正では、その問題が起きた原因が改善されたわけではないので、また同じ原因から同じ問題が再発する可能性が残っています。しかし、是正がされれば、その問題は同じ原因からは再発しません。このふたつの言葉の定義の違いを上司も部下も理解していれば、上司は部下に対して具体的に期待したい行動を引き出すことができます。ところが、この言葉の定義の違いをどちらかが明確に理解できていなかった場合、上司は部下が起こした問題に対して是正的な改善を期待しているにもかかわらず、「修正しておけよ」としか言えずに、結果的にその問題が起きた原因が改善されないということが起こります。定義を明確にしておくことで、それにまつわる行動を具体的に引き出すことができるのです。

この講習を受けながらすぐに頭に浮かんだのは、野球のイチロー選手のことでした。イチロー選手についての本や記事をよく読んでいたのですが、イチロー選手がバッティングについての考え方について言及している記事がありました。そこには、「普通のバッターは、悪いボールには手を出さない。そのために、選球眼を磨くし、よいボールをヒットにするための練習をする。だけど、僕は普通の人がヒットにできないようなボールをヒットにすることができるほうがより上質なバッティングだと思ったから、普通の人が見逃すような

profile

鈴木良和(すずき・よしかず)

1979年生まれ、茨城県出身。千葉大大学院在学中の2002年に「バスケットボールの家庭教師」の活動を開始。その後、株式会社ERUTLUC(エルトラック)を設立し、バスケットボール教室や、全国各地への出張指導、指導者の研修会などを主宰。

ボールをヒットにする練習をした」というようなことが書いてありました（原文が残っておらず、記憶をたどった文言になっています）。

つまり、あるバッターは悪いボールを見逃せることが上質なバッティング技術だと考えるけど、イチロー選手は悪いボールでもヒットにできるほうが上質な技術だと考えていたのです。前者はその定義がゆえに悪い球を見逃すという選球眼を磨く練習に熱心に取り組み、後者はその定義がゆえに悪いボールをヒットにするという練習に熱心に取り組みます。両者とも勤勉に努力し、上質な技術を身につけたのですが、両者が身につけた技術には大きな質の違いがあったのです。その質の違いを生んだのはなにか。それは努力の量ではありません。両者ともに一流の努力を積み重ねました。その技術の質を左右したのは努力の量ではなく、求める上質さの「定義」の質の差だったわけです。

技術を身につけるために努力することは当然です。その努力の量に差があれば、もちろん技術のレベルに差が生まれるでしょう。しかし、その努力の量に差がなくなったとき、身についている技術レベルの差になっているのは「上質さ」の定義の差なのです。同じように問題を正せと指示されていても、それを修正的な意味で捉えるのか、是正的な意味で捉えるのかで、具体的な行動に違いが出ます。そして、その質の違う行動を積み重ねることで、質の違う技術が身につくのです。つまり、同じことを徹底していると思っていた30年前の日本とヨーロッパの「速いパス」「正確なパス」という指導は、実はそこに定義の差があったということです。

我々がジュニア期の頃に言われ続けた「速いパス」と「正確なパス」というのはどのような定義だったのか。そして、今ヨーロッパのコーチ陣が言っている「速いパス」と「正確なパス」というのはどのような定義なのか。この『バスケットボール・ラボ』では、まさにラボという名にふさわしく、この上質さの定義について研究していくことをテーマに掲げてはどうかと提案しました。今、僕が考えている上質さの定義が最も素晴らしい定義だとも思っていません。さまざまなカテゴリーを指導している、さまざまな考え方の指導者の考え方を知ることによって、皆さん自身が「上質さ」を吟味し、技術論を深めていくことができたら面白いのではないか、そう考えました。

そこで、今回取材対象者になる指導者の方々に3つの質問について考えてもらうことを提案しました。その質問とは、

①「上質なパス」というものをどのように考えていますか？

②「上質なパス」の技術を身につけるためにどのような練習が必要でしょうか？

③選手の判断力を高めるために皆さんが工夫していることはどんなことですか？

という3つです。①と②についてはここまで紹介してきた内容について、各指導者の方々の考え方を聞くために、③に関しては、パスという技術を考えるうえで切り離すことができない「認知・判断」という視点について、それぞれの指導者の方々がどのように考え、工夫しているのかを聞くために設定しました。

これらの質問に対するそれぞれの指導者の方々の考え方が、皆さんの技術論を刺激し、新たな視点を与えてくれたり、すでにある視点を強化してくれたり、考察するための材料を増やすことにつながっていくと思います。

さあ、皆さん、ご自身の中にある前提や固定観念を一度手放して、技術について考える時間を楽しみましょう！■

Question

Question 1

「上質なパス」というものをどのように考えていますか？

Question 2

「上質なパス」の技術を身につけるためにどのような練習が必要でしょうか？

Question 3

選手の判断力を高めるために皆さんが工夫していることはどんなことですか？

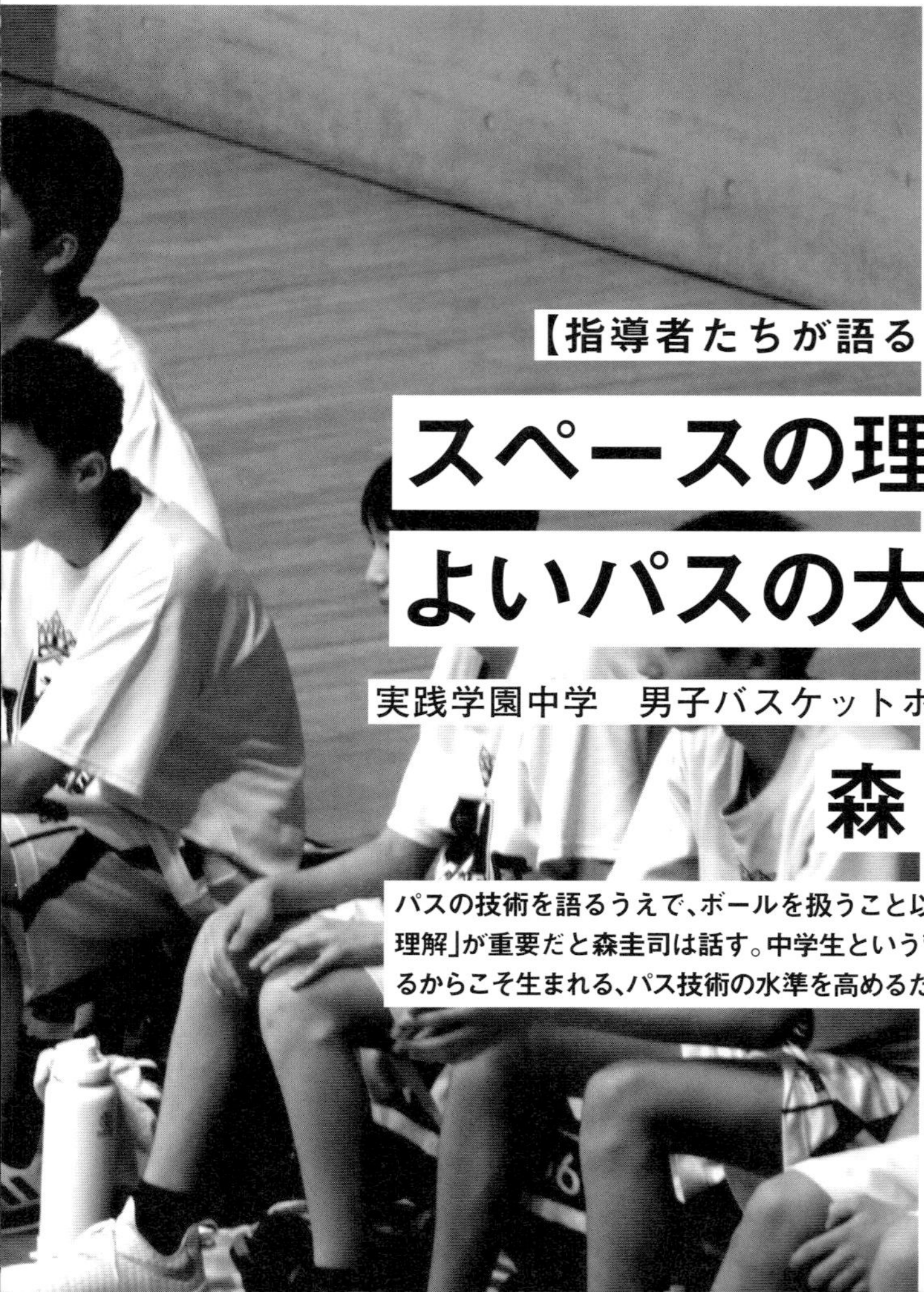

【指導者たちが語るパス技術】

スペースの理解がよいパスの大前提

実践学園中学　男子バスケットボール部顧問

森 圭司

パスの技術を語るうえで、ボールを扱うこと以前に「スペースの理解」が重要だと森圭司は話す。中学生という育成年代を指導するからこそ生まれる、パス技術の水準を高めるための指導論とは？

text _ 木村雄大
photo _ 伊藤 翼

スペースの理解、それこそがよいパスを引き出す前提

今回、バスケットボールにおける「パス」というものをテーマにお話しさせていただくにあたり、私はどのような立場からお話させていただくべきなのかを最初に考えました。さまざまな指導者の方がいらっしゃるなかで、私は日本代表選手であったわけではありませんし、プロチームのコーチでもありません。ですが、もしほかの皆さんと差別化できるとしたら、私は実践学園中学の男子バスケットボール部という、教育機関のチームの監督であり、私自身が教員であるということです。なるべく教育的にと言いますか、体系化された指導を目指し、プレーを言語化・可視化していくことを大切にしている、というところにあるのではないかと思います。

「質の高いパス」とはどういうものか？ この問いに対して、明確な答えを現状では持てていないのが正直なところです。というのは、まず私が指導しているのは中学生という非常

に技術的・体格的にも未完成の年代であり、「パスの質を高めよう」といったこと以前に教えなければいけないベーシックなことが山ほどあります。ボールハンドリングや、ボディコントロールなど、まずは基礎的な部分がしっかりとできるようにならないと、選手たちは自分のプレーに自信を持てません。我が校は全国大会で結果を残したこともあり、ありがたいことに「実践学園でバスケットボールをやりたい」と技術に自信を持った子がある程度集まってきますが、そういう子たちであっても、ベースの部分から教える必要があります。加えて、学校の環境としては、一日の練習は約2時間、約50人の部員に対して使えるコートは半面以下ということもありますので、パスにフィーチャーした練習はできませんし、パスというものを単体で考えることもあまりありません。

そういうなかで、「質の高いパス」の話とは少し異なるかもしれませんが、パスを出すために必要な前提条件として、ドライブやスクリーン、パスもすべて「レーン」という考え方と、「3つのスペース」を理解してもらうことに私は重きを置いています。「3つのスペース」とはすなわち、「相手との間合い」

「仲間との距離」「コート内のスペース」です。これを理解することは、「質の高いパス」を出すために必要であり、理解していないとチームオフェンスを機能させることはできないと考えています。

「相手との間合い」は、ボールマンとディフェンスとの間合いのことです。ボールを触れられるくらいに間合いを詰めてくるディフェンスに対して、ボールマンが先に仕掛けることができる、つまり「先手の利」を生かしていかに自分の空間を作れるかが大切、ということです。ボールを持っていないオフェンスも、自分をマークするディフェンスとの空間を認知し、自分が次に起こすべきアクションを判断することが大切です。

ふたつ目は「仲間との距離」。チームオフェンスの中で5人がそれぞれの能力を発揮するために、お互いが適度な距離感を保ちながら動くという基本ができているか、ということを意識するためのポイントです。例えば、ボールマンがドライブしようとしているのに、ほかのチームメイトがドリブルのコースに立っていたら邪魔になってしまいます。お互いの距離が近すぎるのです。逆に距離が遠すぎて、パスが出せないという状況もあるでしょう。そこで無理してパスを通そうとすれば、インターセプトされたり、ミスパスになったりします。パスという技術以前に、スペースの理解ができていない、とこういうことが起きてしまいます。

最後は、「コート内のスペース」です。ディフェンスに有利な間合いを作らせず、しかもチームメイトとの距離を適度に保つためには、自分が動くべき空間を探すことが重要です。言うなれば、コートで空いているスペースに移動しながらディフェンスとのズレを作り、いかにシュートチャンスを作るか。このようなチームメイトとの距離を考慮したスペースへの動き方を整理していくことが、チームオフェンスを備えるうえでのポイントになります。

「3つのスペース」の理解を進めるためのメニュー

では、その「3つのスペース」をいかにして理解させるかについては、非常にベーシックなメニューではありますが、いくつかご紹介させていただきます。

「相手との間合い」をつかむ練習は、ボールを持ったオフェンスから、対面するディフェンスがボールを奪うシンプルな練習から始めてみるのがいいでしょう。オフェンスは頭の上や胸の前にボールを持ち、1～2m離れたところに立つディフェンスがボールを奪います。オフェンスはその場でドリブルしたり、シュートモーションを行ったりしてみてもいいでしょう。非常に簡単な練習ではありますが、意外に中学1年生くらいでも、ディフェンスの手はどこまで届くのかという距離感をつかめていない選手も多いので、それに気づかせる効果があります。

「仲間との距離」を理解する練習としての『ドリブル&アウェー』は、2人がボールを持ち、3～5mくらいの距離を置きます。先に動く選手を決め、その選手がドリブルをしたら、もう片方の選手はその反対方向に同じ距離を保つようにドリブルをします。向かい合って行ったり、横向き、背中合わせでもやってみましょう（**図1**）。

ベースとして理解すべき「3つのスペース」

●「相手との間合い」

ボールマンとディフェンスとの間合い。ボールを触れられるくらいに間合いを詰めてくるディフェンスに対して、ボールマンが「先手の利」を生かしていかに自分の空間を作れるか。ボールを持っていないオフェンスも、自分をマークするディフェンスとの空間を認知し、自分が次に起こすべきアクションを判断することが大切

●「仲間との距離」

仲間同士が常に適度な距離感を保ちながら動くことができているか。お互いの距離が近すぎたり、遠すぎたりして、パスが出せなくなったり次のプレーにつなげられないという状況を作らないことが大切。そこで無理してパスを通そうとすれば、インターセプトされたり、ミスパスになったりしてしまう

●「コート内のスペース」

仲間との距離を適度に保ち、相手に有利な間合いを作らせないためには、動くべき空間を常に探すことが重要。空いているスペースに移動しながらディフェンスとのズレを作り、いかにシュートチャンスを作るか。チームメイトとの距離を考慮したスペースへの動き方を整理することが、チームオフェンスを備えるうえでのポイントとなる

「コート内のスペース」を理解する練習はよくあるパターン練習ではありますが、トップと左右のウイングの3人でスタートし、手渡しパス（トレールプレー）やバックスクリーン、ダウンスクリーンなどのバリエーションを行っていくのがわかりやすいでしょう。図では、トップに位置する選手がボールマンへ走り込んでシュートチャンスを作る「ボールサイドカット」を示しています。ほかにも、4～6人でのパスランや、4人のシュートドリルなども同じ狙いを持って行うことができます（**図2**）。

あるいは『6マス（9マス）ゲーム』というのもあり。ハーフコートを6（9）分割し、3つのマスにそれぞれ攻防1人ずつが入ります。ボールマンはドリブルをし、パスを出したら隣のマスへ移動、そのマスにいた選手はほかのマスに移動し、空いたマスにもうひとりの攻撃が移動します。ボールマンが同じマスに入ってきているのに動かないと、ふたりの距離が近すぎてスペースが狭くなってしまいますし、逆にボールマンが遠ざかっているのに動かないと、お互いの距離が長くなり、パスを受けられません。味方との距離感や、コート内のスペースを意識できる練習メニューです（**図3**）。

こういった練習をクリアし、よりゲームライクな、また我々のフロアバランスをもとにしたパスランドリルやシュートドリルにつなげていきます。

パターン化された動きではなく、駆け引きのうえでプレーを判断する習慣

「質の高いパスとは？」という問いに対する答えを持てていないと言いましたが、それは「パスのうまい選手」を定義するのも難しい、というのが私の考えです。結局のところ中学生年代においてパスがうまい選手というのは、トータルとしてバスケットボールに対する理解度が高い選手、ということになります。パスがうまいと思える選手はドリブルもうまいですし、シュートもうまい。それはなぜかと言えば、ベースとなる「3つのスペース」などベースの部分をしっかりと理解しているからではないでしょうか。

加えて、相手と駆け引きができるか。全国大会に出てくるようなチームだと、反復練習で鍛えたであろうセットオフェンスが上手で、ポン、ポンと相手が崩れるまでパスを回してシュートを決めてしまうことがあります。た

ドリブル＆アウェー（図1）

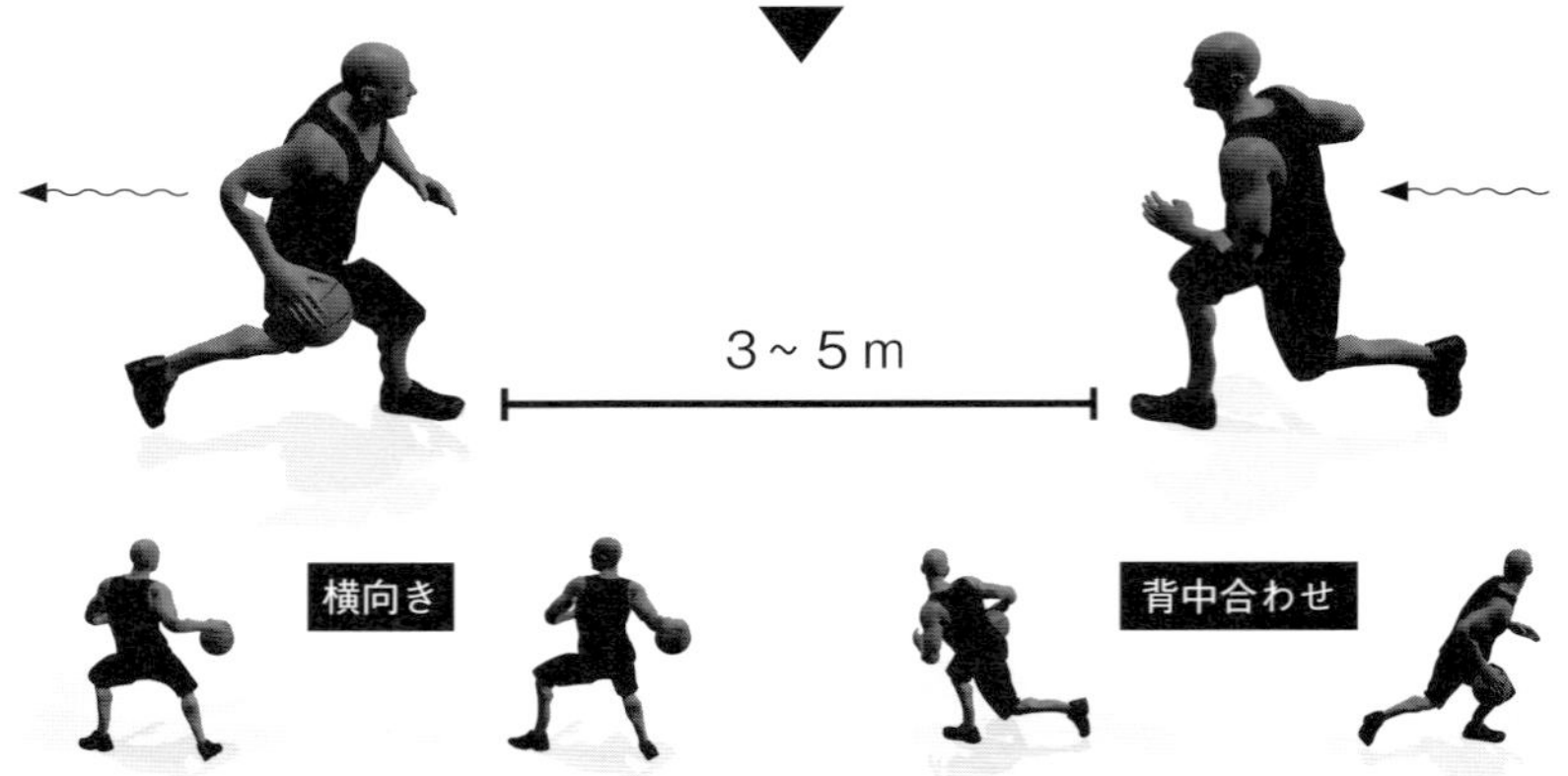

「仲間との距離」を理解する練習。2人がボールを持って3～5mの距離を置き、片方がドリブルをしたら、もう片方の選手はその反対方向へ距離を保ったままドリブルをする。向かい合うのを基本に、横向き、背中合わせでも行う

6マスゲーム（図3）

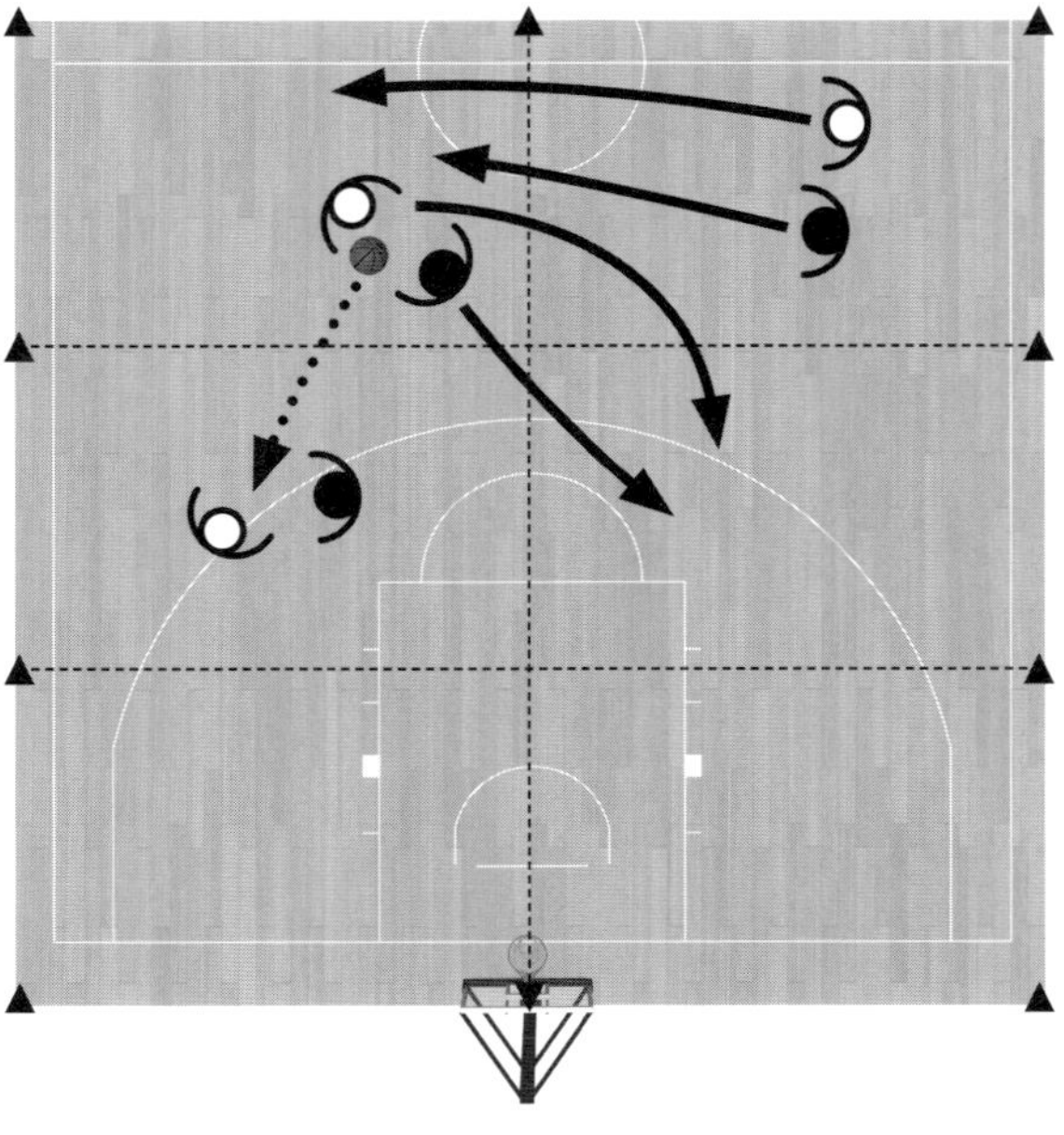

コートを6分割し、3つのマスにそれぞれ攻防1人ずつが入る。ボールマンはドリブルをし、パスを出したらほかのマスへ移動。ほかのマスにいた選手もマスを移動する。それぞれが同じマスに入らないように注意しよう

ボールサイドカット（図2）

1

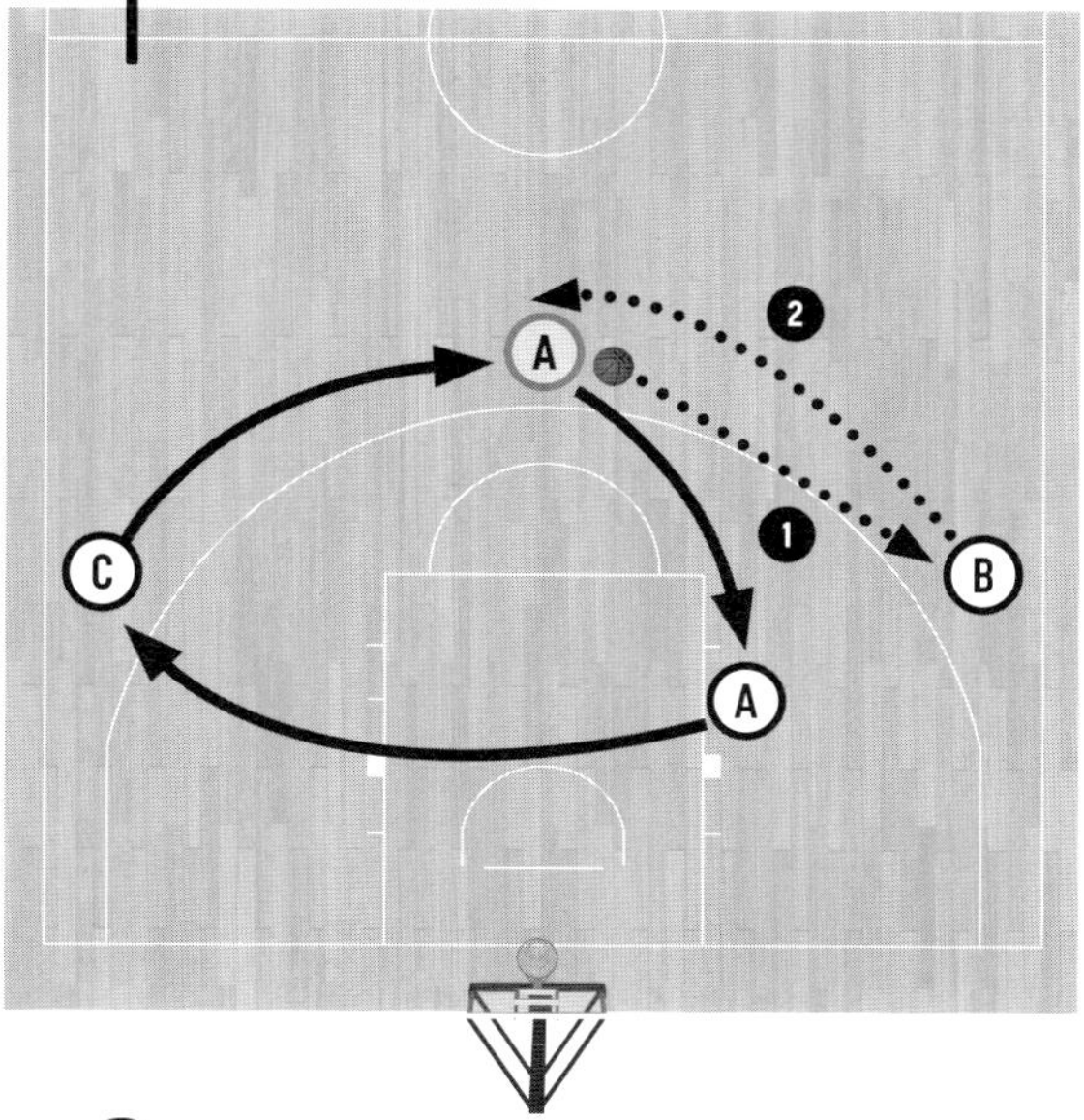

「コート内のスペース」を理解する練習としての「ボールサイドカット」。トップに位置するAがウイングの位置のBにパスを出し、ボールサイドにパスを受けるように走り込む。Cは、Aがいたスペースに移動する

2

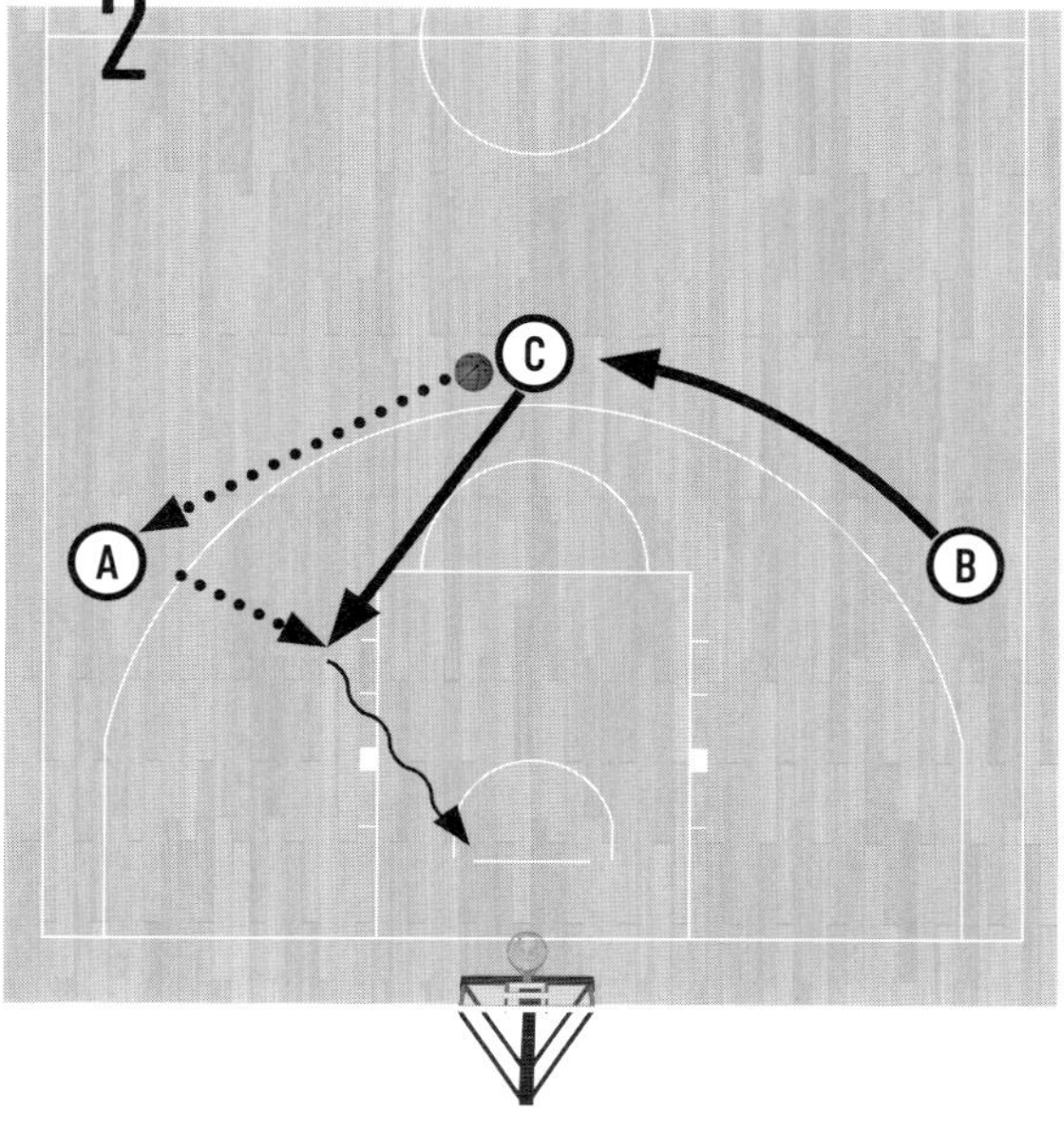

1の動きを何度か繰り返す。CはBからパスを受けたら、同様にウイングの位置にいるAにパスを出し、ボールサイドにパスを受けるように走り込む。そのままAからパスを受けて、シュートに持ち込む

だし本当にもうワンランク上となると、プレーには表と裏があることを理解していて、こっちを読まれたらこっち、これも読まれたらからじゃあこっち、といったような駆け引きがすごくうまい子もいます。

現在はピック&ロール戦術が全盛の時代で、各地でクリニックなどが行われて浸透していっています。そのようなクリニックを見ていると、2時間くらいの枠組みの中で、個人スキルから始まって、最終的に4対4、5対5というところまではいくのですが、だいたい参加者は最後には〝動き方〟を覚えるのに必死に見えます。こう来たからこう動く、味方がこっちに来たから離れよう、そういうのがモーション・オフェンスだと思います。ピック&ロールという動きだけが広まるだけ広まって、実際は駆け引きができない、ダイブしているけど距離感をわかっていない、とくに中学生年代だとそういうところがおろそかにされている。そんな現実があると思います。

振り返りのフレームワークを与え、自らを俯瞰して見られる選手を育てる

最初にお話ししたように、時間的にもスペース的にも練習環境が限られているため、練習中によほど気にならない限り、プレーを止めて説明することはあまりやりません。ある程度は最初に練習メニューを説明し、キャプテン・副キャプテンを中心に選手たちで進めてもらうようにしています。

じゃあ私たちはなにをするのか。4年ほど前から『SPLYZA（動画共有／分析ツール）』を導入し、動画の編集はアシスタントコーチや上級生を中心に行っています。選手たちに動画を渡すことで鮮明にイメージしやすくなると思いますし、なぜここへパスを出したのか、なぜここでドライブを仕掛けたのか、ここでパスの意図が合わなかったのはなぜなのか……自分たちのプレーを俯瞰的・客観的に見て、自分たちのプレーを自分の言葉で、理由も含めて説明できるようにするのが狙いです。選手間でプレゼンテーションやディスカッションもよく行わせます。教育的な話にはなりますが、彼らの中で知識として定着しているか否かの基準に、それを人に教えられるかがあると思いますので、そのレベルまで引き上げたいと思っています。

しかし、ただ動画を提供して共有すればいいのかと言えば、そうではありません。「うまくいかなかったときに、ちゃんと自分で振り返られる」ようになってほしい、というのが本当の狙いです。「日本一成長できるチームになろう」というのを我々のスローガンのひとつとして掲げているのも、そういうところに理由があります。

練習や試合中にある選手がパスカットをされたとするなら、「なぜだと思う？」というアプローチを私はします。とはいえ、トヨタ自動車に「なぜを5回繰り返す」という有名な言葉がありますが、現代の子に「なぜ？」を繰り返しすぎるのは責められていると感じる子もいるので様子を見ながらですね。そういうときは、「どうしたらよかったのか？」と、最初はこちらから聞くようにします。

ここで意図しているのは、振り返りのフレ

ームワークを教えるということです。例えばですが、とあるパスミスについて「心技体で考えてみよう」と伝えたとします。そうすると、指先の向きが違ったという技術的なものが要因なのか、そもそも筋力不足でパスが弱くなってしまったという体力的な要因なのか、ミスをしたら怒られるという思いがミスになってしまったという心の面が要因だったのか、枠組みを作って要因を考えることができます。もちろん、すべてのプレーにそこまで振り返っていたら頭はパンクしてしまいますが、そうやって振り返りのフレームワークを整理して、自分たちで考えられるところで導いてあげることは指導者・教育者として必要になってくると思います。そうして自分を俯瞰して見られる、考えることができるサイクルを作ってあげることが、中学生年代のパスの質を向上させることにもつながっていくのではないでしょうか。

パスはコミュニケーションツールのひとつ

最後に、概念的な話にはなってしまいますが、パスはコミュニケーションツールのひとつであるのかな、と思います。私自身は教師としてコミュニケーションの授業も行っていますが、そこで教えているコミュニケーションにおける大切なことは「自ら働きかける力」「仲間と共感する力」です。要は相手の立場に立ってみましょうということなのですが、それはパスにもつながるところだと思います。ただ物理的にボールが移動する、投げるだけではなく、「1対1をしてこい」「スピードを上げてレイアップにつなげろ」「シュートを打て」というメッセージが込められたものであると思います。

私が指導する子どもたちは中学1年生として入学してきて、3年間でひとつの区切りを迎えますが、中高一貫校ということもあり、6年という枠組みで考えています。最後の夏の大会後に関しても〝引退〟という言葉はあまり使わないようにしています。そういう点では他校とは少し異なる環境かもしれませんが、共通するのは、ボールハンドリング、ボディコントロール、基本的な戦術、スペースの理解などベーシックな部分は身につけて高校へ進んでほしいということです。私としては即戦力に近い状況で送り出すようにしているので、高校に進んで「1年生からスタートを狙いなさい」と伝えるようにしています。

「パス」というテーマをいただいていながら恐縮ですが、そこに重きを置くというよりは、中学生という身体も心も成長の度合いが異なる世代に対して教えるべきことをお伝えさせていただきました。ベーシックな技術を確実に身につけ、正しく振り返りを行い、成長し続けていける土台ができた選手を育てること、それがこの世代の指導者としての使命ではないかと思います。■

profile

森 圭司（もり・けいじ）

1979年生まれ、東京都出身。都立豊島高校～東海大学。大学入学後、豊島区立千登世橋中学校で本格的に指導者人生をスタート。同校を東京都大会準優勝に導くなど強豪に育て上げた。大学卒業後、実践学園に社会科の教員として赴任し、2012年に監督に就任。2015年、2016年、2018年と全国優勝を果たした。

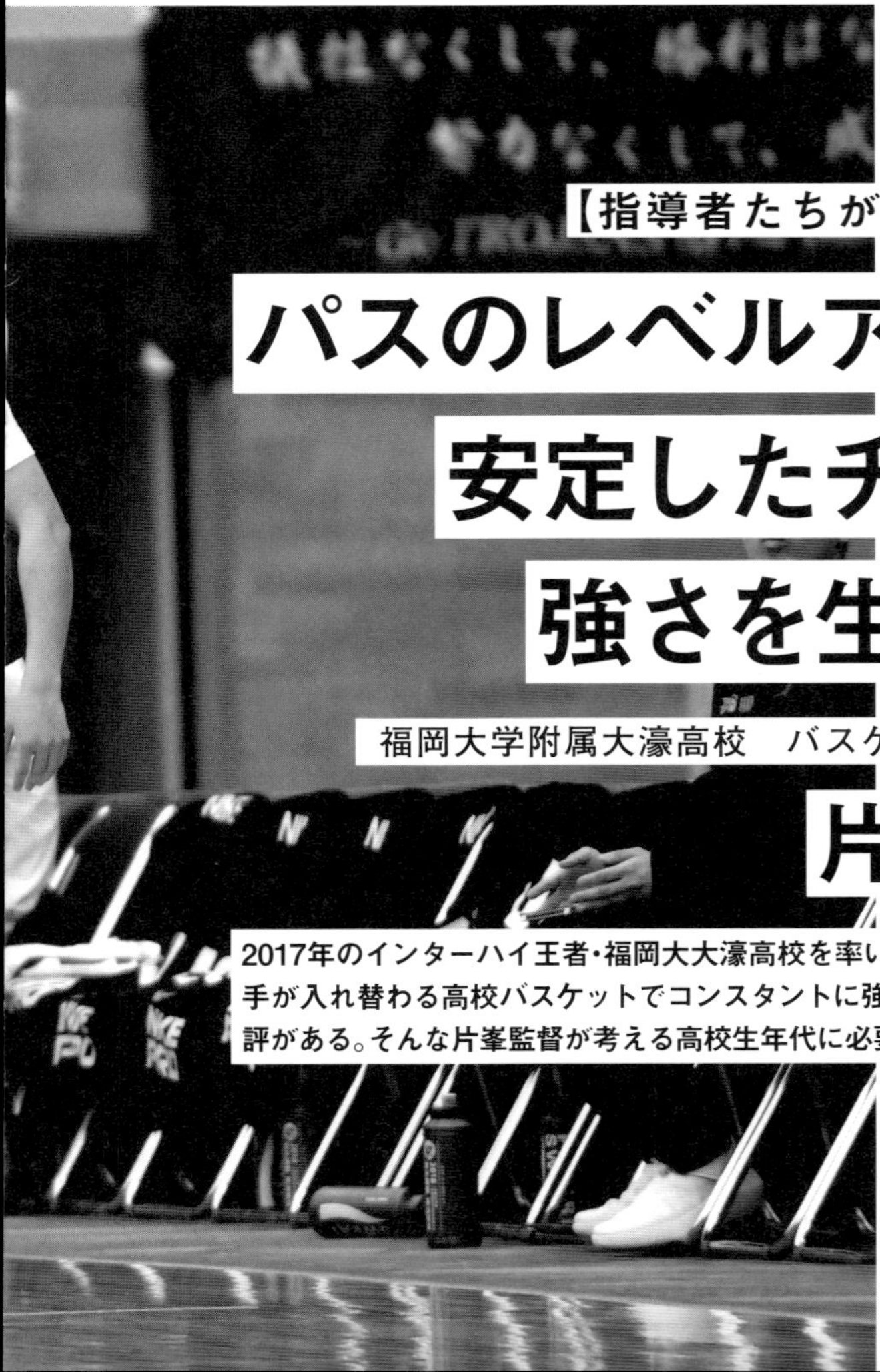

【指導者たちが語るパス技術】

パスのレベルアップが安定したチームの強さを生み出す

福岡大学附属大濠高校　バスケットボール部顧問

片峯聡太

2017年のインターハイ王者・福岡大大濠高校を率いる片峯聡太監督。毎年選手が入れ替わる高校バスケットでコンスタントに強いチームを作ることに定評がある。そんな片峯監督が考える高校生年代に必要なパスの技術とは？

text _ バスケットボール・ラボ編集部

チャンスをチャンスとして生かせるパスを出そう

私の考える「質の高いパス」とは、受け取る選手の次のプレーにつながるパスです。取る側の印象としては、パスは速くて、強いはずなんですけど、よいパスとよくないパスの違いは「痛さ」なんです。よくないパスをもらうと、選手たちはキャッチのときに「痛い」と言うんです。同じような強さで、同じような場所に飛んできても「痛い」と。

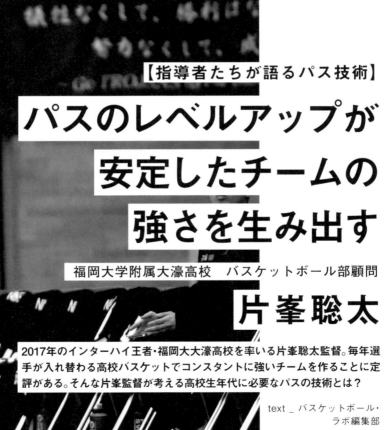

でも、パスが上手な選手からもらうと痛くない。ボールを取りに行くというよりも、取ろうとしたタイミングでそこにボールが来る。手に収まる。その感覚を持たせられる選手がパスのうまい選手だと解釈しています。次のプレー……例えばシュートを打たせるためのパスなのか、前に進ませるためのリードパスなのか、そこにパスの上手な選手と、そうでない選手の違いがあるのかなと思います。

バスケットは、どうしてもシュートやドライブが派手で、そちらに目が行きがちです。でも実は安定して強いチームというのは、もちろんシュートが入ることもありますが、ミスが少ない。「パスミス」もミスなんですけど、チャンスだと思ったところできちんとチャンスを作りきれないのは、たぶんパスのレベルによるミスだと思うんです。

よい形を作っても、最後のパスが少しずれるだけで形そのものが崩れたり、少しずれるだけでシュートの確率が落ちたりしてしまう。ゴール下で合わせたにもかかわらずパスが悪ければ、慌てたシュートになったり、遅れて打つからブロックショットをされてしまったり。そうした局面がゲームの中には多くあるんです。

ドライブやシュートはひとりで完結できるものですけど、パスはひとりでは完結できなくて、ふたり、その次の3人と連携する技術だと思うので、勝負をするうえで非常に大事な要因ではないかと考えています。

正しく止まる技術と、ディフェンスを見て予測する習慣

高校生にパスを指導するうえで、私は「つなぐパス」と「アシストのパス」は分けなければいけないと考えています。

つなぐパスは足元から作ります。足元を作るとは、つまり「止まる」ことです。これはパスだけに限った話ではありませんが、バスケットボールという競技だからこそ「止まる」ことを磨かなければいけません。思いきって飛ぶことと、きちんと止まることのふたつ。でも実際にはそのふたつのあいだでいろんなことが起こっています。微妙な選手と言えばいいのでしょうか、止まっているようで止まっていない。なんとなく浮いている。それはディフェンスの格好の餌食になるし、浮いてしまったら強くて速いパスもできない。だからきちんと「止まる」ことを練習させるんです。

止まることは「見る」ことにもつながります。例えば右から来たボールを左に送る場合、ボールを受けると同時にステップを踏み替えてパスを出す。このとき、いつでもパスを止められるような足元を作らなければなりません。そうすると状況を見る余裕が生まれるから、ディフェンスがいてパスが出せないと思ったら、すぐに止められる。つなぐパスをカットされてしまうと、簡単な失点につながってしまうんです。

そうした足元を作っておいて、ある程度ファンダメンタルがしっかりしてきた選手には、1対1を打破するためにどうしなければいけないか、つまりはドライブを教えます。このときアシストも同時に考える必要があると思っています。福岡大大濠（以下、大濠）のポイントガードには「二手先を考える」ように指導しています。

ちょっといい選手は一手先までを考えます。例えば右サイドから左へ展開しようとする動きでも、ディフェンスとしてはスムーズに展開させたくないわけです。それが頭に入っていたら、簡単には右から左に流さない。「ディナイしたいんだろう?」とディフェンスの一手先を読んでバックカットを狙う。真面目な選手は右から左に流すことばかりを考えているから、止まって見て、ディナイをしているからバックカットを狙うんだけど、それではワンテンポ遅い。走る側とのコンビネーションもありますが、一手先を予測する「頭」が必要になります。

さらにいい選手になってくると、自分のディフェンス、パスをしたいチームメイトのディフェンスのほかに、3人目のディフェンスの動きを予測して、投げる場所を考えています。これが二手先を考えることです。

先ほどのシーンとは異なりますが、例えばインサイドを中心にバスケットを組み立てていて、ウイングからトップにボールが上がってくるとします。よい選手は「インサイドがミスマッチだ」と一手先を見ているから、ボールを受けたらポンポンとインサイドに入れられる。でもそこに「ほかのディフェンスが寄ってくるかもしれない」とディフェンスの二手先までを読んで、逆サイドのコーナーにポンポンと投げられるか。その流れの中でひとつでもテンポが止まってしまうと、ディフェンスに読まれてしまいます。瞬時に一手先を見ておいて、二手先の場所を予測して投げられるかどうか。そこはすごく求めています。

二手先を読んで行動に移すには「頭と目」の両方が必要です。例えばドライブに対してカバーダウンに行くチームと、行かないチームがあります。それによってどこが空くのかも異なります。そうした相手のディフェンスシステムをきちんと理解しておく「頭」と、実際にそのときの状況を見極める「目」。このふたつが非常に重要だと考えています。

オフェンスの向上には確かなディフェンス力が欠かせない

質の高いパスを求めるのであれば、必然的に状況判断の練習が多くなっていきます。ただ質の高いパスも大事だけれども、ボールを動かすこともすごく大事なんです。ボールを配るようにゆっくりと確認しながらパスをするのではなく、無駄にボールを動かすような練習もしながら、アタックをしたときのディフェンスの状況を見極める判断はすごく練習していますね。ペイントアタックをするためのディフェンスの破り方と、破ったあとの状況判断としてシュートなのか、エクストラパスなのかといった練習は結構します。

そうした動きを練習しようと思えば、まずディフェンスができなければなりません。だからチーム作りの観点からすると、まずはディフェンスから作っていきます。最終的にはオフェンスの練習が多くなるんですけど、まずディフェンスがうまくできなければ、オフェンスの練習にもなりません。ディフェンスができないとバックカットのプレーも生まれてこないから、オフェンスもうまくならない。当然、今回のテーマであるパスの質の向上にもつながらないんです。

さらに、状況を見極める目を養うにはフィジカルを鍛える必要もあると考えています。状況を見極めるためには一定の視野が必要です。でもペイントエリアの中に入っていくとコンタクトが起こるので、そのコンタクトに負けると視線が落ちてしまう。見えなければいけないところが見えなくなるのは、バスケット選手にとってかなり致命的です。だから視野を確保するためにもフィジカルをしっかり鍛えておく必要があるんです。

合わせの極意はスペースをつぶさず、スペースに飛び込む

冒頭の、パスが「痛い」「痛くない」の話にも通じるのですが、パスをする側には「愛情を込めてパスをしなさい」「相手の取りや

ディフェンスがうまくできなければ、パスの質の向上にもつながらない。

［スキル特集］

パス技術の水準を高める。②

福岡大大濠高校の指導方針

すいパスをしてあげなさい」と言っています。これはどの指導者も言っていると思います。逆に受ける側には、その場でもらうのであれば「シュートの準備をしておきなさい」と言います。ただし、動いて合わせるのであれば「合わせるスペースをつぶさないようにしなさい」と言います。例えば2対1でボールマンがアタックしたときに、合わせのうまくない子はすでに空いているスペースに飛び込んでいるんです。パスは通るんですけど、受け取ってから足を踏み替えなければいけないから、そのあいだにディフェンスが守りに来る。そうではなく、欲しいところがあれば、あえてそのスペースを空けておいて、そのスペースにパスを出させる。そうしてスペースに飛び込んでボールを受けると、ディフェンスが遅れてぶつかったりするわけです。

つまり、受け手はスペースで待つのではなく、そのスペースに入るための準備をしておく。そのスペースにパスが来れば、そのままシュートを打てるわけです。

これはペリメーターにも通じることです。ゾーンオフェンスで3ポイントシュートを打とうと思うと、みんな3ポイントラインに立つんです。でも3ポイントラインに立つとディフェンスはありがたいんです。パスコースに手を出して遮ればいいだけなので。3ポイントラインでボールが欲しければ、3ポイントラインの1メートル半くらい後ろに立っておいて、3ポイントラインでミートできるようになれば、パスはそこに通ってくる。

スペースにパスができるチームはゾーンオフェンスも上手です。ゾーンは人にパスを出すとカットされやすい。でもゾーンはスペースを守れないので、スペースにパスを出せるとどんどん崩壊してきます。スペースを埋めにくるとディフェンスの形が変わるからです。スペースに出して、飛び込むタイミングが合ってくるとゾーンは攻略できます。

このように、パスはスペースを使うことでディフェンスを崩す武器にもなります。どちらかというとドライブはスペースを埋めにいく動きです。でもパスはスペースに出して、次のスペースを作りにいく動きになる。それができるチームはやはり嫌ですよね。

高校でいかにパスの重要性を学ぶか、そこに日本の未来はある

パスとは、言い方を変えれば自己犠牲だと私は思います。でもミニバスや中学バスケを見ていると、それについてあまり教わっていないのかなと思うことがあります。ドリブルやいろんなシュートのバリエーション、ディフェンスは教わっているようですけど、パスはさほど教わっていないのかなと。そうして高校生になるまで自己犠牲とも言えるパスの本質を知らずに育ってきた選手に、質の高いパスを教えるのはかなり難しいと思います。もちろんそれは、私がこれから向き合うべき課題でもあります。ドリブルができる、なんとなく得点が決められる、でもオフェンスの中で唯一の自己犠牲であるパスにどう目を向けさせられるか。メンタルにも通じるところでしょうけど、そこは難しいかなと感じています。

大濠に来る子たちは1対1ができて、スキルも高いから、こちらとしては、例えばフレ

profile

片峯聡太（かたみね・そうた）

1988年生まれ、福岡県出身。2010年、筑波大学を卒業したと同時に母校である福岡大学附属大濠高校・男子バスケットボール部の監督に就任。2014年にはチームを高校総体（インターハイ）で28年ぶり3度目の全国制覇に導く。数多くの高校生年代の日本代表選手を輩出するなど育成力にも優れている。

ックスのような、みんなが1対1をできるオフェンスを組もうと考えるわけです。でも結局パスが回らない。フレックスカットでノーマークなのに、突っ立ってパスを出して、ディフェンスの手に当たる。そんなことはしょっちゅうです。そこは、ここで我慢強く教えていくしかないのかなと。

　サイズの小さい選手であれば、あるいは大学を卒業してからでも間に合うかもしれません。潜在的に器用さがあって、見る目も持っていれば、なおさらです。でもサイズの大きい選手たちは倍以上の時間がかかります。例えばサイズの小さい選手が5年で質の高いパスを身につけたとしても、200センチ近い選手が大学を卒業してやっとパスのことを考え出したときに、5年では到底身につかない。倍かかるとしたら10年です。32歳。もう現役の選手としては潮時ですよね。そう考えたときに、高校でサイズの大きな選手たちにきちんとパスの基本姿勢などを教えておかないと間に合わないと思うんです。

　でも私は、そこに日本の未来があると考えています。より質の高い、判断のいいパスをしていけば、繊細で、シュート力のある日本も世界で互角に戦える。そう信じています。

　この夏、大濠としてもそこに取り組みたいと考えています。ただ、それでウインターカップ予選のときにチームのパスが素晴らしくなっているかと言えば、そんなことはありません。やはりシュートやドリブルと一緒で、ずっとやり続けて、磨き続けて、形になるものだと思います。小手先で変わることではないと思うのですが、今から取り組んでおくことが彼らの10年後、3年生であれば27歳から28歳ですから、最後にもうひと勝負というところで間に合うと思うんです。足りないところを戦術でカバーしようとするよりも、その局面で必要な個のスキルにもう少し目を向けてやっていく。それこそが遠回りのようで実は大事なことなのかなと思っています。選手たちが本気で取り組めば、きっと身につくはずですから、私も逃げずにやっていきたいと思います。■

2

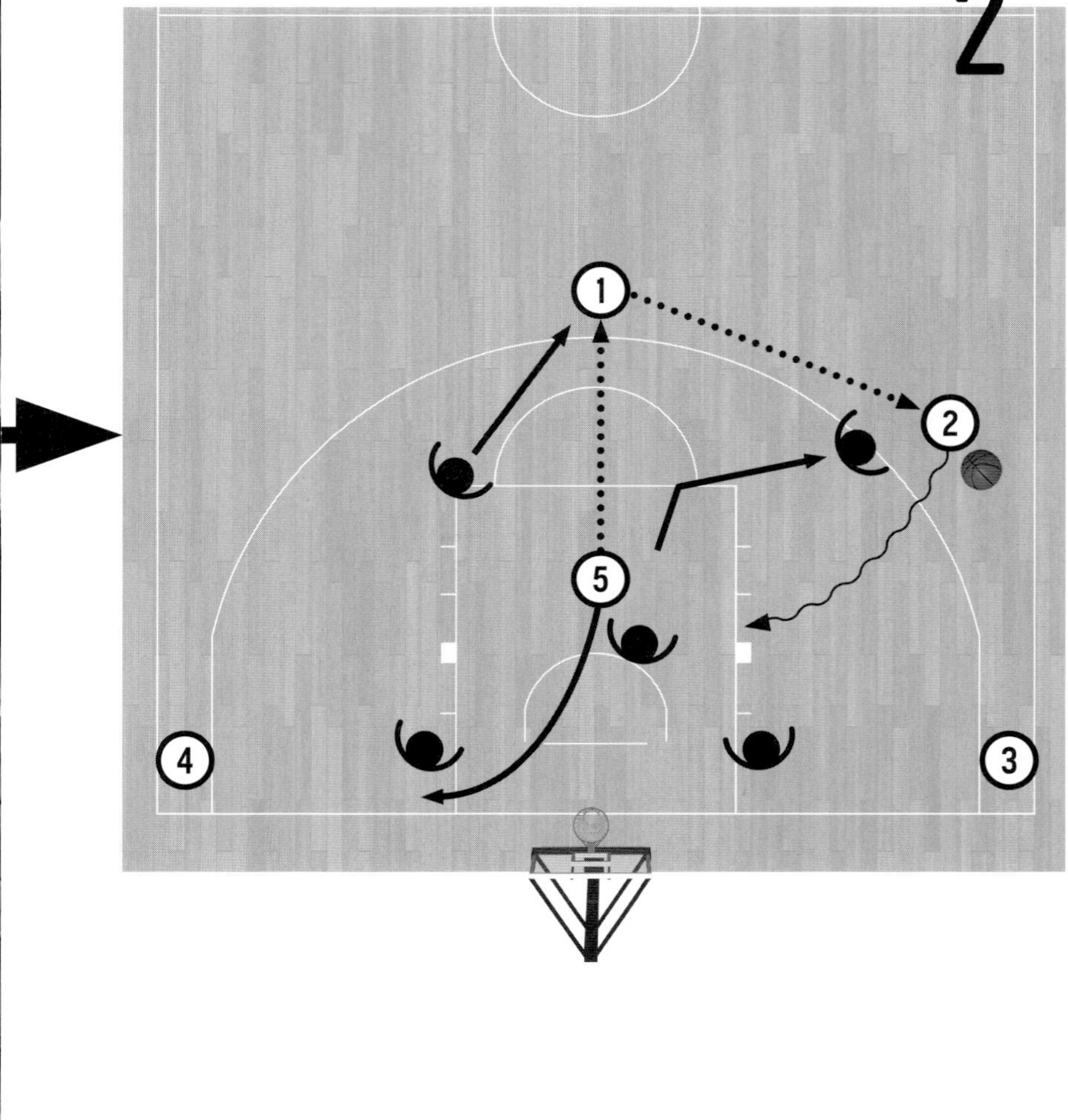

状況判断のドリル

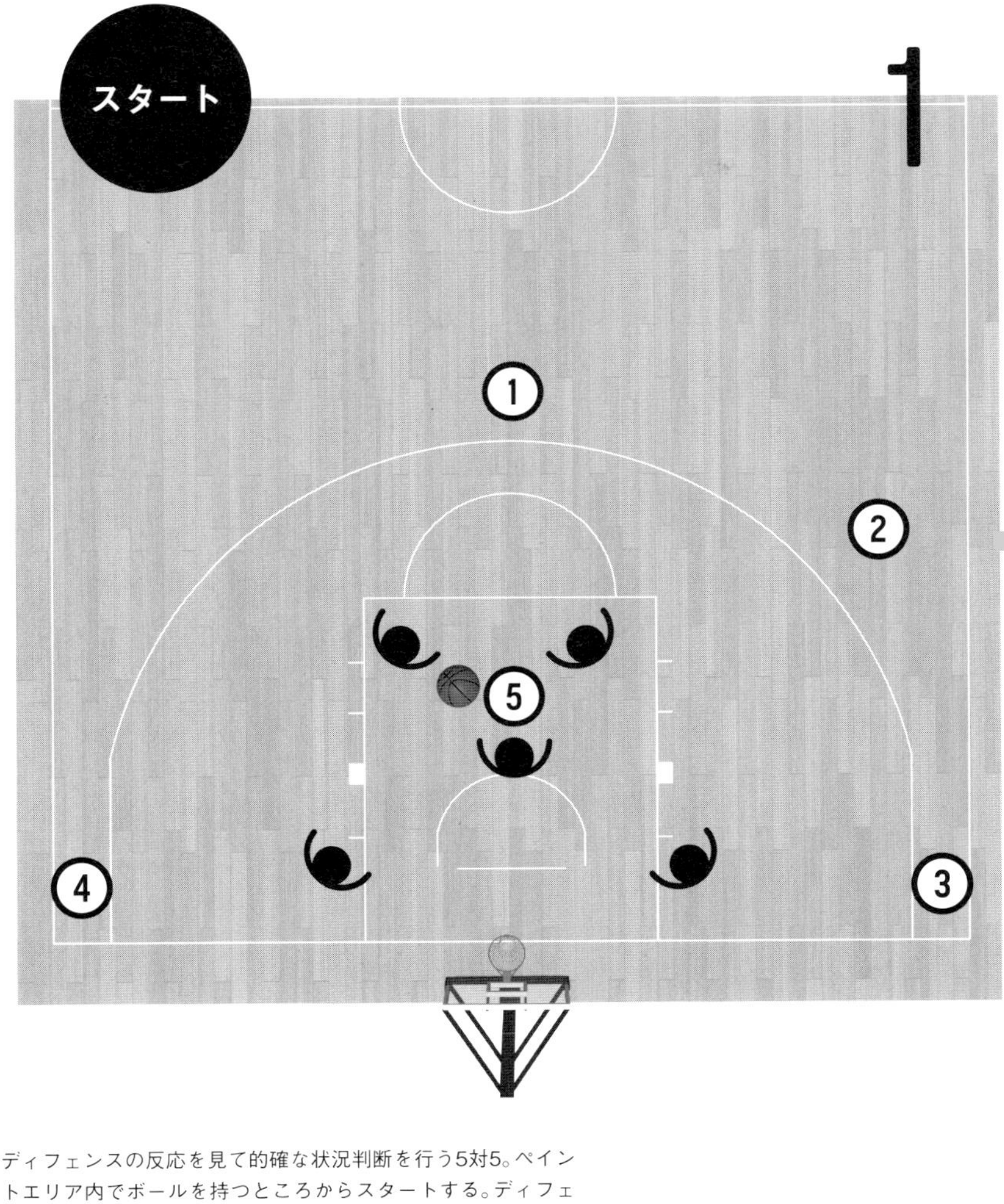

ディフェンスの反応を見て的確な状況判断を行う5対5。ペイントエリア内でボールを持つところからスタートする。ディフェンスはややインサイドに寄っておく。ボールマン⑤はトップの①にパスアウトし、それに対してディフェンスがどう反応するかで①は次のプレーを選択する。ディフェンスが寄らなければシュートでもOK。クローズアウトに対しては②へパス。②もディフェンスの動きを見て、次のプレーを選択する

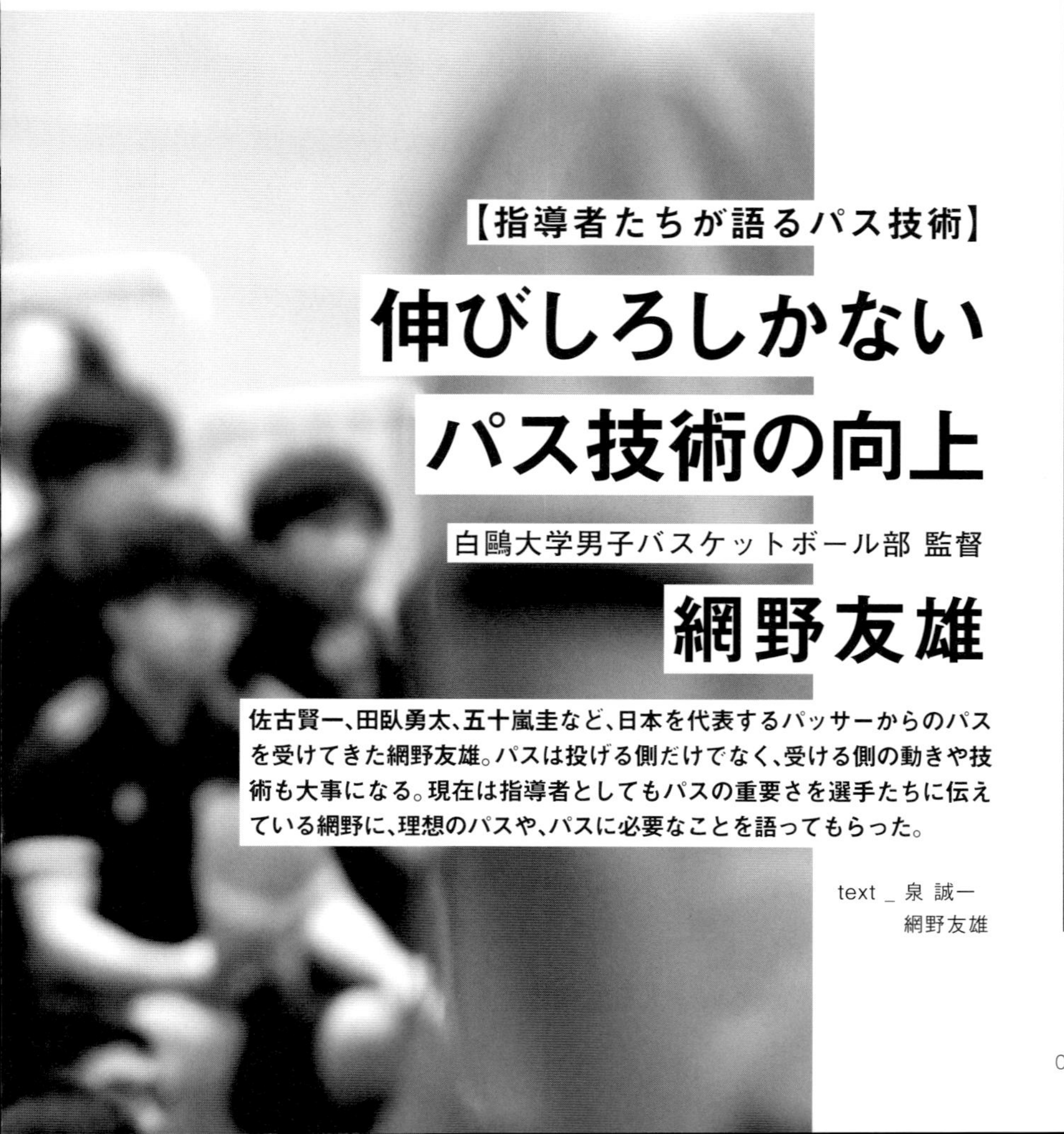

【指導者たちが語るパス技術】

伸びしろしかない パス技術の向上

白鷗大学男子バスケットボール部 監督

網野友雄

佐古賢一、田臥勇太、五十嵐圭など、日本を代表するパッサーからのパスを受けてきた網野友雄。パスは投げる側だけでなく、受ける側の動きや技術も大事になる。現在は指導者としてもパスの重要さを選手たちに伝えている網野に、理想のパスや、パスに必要なことを語ってもらった。

text _ 泉 誠一
網野友雄

日本代表やトップチームのフォワードとして、現役時代の網野友雄は稀代のポイントガードたちによる華麗なパスを受けてきた。2006年に日本で開催された世界選手権(現ワールドカップ)でのニュージーランド戦。第1クォーター終了間際、ドリブルで左サイドを突破していく五十嵐圭から、右サイドで待つ網野に向かって見事なパスが飛んできた。「ポンと飛んできたパスに対し、うまく合わせて3ポイントシュートを決めたときをすごく覚えています」。12シーズン戦ってきたなかでいちばん印象に残っているパスが、大舞台でのこのシーンだった。

アシストを成功させるためには息の合ったコンビネーションが重要であり、そのためにもレシーバーがボールを受ける技術も不可欠である。トップ選手として培った経験とともに、白鷗大学の監督として指導する立場になって改めてパスの重要性を実感している。

名ポイントガードたちによって磨かれたレシーバー

一緒にプレーをしていていちばん取りやす

かったのは佐古（賢一）さんのパスです。表現するならば、「取ってください」というような愛ある柔らかい感じです。決っしてスピードが遅いわけではないですが、柔らかくてすごく取りやすいパスでした。

それに対して、いつどこでパスが飛んでくるか予想できないのが田臥（勇太）です。常に準備しておかなければならず、緊張感はありましたが、一緒にプレーできた経験は大きかったです。最初の頃は田臥の動きを見ていなくて、顔や身体に何度もボールが当たっていました。「とりあえずボールを見ておけ」とだけ言われ、何度も当てられた体感によってパスを受ける技術が上がっていきました。田臥はどんな状況でもパスを出せるとともに、そこには必ず意図があります。きっと小さい頃からそこを意識していたのでしょう。自分がディフェンスをずらしてパスを出せるから大丈夫、という自信がありました。

ほかにも五十嵐や（柏木）真介など素晴らしいガードと現役時代に一緒にプレーできたことで、常にボールを意識し、取る準備をしておかなければいけないことを自然に覚えることができました。レシーバーはしっかりディフェンスに身体を寄せなければならず、高

いレベルになればなるほどフィジカルコンタクトなしにはノーマークを作れません。どうしてもパスをもらう意識が強くなると、ボールのほうに寄っていってしまい、スペースを狭めてしまいがちです。パスでテンポを作るためにはどうすべきかをガード陣とよく話をしていました。ガードがボールを持った瞬間にタイミングよくディナイの腕を切り、Vカットして動くことや、一度裏へ動いてディフェンスラインが下がった瞬間に上がっていくことなど、いつも話していたのは基本的なことばかりでした。

私自身、ドリブルがうまくなかったこともあり、必然的に生き残る道としてドリブルよりパスを選択しました。ボールを持っていないときの駆け引きやスペーシングはとくに意識していました。パスを成功させるためには、パスを出す側はもちろんですが、レシーバーの技術も不可欠です。どんな体勢でも正確にパスを通すことが重要であり、受け手がしっかりキャッチできなければ成功しません。パスは受け手の正面に出す必要はなく、どの角度からでも手が届く空間にしっかり投げることが大切です。逆に、その空間を想像できていない選手はターンオーバーにつながっています。パッサーはディフェンスが届かず、オフェンスがキャッチできる外側の空間をめがけて速く正確に出すこと。レシーバーもその空間を意識しながら、スペースを作ってしっかりキャッチすることが大事です。直線的なパスと曲線的なパスを使い分けられるといいと思います。

優秀なフィニッシャーがいる今だからこそ、求められるパス技術

今の大学バスケ界を見ても、パスがうまいと言える選手は思い浮かびません。Bリーグまで広げても、やっぱり田臥が出てきてしまいます。あとは（桜木）ジェイアールですね。NBAでは（ニコラ）ヨキッチ。インサイド陣もゴール下からハーフコートの半分以上は見えています。ペイントエリアに向かってくる選手に対し、引っ張られてくるディフェンスなどが見えているので、アシストがうまいインサイドプレーヤーも多いわけです。

日本代表では（八村）塁と（渡邊）雄太がNBA選手となり、ビッグマンの（ファジーカス）ニックもいることで優秀なフィニッシャーが出てきました。それを生かすためにもパスが大事になります。逆に言えば、よいハンドラーとパッサーがいれば、彼らをもっと生かすことができます。もうワンランク上へ引き上げるためにも、パスの技術向上に取り組む必要があるわけです。白鴎大学も同じく、パスが向上すればもっといいチームになりますし、鍛えていくべきところです。

今年は運よく、春のトーナメント（関東大学選手権）で優勝することができました。しかし、改めて試合を見返すとパスによるターンオーバーがすごく多かったです。選手たち自身も、課題点としてパスミスを挙げました。白鴎大学はフリーランスに近いオフェンスを展開しており、選手の状況判断による比重が大きいです。ボールを持っている選手がタイミングよくパスを出さなければならず、少しでも判断がずれるとターンオーバーにつながってしまいます。その原因として、210㎝のシェッハ（ディオップ マムシェッハイブ

ラヒマ）に対してのパスが低いことや、タイミングを見逃したにもかかわらず無理にパスを出してしまった点が挙げられます。シェッハとは3年間一緒にプレーしてきてもまだパスが低いですし、うまく通らないことも多いです。チームにとってよい状態を作るためにも、パッサーはビジョンを保ち、レシーバーはマッチアップとの距離感に対して意図を持ってスペースを作らなければいけません。パスを出す前段階のところを突き詰めて、取り組んでいます。

試合ではなかなか正面にパスが通ることはなく、逆にそういう場合はカットされてしまいます。ディナイをされていたら、ディフェンスが伸ばす手の外側の空間にパスを出すことを意識させています。練習中、ビッグマンがピックに対してダイブしたときにあえて高く放り投げたり、下にずらしたパスを出し、その空間に飛び込ませるようにしています。また、パッサーに対しても困難な状況をディフェンスが作り、そのプレッシャーの中でもしっかりズレを作って正確にパスが通るように強化しています。

「入口」と「出口」を見極める状況判断力

練習では遊びをいっぱい入れていいですし、試合でも積極的なミスは問題ありません。遊びを入れながらも、しっかりとパスを通すことは意識しておく必要があります。そのために、「入口」と「出口」の選択肢を常に考えてプレーさせています。例えばポストでボールを保持している選手がリングにカッティングしてくる味方に対し、素直に正面からパスを出すことが「入口」であれば、逆にピボットを踏んでベースライン側から出すことが「出口」になります。また、アウトサイドのプレーヤーがドライブを仕掛け自分の前にいる味方にパスを出すことが「入口」ならば、止まってターンをして後ろにパスを逃すのが「出口」になります。ほとんどの選手は「入口」しかイメージできていません。しかし「入口」がダメならば、落ち着いてターンすることで「出口」でつなぐプレーもあることを理解させています。「出口」があるからこそプレーに余裕が生まれますし、それを見極める状況判断を養うことができます。「入口」と「出口」だけではなく、それらをフェイントにして、自らドライブでアタックするなどいろんなプレーに発展させられるわけです。

プレー中、最後に選択したパスに対し、ボールマンは意図を持って出すようにも指導しています。なんとなく空いているからパスを出した場合は、その場でどういう意図があったかを選手に聞きます。きれいにパスがつながって3ポイントシュートを打つことが目的ではなく、いかによい形を作りながら結果として点を取ることが最大の目的です。

現役時代に佐古さんから「ゲームを平面で見るのではなく、斜め上から俯瞰して見ろ」と教わりました。さらに、「かっこ悪くても泥臭くてもいいから必ず得点につながる動きをしろ」と言われたことが今でもベースになっています。いつパスが飛んできてもシュートが打てる状態、つまり得点につながる動きを最後まで作ることを徹底しています。そのためには、どんな状況でもパスを通すことができる「入口」と「出口」を考えてプレーする必要があります。

現在の日本代表のコンセプトは〝パスファースト〟です。パスをつなぎながらスペースを作り、いかによい状況でシュートを打つかが求められています。だからこそ最後までボールを意識して、得点につながる動きが大切です。よいパスとは、短い時間で正確に届くことだと考えています。指導者になり、国際試合を経験したことでよりそう感じるようになりました。現役時代は丁寧にピボットを踏んで、両手でパスを出すことを教わってきましたし、それが基本です。一方で、ワンハンドでもいいからとにかく速く正確に届ければいいという世界との違いを感じています。

国際試合では相手の腕が長く、パスカットされることもよくあります。試合数をこなせば向上できることですが、なかなか容易ではありません。日本代表での経験を踏まえて、世界のディフェンスはここまで来るからこそステップを大きくしたり、ワンテンポ速くパスを出すこと、パスのアングルもまっすぐ出しては引っかかるからバウンズパスを多用したほうがいいなど、なるべく言葉で伝えるようにしています。

正確な状況判断ができ、よいパスを出せるプレーヤーはBリーグ関係者やファンをきっと驚かせることでしょう。逆に、それくらいパスで魅せるような選手が今はいません。ポイントガードに限った話ではなく、どのポジションの選手でもできることです。Bリーグを目指す学生が増えている以上、パスの練習も意識的に行う必要性を感じています。

「パス空間の糸」を見極める

基本中の基本であるターゲットハンドやキャッチボイスはずっと言い続けていますが、おろそかにされてしまいがちです。なんで大学生や日本代表になってまで、キャッチボイスを出さなければいけないんだ、という空気も若干感じます。それでも重要なことであり、徹底しなければいけません。私が現役の頃はパスを出す選手の名前も呼んでいました。また、レシーバーはボールマンの特徴を把握して動くことも大切です。例えば、ジャンプパスが好きなガードの場合、飛んだ瞬間に自分のマッチアップと重なって見切れていたら、素早くディフェンスを振りきりながら見えるところまで動いて、アングルを変えることが重要です。そうすることで、パッサーが飛びながら次のことを考える余裕が生まれます。

キックアウトパスは、例えばトップからドライブで向かっていくサイドのディフェンスが寄ってくることで、コーナーに見える選手へのパスがいちばん出しやすいです。しかし、ディフェンスがいいチームはそこをいちばんケアしてきます。ならば、自分が向かっていった逆サイドのコーナーや後ろ側にパスを出せれば効果的と言えます。とはいえ、なかなか流れの中では簡単に通せない位置であり、そのためにも止まる技術が必要になります。ペイントタッチをしながらしっかり止まってピボットを踏んでもいいですし、止まりながらジャンプパスをしてもいい。白鷗大学では、逆サイドのいちばん遠いところに飛ばすことを練習中から意識させています。しかしターンオーバーになるケースもまだまだ多いのが現実です。ボディバランスのコントロールやパスコースを探すための視野、身体の使い方など多くの課題はあります。でも、もしそこへパスを通すことできたならば、大きなズレが生まれるわけであり、そこを目指して取り組んでいます。

大学バスケの課題として、どうしてもボールを離さない球離れの悪さを感じます。その

「入口」と「出口」の考え方

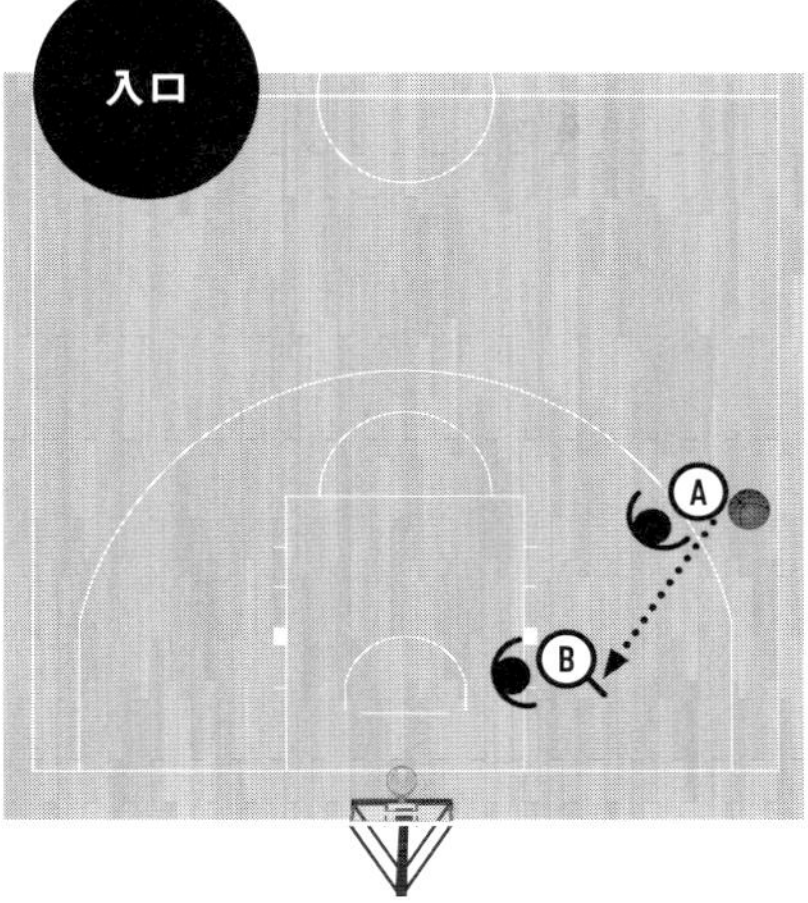

単純なプレーだが、ウイングからローポストに入れるときも「入口」と「出口」を頭に入れておく。すんなりとローポストにパスが入るのが「入口」

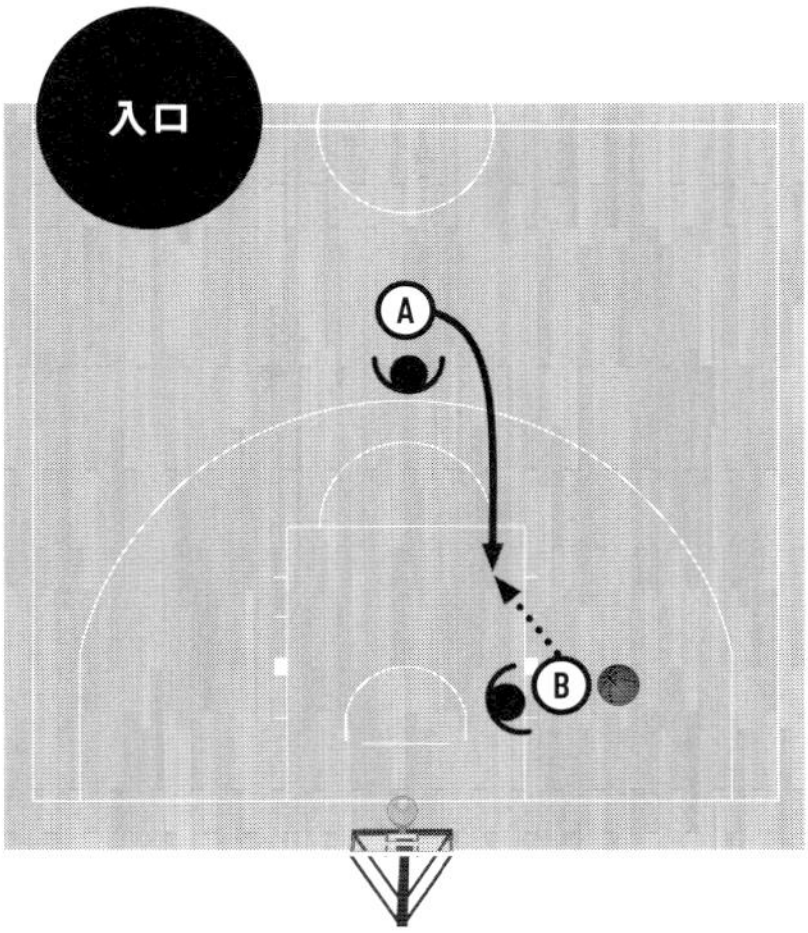

ローポストでボールを持っているとき、トップから自身のディフェンスを振りきってカットしてきた選手にそのままパスを出すのが「入口」

ディフェンスの守り方によっては表からパスを出すことができない。その場合はロブパスで裏を狙うことも「出口」。つまりパスコースは常にひとつではないことを頭に入れておく

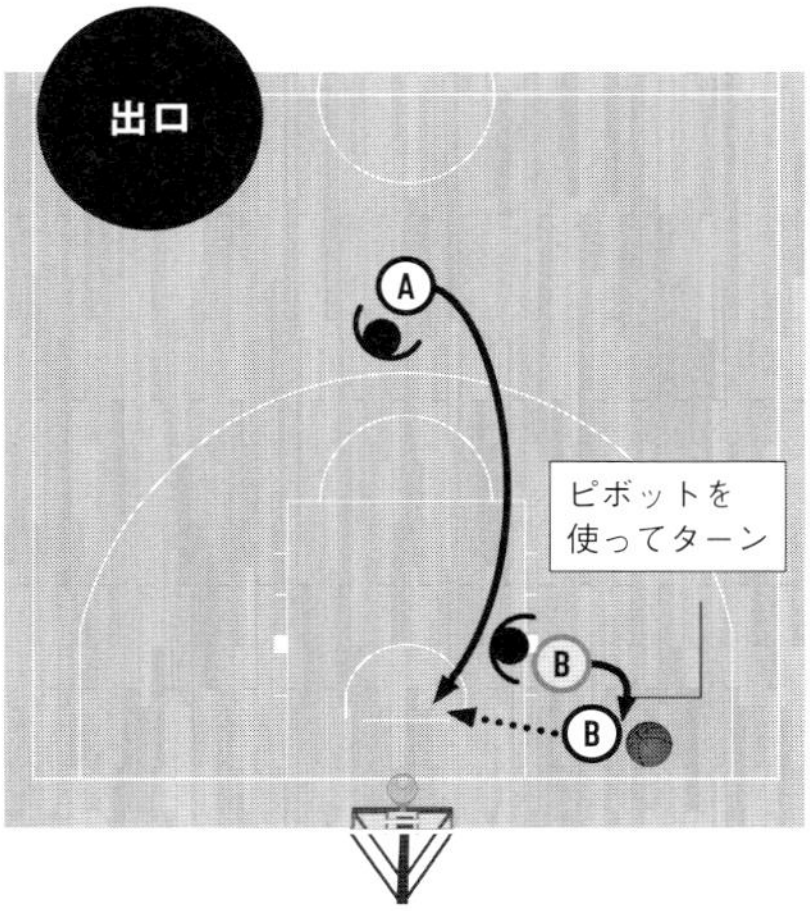

トップからカットする選手へのパスをローポストのディフェンスが防ごうとしても、ピボットを使ってターンをすることで、カットした先にパスを出せる。これが「出口」

理由として、関東大学1部リーグに来るほとんどの選手は高校時代のエースであり、自分を中心にボールが回っていました。どうしてもボールを持ちすぎ、またはボールに寄りがちですが、それを気軽に離せるかどうかでプレーは変わってきます。まだまだ「パス空間の糸」が見えていない選手が多いです。練習や試合では、当たり前ですがディフェンスはその空間を消してきます。ディナイが弱ければパスは簡単に通ってしまいますが、そうさせない練習こそパスの向上につながります。

昨年、いちばん最初の練習のとき私がディフェンスに入りました。トップと45度に選手を立たせ、空間を通してパスを出す練習です。一度前を向いて、ステップを踏んで空間にパスを出すのですが、最初は何気なく出していたので、それを思いきってカットしました。この練習の意図は「パス空間の糸」が見えているかどうかです。まっすぐ出して通るかもしれないですし、ディナイしている手の上や下、指の先の空間を目指してパスを通すこともできます。その選択肢はディナイのタイミングや状況によって変わり、そこを見極めなければなりません。そのパス空間の糸は自分と味方を「直線」で結んでいるのか、同じ直線でもフロアにバウンドさせ「角度」がついているのか、それとも柔らかく曲がった「曲線」なのかなど、どのような状態で「パス空間の糸」がつながっているかを判断することです。

バスケットはミスが起きるスポーツです。その原因のほとんどがパスであり、それを改善するための技術向上は急務です。しかし、指導する立場としても、パスに特化した練習は難しいのが正直なところです。まずは自分たちの課題を明確にし、それを落とし込む練習の中でパスの大切さに意識を向かせるシチュエーションを作りました。とくにシューティング時のパスが重要であり、ドライブしてからパスをする場面ではディフェンスがあえて身体をつかんだり、普段では来ないような場所からヘルプディフェンスをさせながら、しっかりとズレを作ってパスを出し、シュートを何本決められるかという練習を始めました。パスがうまくいかなければ、おのずとシュートも入りません。

シュートやドリブルの個人練習はみんなも好きで、率先して取り組んでいます。ウエイトトレーニングにも時間を割いています。しかし、パスの練習だけを空いた時間にやることはほぼないです。白鷗大学では、たまに前田（怜緒）が壁に向かって、いろんなバリエーションのパスを出しているときがあります。気づいている選手は少しずつ取り組み始めています。パスの技術向上は伸びしろしかないことは事実です。そのためにも、粘り強く基礎を徹底させていくしかありません。■

profile
網野友雄
（あみの・ともお）

バスケットを始めたのは高校からだが、トップリーグや天皇杯優勝、日本代表キャプテンを務めるなど輝かしい経歴を持つ。トヨタ自動車（現アルバルク東京）、アイシン（現・三河シーホース）、栃木（現・宇都宮ブレックス）でプレーし、2015年に惜しまれながら引退。現在は白鷗大学だけにとどまらず、ユニバシアード日本代表アシスタントコートなど指導者としても活躍の場を広げている。

「パス空間の糸」を見極める基本的なドリル

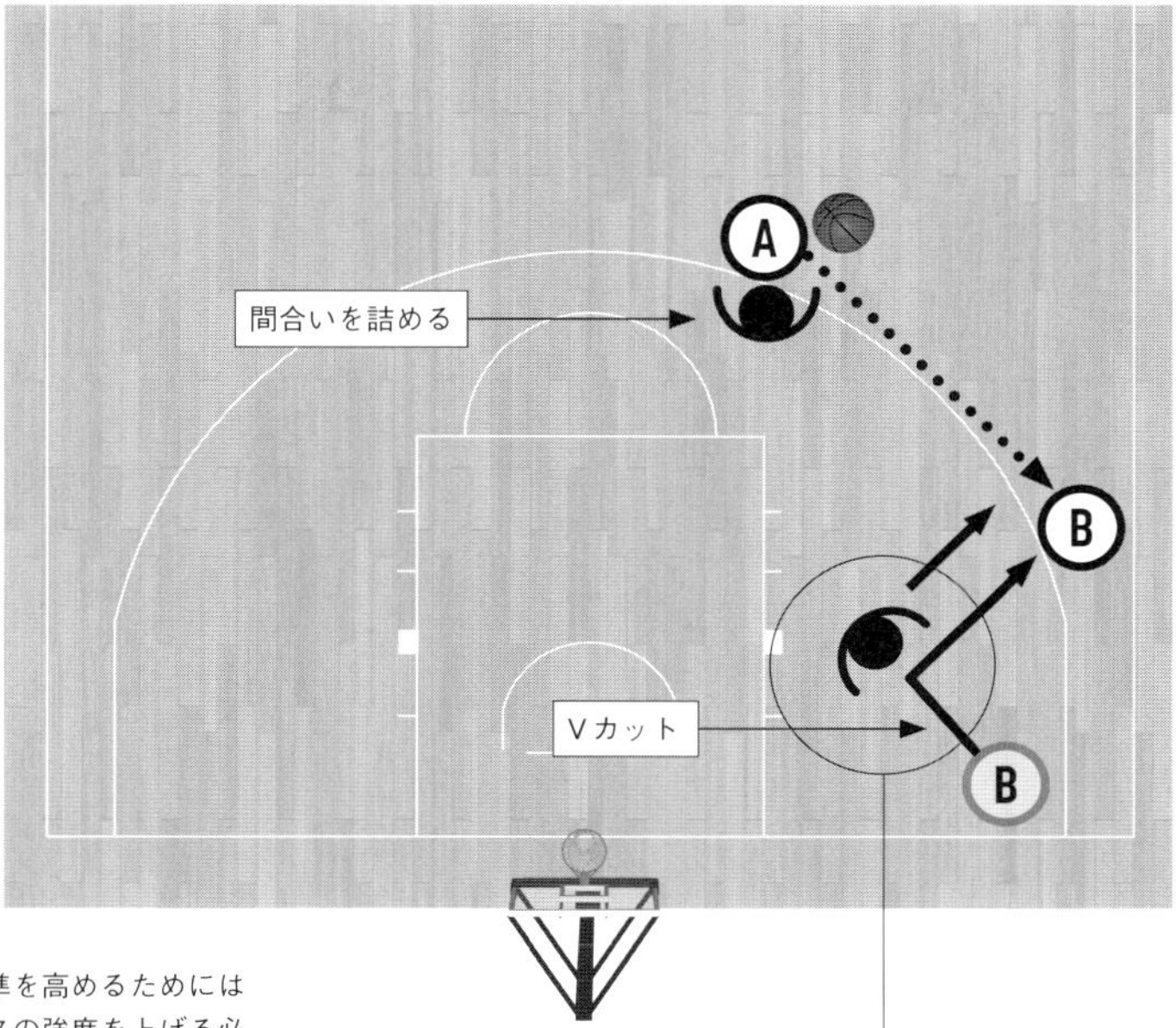

▲パスの水準を高めるためにはディフェンスの強度を上げる必要がある。ドリブルなしのパス練習として、ボールマンのディフェンスは間合いを詰めて守る。レシーバーのディフェンスはハードにディナイをする。ボールマンはレシーバーの状況を見ながら、ピボットを使って正しいパスを選択する。レシーバーはVカットをしてパスを受ける。パスを出したいボールマンと、パスを受けたいレシーバーがタイミングを合わせることが重要となる

レシーバーのディフェンスがディナイを強めることで、ボールマンはどこにパスを出すべきかがわかるはず。図のグレー部分に、網野曰く「パス空間の糸」が見えるかどうかがポイント

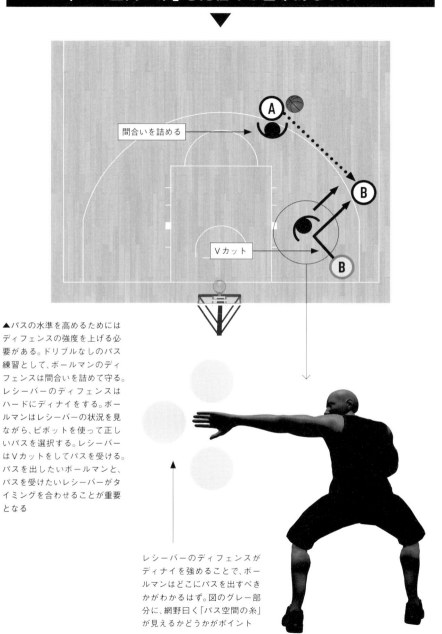

【指導者たちが語るパス技術】

アイデアを膨らませ、存分に発揮できる空間を選手とともに構築。実戦を通じた「学びのサイクル」を最大化し、「自立したアスリート」の育成へ

アルバルク東京U15　ヘッドコーチ

塩野竜太

U15世代の選手を指導するうえで重視している点はなにか？　アルバルク東京U15のヘッドコーチを務める塩野竜太に、その指導方針を聞いた。

text _ 片岡秀一　photo _ 谷内仁美

アルバルク東京U15のヘッドコーチを務める塩野竜太は、男女各トップリーグでさまざまな経験を持つ。3球団でビデオコーディネーター、アシスタントコーチを務め、2017年度、アルバルク東京U15チームの発足時にヘッドコーチに就任。チームコンセプトを構築する段階から関与し数々の話し合いを重ね、現在に至る。

チームの活動方針には「教えたことより学んだことを重視する」「選手とコーチは横の関係である」とある。「パス」というフィルターを通しても、その活動方針は色濃く反映されていた。指導哲学や信念に基づいて考え出された活動方針は、トップカテゴリーで過ごした日々の経験と密接な関係にあった。コーチングスタッフとして全身全霊で取り組み、自分の役割を果たし、チームの勝利のために取り組んできた日々の考察が現在の活動に生かされている。

上質なパスとはなにか？

「『スコアする』という目的の達成のために有効なパス。その瞬間の最も大きな『ディフ

ALVARK
TOKYO

パス技術の水準を高める。④

——→ アルバルク東京U15の指導方針

ェンスのズレ』を突くプレーかどうか。複数ある選択肢の中から、最も効果の大きな選択をして、レシーバーが次のプレーをしやすい状態でボールをキャッチすること」

塩野に上質なパスについて尋ねると、こんな答えが返ってきた。

「パスはふたりいなければ成立しない。キャッチがうまいチームはパスがうまいチームである」と受け手の重要性にも言及する。

実際、毎回の練習では、悪いパスをキャッチするドリルにも取り組んでいる。2人一組で向かい合い、パスコース、バウンドする位置、回転などの要素を変えながらキャッチをさせる。コーディネーション能力の向上も意図したドリルである。

とはいっても、具体的なメニューでの「上質なパス」へのアプローチはここまでである。同チームの練習では、トレーナーの指導によるトレーニングを45分近く行っているが、それ以降の練習ではゲーム形式がほとんどだ。ショットクロック12秒、1分30秒で、時間が許す限り、何度も何度も行われる。

「ゲームにおける経験や学びの価値を非常に大切にしています。例えば、パス練習として、指定されたスペーシングや合わせの動き、パスの種別を指定してドリルを進める方針は、我々は採用していません。一定の効果があることは認めていますが、ゲームの中で選手が体験する状況と分解練習を比較すると、選手が受け取る刺激は大きく異なると分析しているからです。ゲーム環境の中でひとつでも多く経験してもらうことを最も重要視しています」

巧みにプログラムされた練習ドリルには、効率性の意味でメリットがある。一定の状況下で選手に課題を提供する。選手は課題解決を通じて、バスケットボールで必要なスキルを習得できるように設計されている。新しい発想や刺激を選手に与える要素もある。また、コーチが求めるチーム戦術に必要なスキルや、特定の状況下での判断を事前に練習することができる。

しかし、U15世代の選手と向き合う塩野が焦点を当てているのは、より根源的な部分に対する学びや刺激である。主体的にバスケットボールと向き合うことが若い世代には必要不可欠であると考えている。コーチが与える課題をクリアしていくだけでは不充分であり、自ら問いを立て、自分なりの解決策を考案し、それを実戦の中で試していくプロセスを積むことをなによりも重視している。そのためには場数を多く踏むことが必要で、ゲーム形式の練習を最大限に組み込んでいる理由である。また、チャレンジを奨励できる環境作りにも精力的に取り組んでいる。

「ゲーム中、選手の視野にはさまざまなパスコースが飛び込んでくるのではないかと思います。でも、パスミスをするとコーチに怒られると考えてしまって、安全なパスをする傾向にある。これは非常にもったいない。我々のチームでは、フィフティーフィフティーだとしても、パスを狙うように推奨しています。極端なことを言えば、パスが成功する確率が10%だとしても狙ってほしいです。その一瞬だからこそのひらめきを大切にしてほしい」

また、挑戦を奨励するだけではなく、選手に与える影響力にも配慮している。それは選手起用にも工夫されている。

「我々のチームでは、選手全員のプレータイムを平等に分けています。それは、入団前の段階で明確にしています。選手は試合に出場

したいものです。コーチの評価をプレータイムの判断基準に加えてしまうと、思考に制限を与えてしまいます。最低限の保証があるなかで、チャレンジできる環境を重視しています。ゲーム形式の練習で感じたこと、試してみたいアイデアは膨大にあるはずです。それを最大限に発揮できる環境を用意することにコーチ陣は挑戦しています」

ちなみに、ゲーム中に発生したミスに対しても、ゲーム中、または事後で個別のフィードバックや指示は行わない。

「一定の効果はあると思いますが、フォーマットとして効率が悪いのではないか。ひとりの選手に情報を伝えるために全体の練習を止めるのは顕著な例です。また、ゲーム中に考慮すべき情報や選択肢が、いわば何万通りもあるなかで、コートサイドから見ているだけのコーチの情報で解決できるのかどうか疑問に思うこともあります。我々は、結果がなによりのフィードバックになると考えています。つまり『「うまくいけば強化され、失敗すれば修正される』ということです」

もちろん映像などを活用し、有益な情報を選手に提供することは定期的に行っている。

「発想を工夫する余地があるという前提で、

映像を見せることはあります。そこに対して座標を打ってあげれば、選手が自分で分析し、トライする環境は存分に用意しているつもりです。決して、プレーの提案でも提唱でも、もちろん命令ではありません。横の関係ができあがっているかどうかを慎重に見極めながら情報提供をしています」

こうしたことの繰り返しの先にイメージしているのは、「一を聞いて十を理解できる選手」であり「バスケットに関する基本的な資質を持った選手」であるという。それには育成世代に培った考える習慣が重要であると捉えている。それらができれば、大人になった際に新しい戦術にも適応しやすい。

また、チームとしては「パス回路の疎通」を意識している。ゲームを通じ、チームメイトの動きや、パスの狙いどころを知り、実際に体験することで独自の回路が育まれていく。味方に対して自分の意思を伝える能力や、相手の意図を理解するコミュニケーション能力も重要だ。また、ケースによっては、お互いの考えのすれ違いが発生して不穏な空気が流れることもあるという。しかし「関心は持つ

が、必要以上に干渉はしない」と語る。

「大人は正解がわかっているので、すぐに変化することを求めてしまう。ただ、どうしても時間を必要とすることも多い。経験しないとわからないこともある。無頓着だと批判されるかもしれませんが、寛容なスタンスを重視しています」

バスケットボール選手としてのみならず、一般社会の中でも、相手の立場になって物事を考える能力は求められる。しかし、経験していない事柄を理解することは難しい側面もある。自分の意図が理解されない、または納得できないことを要求される苛立ちを経験し、自分なりに感情に向き合ってこそ、それぞれの立場を理解し、想像力が育まれていくようになる。「相手の立場になれ！」と叱責されるだけでは到達できない境地があることだろう。

選手にチャレンジを促す

このような方針は、トップカテゴリーのチームでの活動を通じて、塩野が経験し、考察し、問いかけ続けてきた考えが礎となっている。それをベースに、コーチ同士で入念な話

し合いを重ね、基本的な方針は変えないまま、現在進行形で刷新されている。

構築段階では、海外での事例やビジネスの世界にも目を向けて視座《しざ》を高くし、視野を広げ、視点を増やす努力をしてきた。例えば、カナダのバスケットボール協会が発行している『長期的な選手育成方針（Long Term Athlete Development model）』の資料も参照し、スペインへの視察などにも出向いている。スペインでは、育成型クラブとして定評のある「Baloncesto TORRELODONES」を訪問。

育成ディレクターから「成長のためには、目先の勝利よりも優先すべき経験がある。例えば14歳で200センチがいても、ゴール下のシュートだけで行動を制限しない。仮にターンオーバーが20回発生しようとも、ドライブからのシュートなど、今経験すべきプレーを優先させている」という話を聞き、これまで考えていたことが確信に変わった。

また、「選手のチャレンジを奨励できる文化」という方針は、ビジネスの世界でも言及される「心理的安全性」を参考にしている。それらが重なり合い、チームの理念に対して再構成し、独自性を帯びながら現在の形へとつながっている。

海外の事例では、スペインで行われているU14世代のゲームを観戦した際に大きな手応えを得られた。スペインの育成世代では、15歳以下でのゲームではピック&ロールを用いない。それは選手が個の力でクリエイトする能力の構築を重視しているためだ。

また、選手の積極的なチャレンジを奨励する雰囲気がコート内外に満ちている。実際に、非常に素晴らしいドライブインや、ユーロステップ、ステップバックの3ポイントシュートと同時に、ミスも非常に多い。それでも、コーチが選手の行動を制限することはないし、選手同士の関係性で委縮するような雰囲気も見受けられない。

「U13世代のときに試合を見たことのある選手たちが、U14になったゲームを観戦したことがあります。U13世代のときにトライし、結果としてミスになっていたことの多くができるように変化していました。ミスもしますが、1年前と比べてより高い次元でのミスになっています。1年間での成長度に驚くとともに、現在の活動に自信が持てました」

また、育成世代で代表的な大会であるMinicopaの優勝チームレアル・マドリットの試合を見た際に、アルバルク東京U15の選手との相関性を感じた。

「あくまでも映像で見ただけなので一概には言えませんが、レアルのゲームを観戦し、我々のチームの選手とプレーの発想が非常に似ていると感じました」

実際、最近では選手の発想力や狙い目が進化し、コーチ陣の把握や理解が追いつかないケースも増えてきているという。

コートに響く選手たちの掛け声

取材日の練習では、トレーニング、パスキャッチの練習ドリル後にゲーム形式の練習が行われた。ゲーム前、塩野はルールブックのイラストをプロジェクターを通じて映し出す。ディフェンスにおける正しい姿勢や、タイミングについて情報が提供されたあと、U13、U14と各世代のチーム同士でのゲームへと移行した。ゲーム前には、各チーム用に用意されたホワイトボードを活用して選手同士で積極的な意見交換があり、それからゲームに挑む。それは、試合中や、各試合のインターバル間でも同様だった。ゲームは、自由闊達な雰囲気の中で意欲的なプレーの応酬が続く。確かにミスも多いのだが、意図や狙いを持って取り組んだことが伝わってくる。コート上に大きく響くのはコーチの声ではなく、選手同士のコミュニケーションの声がほとんどだ。

コーチ陣は目を凝らし、選手のプレーを注意深く観察している。撮影をしている映像とともに、入念なミーティングをするのだろう。最近は、選手のコミュニケーションが非常に自然になってきたことを塩野は喜びとともに語った。

「彼らはすごく自然にお互いに要求をするようになりました。例えば、家族に話かけるかのように言葉を発します」

アルバルク東京U15のチームスタッフ。左から高柳雄也、中村領介、塩野竜太、佐藤寛輝、中瀬雄三

思考と行動に制限を加える「空気」を排し、創造性を育む

現代社会は変化が激しく、従来の価値観や社会モデルでは対応しきれないケースが続き、変革の時を迎えている。その兆候を多くの人が感じているのではないか。バスケットボールやスポーツも例外ではない。

とくに日本は目に見えない「空気」が、さまざまな環境下で影響を与えやすい社会だ。それは、バスケットボールにおいても同様だ。規律を重んじるあまり、同圧同調を迫り、選手の思考や行動に制限を与えていたことが多かったのではないか。思考の制限の怖いところは、一定の規律を保つことには効果を発揮する一方で、最終的には組織の中にいる人間が思考停止に陥ってしまうケースが非常に多いことだ。日本人選手は、海外のコーチからは、規律や一生懸命さを称賛される一方で、主体性や創造性の欠如を指摘されることも多い。それも「空気」と無関係ではないのではないか。

アルバルク東京U15コーチ陣が創っている環境は、まさにそのような「空気」を排除する取り組みであり、バスケットボールを考え、自分の考えをコート上で表現する空間であると感じた。「パス」を通じて垣間見えたのは、選手の主体性に溢れた、自由闊達な非常に奥深い世界であった。■

profile

塩野竜太（しおの・りょうた）

1989年4月生まれ、大阪府出身。大阪体育大学卒。2012年から2017年シーズン終了まで、男女各トップカテゴリーでコーチングスタッフとして活躍。ビデオコーディネーター、アシスタントコーチまで幅広い領域に及ぶ。A東京時代にはオフェンシブコーディネーターも務めた。トップカテゴリーで培った経験は、現在のチームコンセプトに生かされている。

【選手が語るパス技術】

レバンガ北海道

橋本竜馬

意志あるパスで己の道を切り開く

今シーズンからレバンガ北海道に移籍した橋本竜馬は、Bリーグでも質の高いパスに定評があるポイントカードだ。日本代表経験も持つ橋本のパス論とは？

text _ 三上 太　photo _ 吉田宗彦

男子日本代表のスタッフや、現役Bリーグ選手に「現役選手で質の高いパスを出すのは誰ですか?」と尋ねると、頭を巡らせながらもスッと2～3人の名前が挙がってくる。そのうちのひとりが橋本竜馬だ。

福岡大学附属大濠高校から青山学院大学に進み、長谷川健志・前HCのもとで同大学の黄金期を築いた。卒業後はアイシンシーホース（現シーホース三河）とプロ契約し、7シーズンにわたってチームをけん引。2018年に琉球ゴールデンキングスへ移籍をしたが、今オフ、レバンガ北海道に活躍の場を移した。

福岡で育ち、人としても選手としても若い時期を東京、愛知で過ごし、三十路を超えて灼熱の沖縄へ。そこから今度は真逆の気候とも言うべき厳寒の北海道へ――。

愛犬家の方であればご存知だろうが、短頭種の犬は飛行機での輸送が困難と言われる。そのため沖縄から北海道の約3000キロの旅を、橋本は愛犬ハナ（パグ）とともに陸路で移動した。

長距離での移動にもかかわらず、疲れた表情を見せることなく、笑顔で入団会見を行った橋本にパスの神髄を聞いた――。

意志を込めたパスで ゲームの流れを生み出す

――橋本選手にとって、パスの醍醐味とはなんですか?

橋本　パスには〝意志〟があって、「このパスでシュートを打ってほしい」「このパスはクリエイトしてほしい」と、同じように見えるパスでも状況によって意味合いが変わるところが面白いと思っています。ゴール下でのディッシュパスは「シュート!」ってわかりやすいと思うんですけど、それ以外でも一本のパスには意志がある。受け手はもちろんのこと、それ以外の3人ともつながれるのがパスの醍醐味じゃないかと思います。

――橋本選手のパスには意志があると多くの方が言っています。

橋本　僕はそれをすごく意識しています。すべてがアシストになる必要はないと思っているんです。プレーの中には〝遊びのパス〟もあって、その遊びのパスで仲間が攻めちゃうこともあるんです。でも意志としては「そうじゃなくて、これは遊ばせているんだよ」ということを練習中から込めておかないと、試合中に違うニュアンスで受け止められる可能性がある。細かいことですが、僕は毎回毎回、意志を込めてパスを出しています。

―― いつくらいから、パスに意志を込めるようになりましたか?

橋本 プロになってからですね。大学時代は自分がどうしたいのかが先に出ていたように思います。自分も攻撃の起点になれるし、1対1でも負けてないぞっていう意識でやっていました。むしろ、それがメインだったかもしれません。でもプロになってチームが勝つためにどうしたらいいのかを考え始めたときに、いろんな絡み方があると気づいたんです。チームでバスケットをするときには、まずチームメイトのみんなに自分のことを知ってもらわなければいけないし、自分もみんなのことを知らなければいけない。それってどういうことなんだろう? と考えたときに、一つひとつのプレーに意味があるんだと認識しましたね。

―― 誰かから教わったのですか? 例えばシーホース三河には経験豊富な鈴木貴美一HCや、同時期に柏木真介選手(現・新潟アルビレックスBB)がいて、OBにも佐古賢一さん(現・男子日本代表アシスタントコーチ)がいます。

橋本 もちろん多くの方からいろんな話を聞きました。でもそれらをかみ砕いた結果、自分で「こうしたほうがいいんじゃないかな」って考えたところが大きいと思います。ただこれもまだ過程だし、今の考え方が終着点だとは思っていません。これからもパスに対する考え方は変わってくるかもしれません。

―― 例えばどんな方と話をしたんでしょう?

橋本 佐古さんや田臥(勇太/宇都宮ブレックス)さん、(篠山)竜青(川崎ブレイブサンダース)とも話をしましたね。昔は彼らのプレーを見て「すごいな」とか「うまいな」と抽象的な言葉しか出てこなかったんです。それが「こういう意志なんじゃないか」「今のコールにはこういう意図が込められているんじゃないか」と考え始めたのは、ここ数年です。佐古さんとは一緒にプレーしていませんが、日本代表でアシスタントコーチをしてもらっていますし、田臥さんや竜青とは一緒に日本代表でプレーしました。そこで感じたのが、ポイントガードに明確な考えがなければチームにその考えは浸透していかないということでした。

―― やはり同じポイントガードからインスパイアされることが多い。

橋本 そうですね。ただシューターとか点取り屋と呼ばれる選手と一緒にプレーするときは、より考えますよね。金丸(晃輔/シーホース三河)や比江島(慎/宇都宮ブレックス)、古川(孝敏/秋田ノーザンハピネッツ)さんとプレーするときに安易なパスというか、意味のないパスをすると、「それってどういう意味なの?」と言葉にこそしませんが、雰囲気が感じられるんです。レバンガ北海道でも折茂(武彦)さんと一緒にプレーするときに「いや、俺はこのパスじゃシュートは打てない」というパスも出てくると思うんです。ワンテンポでもずれるとその選手の意図とは異なってくるので、そこに寄せていくことも大事だし、自分の意志を通していくことも大事だと思うので、自分がそれをどう積み上げていくか。そこが大事だと思いますね。

―― 自分の意志だけでなく、相手の意志も感じ取らなければならない。どうすり合わせていくのでしょうか?

橋本 当たり前のことですが、コミュニケーションを繰り返し取っていき、信頼関係を積み上げていくことです。例えば同じパスでも、僕から受けるパスと、違うポイントガードか

一本のパスには意志がある。受け手はもちろん、それ以外の3人ともつながれる。

ら受けるパスとでは「違う」って思われるくらいの信頼関係を積み上げていくことが大事じゃないかと思っています。多少ずれたとしても「これは竜馬のパスだから、俺は打つよ」っていうところまで持っていかなければいけないと思います。そういう難しさはあるんですけど、それこそが最初に言ったパスの醍醐味であり、バスケットの醍醐味なんじゃないかなと僕は思っています。

――では、橋本選手の打ってほしいという意志で出したパスを打ってくれた。でも外れた。結果が伴わなくてダメだとは思わない？

橋本　思わないですね。でも「来たな」って感じるときはだいたい入ります。むしろ「あ、これは入るな」って思ってパスをしています。この流れ、このタイミング、このパス、絶対に入るぞと。それで入らないときは「なんで？」って思います。途中のどこがおかしかったんだろう？　俺のパスがずれたのかなってところから始まって、どの展開が悪かったんだろう？　って考えてしまいます。

――シューターは打った瞬間にシュートが入るのがわかると聞きますが、パッサーも流れに沿った、タイミングのいいパスだと、パスを出した瞬間にわかる。

橋本　わかりますね。とくに受け手がシューターだったら絶対に入ります。金丸もそうだったし、古川さんもそう。折茂さんもそうなると思います。それでシューターがゾーンの領域まで来たら、もうどんなパスでも入るようになります。一本外れたとしても、次は必ず入るって思って、パスを出せます。

――パスでシューターをゾーンまで導けると。

橋本　はい。パスはめちゃくちゃ深いと思いますよ。だから僕もまだまだなんです。でもそれが楽しいですよね。チームも動き出すし、グワーッって流れが来る瞬間がめちゃくちゃ楽しいんです。もちろんパスだけじゃなくて、ディフェンスもそうだけど、ゲームのターニングポイントに来るときって全員が動き出します。そうしたプレーがかみ合った瞬間を迎えるのがバスケットのすごく楽しいときです。

練習からの積み上げこそが質の高さにつながる

――今回のテーマは「うまい」とか「すごい」ではなく、「質の高いパス」です。橋本選手の考える質の高いパスとはどういうものだと思いますか？

橋本　チーム全員がわかるパスじゃないでしょうか。「あ、これはシュートだな」「あ、これはドライブを求めているんだな」ってチーム全員が飲み込みやすいパス。チーム全員にそこまで感じ取らせるパスがすごく質の高いパスじゃないかって思います。

——パッサーと受け手以外の3人、もっと言えばベンチメンバーさえもわかるパスが質の高いパスだと。なにをきっかけにその考えに至ったのですか？

橋本　僕は、バスケットって「流れのスポーツ」だと思っているんですね。ひとつのターンオーバーで相手に流れが行ってしまう、ものすごくわかりやすいスポーツだと。ミスだけじゃなく、いいプレーで流れが来ることもある。それを40分間繰り返して、最後に勝敗が分かれるんじゃないかと思うんです。その流れを作り出すために、自分はどういうことができるのか。それを整理していったときに、僕は全員でバスケットをしたい。ひとりがクリエイトして流れを生み出すのではなく、全員を巻き込んでプレーしたいと。そのためにはディフェンスも大事だし、ひとつのパスも大事だと考えるようになってきて、その質を高めていこうと思うようになったんです。

——周りを巻き込んでいく？

橋本　はい。ひとりがどれだけ大きな力を持っていても、5人、12人を巻き込む力には絶対に勝てないと思いますから。

——いつ、どこでそのように考えるようになったのですか？

橋本　アイシン（三河）の頃に、ひとりだけがすごくても勝てない時期があって、じゃあ、どうしたらいいんだろう？　と思ったのがきっかけです。その頃、自分が潤滑油になって、一本のパスで全員を動かせる瞬間がいくつかあったと思うんです。そのときに「あ、これが僕の生きていく道じゃないかな」と思って、全員でバスケットをしたいなと考えるようになりました。

——橋本選手といえば熱さを前面に押し出すタイプだと思っていましたが、もともとはそうした深い考えを持つタイプだった？

橋本　いえ、正直なところ、以前はまったく考えていませんでした。やはり若いときって自分も目立ちたいし、シュートも決めたいという気持ちも強かったです。でもチームの結果が求められているなかで、自分の価値も高めていかなければならないとき、スコアや、単純に突っ込んでいってのパス、つまりはアシストになるパスだけでは僕は生きていけないと気づいたんです。自分が入ったときに5人が動き出すようなバスケットができれば、チームの流れにも、勝利にもつながるんじゃないかと思ったんです。

——直近で思い出されるのは、昨シーズンのチャンピオンシップ・セミファイナルの第2戦、須田侑太郎選手（現アルバルク東京）が逆転の3ポイントシュートを決めたシーン。あれは橋本選手のスティールに端を発したシュートでした。チーム全体が熱くなっていましたが、橋本選手は熱くなりながらも、冷静にパスを出せた？

橋本　かなり冷静でした。あれも須田が見えていたし、あのパスにも意志を込めて出しました。でもそれは僕だけじゃなく、あの雰囲気を作ってくれたキングスのファンも含めて「シュートだ」と思ったと思うんです。あれはアリーナにいた全員がわかるパスだったと思います。もちろん須田自身も「これはシュートなんだな」って思って飛び込んできたと思いますし。

——そうした全員のわかる「質の高いパス」を出すために、コミュニケーション以外で普段から心がけていることはありますか？

橋本　選手それぞれにシュートの打ちやすいパスがあるので、その特性を見ることと、出し方にも気をつけています。派手な、例えばノールックパスよりも、相手が打ちやすく、こちらの意志を汲み取りやすいパスを出したいなと考えています。

――トリッキーなパスではない。

橋本　トリッキーなパスでも自分の意志が相手にしっかり伝わればいいし、取りやすかったらいいし、シュートが打ちやすかったらいいんです。でも、今の僕にはそこまでの技術がありません。もちろんノールックで出すときもあるんですけど、それはひとつの手段であって、より正確なパスが質の高いパスのひとつだと思います。すべてがやりやすい……次のプレーに移りやすい、シュートが打ちやすい、パシッとはまるようなパスはすごく質の高いパスなんじゃないかと思います。

――そうした考え方に至ってからは練習への取り組み方に変化はありましたか？

橋本　変わったと思います。シューターってどうしてもディフェンスにチェイスされたり、ショウされたりするんですけど、そのときに真正面からパスを出すかと言えば、出しません。ピボットを使った足の踏み替えだったり、あえて出したい方向とは逆の方向に1回ドリブルを突いて、ディフェンスをそちらに寄せておいてからパスをするとか、そういう細かい技術はすごく練習しますね。

――練習から質の高さを求めると。

橋本　そうですね。普通のシューティングでも「ああ、今のパスはよくなかったな」って思うことはあるし、できる限り打ちやすいパス、取りやすいパスをしてあげたい。でもそれらはもはや無意識でやっていますね。今、そういう質問をされて思い出しましたけど、普通のシューティングでも適当な感じでパスを出すことはないですね。

――2人組のシューティングでもパスの意識を高く持つことで、質の高いパスにつながると。

橋本　つながると思います。1回1回の練習、一つひとつのパス、そうした細かいことの積み重ねがゲームに出ると思うので、そういうのを安易にしてしまうと勝利は来ないと思います。

質の高いパスはドリブル、シュートとも関係する

――世界各国のコーチが日本人のプレーを見たときに、シュートやドリブルは世界的に見ても10段階で7～8のレベルにあるけど、パスは2くらいだと言うそうです。それについて、橋本選手はどう思いますか？

橋本　低いと思いますよ。僕も含めて低いと思います。まだまだ改善の余地はあると思うし、質の高いパスって見える世界が違うと思うんですよね。パスが通せるようになるってことは、つまりよい視野を持っていることだと思うんです。今のお話を伺って、そういう意味でのレベルが低いんじゃないかなって感じました。ドリブルはうまいけど、パスが下手って言うのは、その次が見えていないし、その次の次が見えていないってことなんじゃないかなと。

――まだまだ改善の余地はあるものの、橋本選手は次を見たり、次の次を見たりしているのですか？

橋本　そうしたいという意志は相当あります。ただ、できているかと言えば疑問です。だからこそ、その意志をパスに込めるためのワークアウトはこれからもしなければいけないと思うんです。質の高いパスを出すためには、常に前を向いてドリブルをつけるようにならなくてはいけないですし。

――　広い視野を保って、チームメイトの動きやディフェンスのポジショニングをすべて頭の中で描けることが質の高いパスへの第一歩だと。

橋本　ドリブルがうまいってことはすごくいいことだと思います。むしろ、そうじゃないとダメだと思う。僕は少しパスへの意識が強すぎるので、もう少しドリブルの練習をしなければいけないなって思っています。ドリブルの練習をしながら、次に見える世界を広げていくことが大事だと思います。

――　**パスの技術だけを高めても、質の高いパスにはつながっていかない。**

橋本　そうだと思います。すべてがつながっているんです。シュートもそうです。シュートがなければディフェンスに下がられるじゃないですか。パスに対してヘルプされてしまう。だからすべてがつながっていると思いますね。もちろんパスひとつをとってもいろんな要素や技術はあると思いますけど、すべてがつながっていると思います。

――　**深いですね。**

橋本　もちろんドリブルも深いと思いますし、シュートも深い。ひとつのことを掘り下げていくと、かなり深いことになると思います。

それくらいバスケットは深いんです。

――　**その深みをこれから北海道で探っていきたいと。**

橋本　そうですね。さっきも言いましたけど、僕は1対1など個で打開するというより、全員を巻き込んでチームを強くしていくタイプなので、それが北海道でもできるんじゃないかと思います。そのためにはたくさんのコミュニケーションを取らなければいけないし、チームにそういう意識を浸透させなければいけません。もちろんパスの技術もそうだし、そこに行き着くまでの過程をこれからも大事にしたいなって思います。

profile
橋本竜馬
（はしもと・りょうま）

1988年生まれ、福岡県出身。福岡大学附属大濠高校～青山学院大学～アイシンシーホース（現シーホース三河）～琉球ゴールデンキングス～レバンガ北海道。ハードなディフェンスと全身全霊で取りに行くルーズボールでチームに活力を与えるポイントガード。意志を込めたアシストで得点シーンを演出する。

ハードなディフェンスとルーズボールへの執着、それらを含めて熱さを前面に押し出している橋本だが、その裏には冷静に状況を見極め、チームの流れを生み出すパスを供給し続けようという顔もあった。そこには常に橋本の強い意志が込められている。

新天地で「質の高いパス」が出せるようになるには、多少の時間を要するかもしれない。しかし「意志あるところに道は開ける」という言葉もある。強い意志を持つ橋本竜馬ならば、レバンガ北海道の新たな開拓者になれるはずだ。■

JX-ENEOS

【選手が語るパス技術】

JX-ENEOSサンフラワーズ

藤岡麻菜美

通じ合うパスで世界の頂点へ

女子日本代表であり、常勝軍団・JX-ENEOSサンフラワーズのポイントカードでもある藤岡麻菜美は、パスには「表」と「裏」があるという。絶妙なタイミングでパスを繰り出す司令塔は質の高いパスを生み出すために細部にまでこだわりを持っていた。

text _ 三上 太　photo _ 吉田宗彦

東京2020オリンピックで金メダル獲得を目標に掲げる女子日本代表。その女子日本代表が標榜するのは「世界一のパッシングチームになる」ことだ。世界を相手に戦おうと思えば、どうしてもサイズ面で不利になる。ならば、いかにチームで連動したオフェンスおよびディフェンスを行うか。ことオフェンスについて言えば、当然、そこには質の高いパスが求められる。

女子日本代表は今、ポイントガード争いが熾烈を極めている。世界一のパッシングゲームの起点となるのは誰か？ もちろん現代バスケットでは、ひとりのポイントガードが40分間プレーし続けることはない。それぞれが個性を出しつつ、チームの役割に徹することが重要なのだが、誰もが正ポイントガードの座を目指すことで、お互いを高め合うことにもなり、ひいてはチームのためにもなる。

藤岡麻菜美はその渦中にいる選手であり、Wリーグ（バスケットボール女子日本リーグ）11連覇中のJX－ENEOSサンフラワーズの正ポイントガードでもある。長く女子日本代表とJX－ENEOSをけん引してきた吉田亜沙美が現役を引退し、その後継者とも言われる藤岡は質の高いパスをどう考えているのか。

コートネーム「ネオ」こと藤岡が考える「NEOパス論」――。

難しいからこそ、通ったときは楽しさを感じる

――ご自身のプレースタイルを考えたとき、パスはどれくらいを占めますか？

藤岡　日本代表とJX－ENEOSとでは違います。日本代表では自分がプッシュしていくことが多いので「シュート6：パス4」くらい。でもJX－ENEOSだったらインサイドが強いので、それを生かすために「シュート4：パス6」くらいですね。もちろん明確に分けているわけではなく、なんとなくのイメージですが。

――意識を変えつつも、パスそのものの楽しさ、もしくは難しさをどう感じていますか？

藤岡　パスは楽しさ、難しさがカテゴリーごとに違うんです。というのも、レベルが上がれば上がるほど「パスの窓」、つまりターゲットが狭くなっていくんですよ。同じシチュエーションでも、大学のときはこれくらいの空間にパスを出しても成功していたのが、Wリーグだとその空間が少し狭くなるんです。

「WNBAはもっと狭いよ」ってトム（・ホーバス女子日本代表HC）さんに言われました。「ピンポイントじゃなきゃ、パスはアシストにならないよ」って。実際、国際大会に出ると、まさにそのとおりだなって思います。本当にターゲットがどんどん小さくなるから、それは難しいなと。

――だからこそ、そのパスが通れば楽しくなる。

藤岡　はい、楽しいです。パスってチームメイトとの会話だと思うんですね。パスにはそれを出す選手の人間性と、受け手との関係性が出る。だからその人との会話なのかなって思います。ドリブルやシュートって決めた自分だけがうれしいけど、パスは自分だけじゃなく、相手もうれしくなる。ふたりを同時にうれしくしてくれるパスが決まった瞬間の、あの感覚はなんとも言えない、うれしい気持ちになるんです。

――そんなパスに対する藤岡選手のこだわりはなんですか？

藤岡　ミニバスのときに「パスは思いやりだ」と教わって、以来それはずっと心がけていま す。受け手に対して思いやりがないとそれがパスにも表れる。常に自分の中でそう考えながら出しています。人それぞれ性格が違うし、ちょっと上でボールを受けたほうがシュートを打ちやすい人もいれば、ちょっと下のほうが勢いを使って打ちやすい人もいます。そういうことを練習中に「どっちのほうが打ちやすいですか？」と聞くようにしています。

――よく言われることですが、受け手とのコミュニケーションが大事だと。

藤岡　シューターって「このタイミングでパスが来るかもしれない」って準備をしていると思うんですね。だからポイントガードの私も「こういうタイミングでパスを出すから、ちゃんと準備しておいてね」っていう話をする。そんな会話をすればするほど、シューターも理解して、準備もしてくれるから、シュートの確率もおのずと上がるんです。

――でも人それぞれ受けたいタイミングは違うでしょう？

藤岡　はい。林（咲希／JX-ENEOS）や藤高（三佳／トヨタ自動車アンテロープス）さんのように、ボールを受けたらすぐに打てるような選手は、ディフェンスとの間合いが一瞬でも開いたときにパスを出すようにしています。ズレが起きた瞬間ですね。オフボールの動きがすごく上手だから、一瞬でも離れたところでパスを出せば、ステップバックで自分の間合いを作ってシュートが打てるんです。それがこのふたりのシュートを打つタイミングだから、結構早めに出すようにしています。一方で宮澤（夕貴／JX-ENEOS）などはすぐに打てる感じじゃないから、彼女が構えたところにパスを出すようにしています。つまり最初のふたりよりワンテンポ遅らせるイメージでパスを出しています。

――やや極端かもしれませんが、前者は動き出しの瞬間、後者は振りきってからパスを出す。

藤岡　そうですね。ただ宮澤は身長が高い分、そのタイミングでも相手にブロックされることがないんです。それが宮澤のタイミングでもあるし。とくにオフボールでスクリーンを使ってもらいに出てくるプレーでは、そういうことを意識しています。

ボールの〝縫い目〟まで考慮してパスを出す

――そう考えたとき「うまさ」ではなく、「質の高いパス」とはなんだと思いますか？

藤岡　受け手に合った、いちばん打ちやすいシュートのポジションにパスをしてあげるこ

２人を同時にうれしくしてくれるパスが決まった瞬間の、あの感覚はなんとも言えない。

とが最も質の高いパスじゃないかなって思います。ただ強いだけじゃなくて、その人がいちばん打ちやすいパスが質の高いパスだと思います。

――強弱やスピードも受け手に合わせるってことですか？

藤岡　それもそうですが、ＪＸ－ＥＮＥＯＳに入って知ったこととして、縫い目を合わせてパスを出してあげることも質の高さだと思っています。ＪＸ－ＥＮＥＯＳのガードは歴代そうしているんです。それを学んでからは、ドライブからパスを出すときも、ボールを持つ瞬間に手の中でボールを転がして、パパッと縫い目を合わせてからパスを出しています。もちろん、余裕があればなんですけど、シューターも縫い目が合ったときがいちばん気持ちよくシュートを打てるので、そこは意識していますね。

――縫い目とはボールに入っている線のことですね？

藤岡　そうです。縫い目が縦向きになるのではなく、横向きになった状態でパスをしてあげることを練習から意識してやっています。

**――それはアシストだけではなく、ハーフコートオフェンスのエントリーパスや、プレ

ーを展開するパスでも同じですか？

藤岡　はい、むしろ、そこがいちばん縫い目を合わせやすいところですから。

――　普段から縫い目を合わす意識をしていると？

藤岡　はい。やっぱりパスを受けた選手も縫い目がしっくりきたほうが気持ちいいかなって思うんです。私がパスをもらうときも縫い目が合ったときはなんとなくボールが手に着く感じもあるから、一つひとつのパスを丁寧にしようかなという気持ちはありますね。もしかしたら、そのパスひとつでディフェンスを抜くことができるかもしれないし。本当に調子がいいときって、意識して合わそうとしなくても、常に縫い目が合っているんです。（2017年の）アジアカップで3連覇したときはドリブルからのパスでもすべて縫い目が合っていて、受け手がシュートを打ちやすいパスになっていたと思います。ドリブルをしていても、パスを出そうと手の中にボールが入ってきたときに縫い目が横になっていました。だからそのまま出せば、受け手も横の縫い目でボールを受けられていたんです。

強いパスが決していいパスではない

――　パスを出す前に受け手の動きを読んでいますか？　先を見通すというか……。

藤岡　それが今の課題なんですけど、「このプレーをする」と決めつけるんじゃなくて、「もしかしたらほかにもよりよい状況の選手がいるかもしれない」ということを、もうひとつ頭に入れておこうと思っています。例えば自分がシュートを打とうと思っていたときに、「もしかしたら（合わせて動いてくれているシューターが）いるかもしれない」って思うから、コーナーに目が向く。そういうことは常に考えています。あとはシューターがどこにいるかを常に見るようにしています。とくに自分たちがオフェンスリバウンドを取って、セカンドチャンスのときは、リングを見ているとビッグマンは見えるんですね。裏を取る動きでも自然と見えてきます。一方でシューターも自分の打てるところに移動しているはずなので、持ったときにシューターがどこにいるかは必ず見るようにしています。

――　藤岡選手はあまり首を振らず、目を動かしていますよね。

藤岡　首を振るとその逆側が見えないですよね？　パスする方向が決まっていて、あえて逆に首を振っておいて、その逆（出したいほう）に出すこともあるんですけど、私はあまり首を動かさないかな。目を動かして、パスの受け手を探しています。

――　オフェンスリバウンドを取った選手からボールが戻ってくるときに、目を動かしてシューターの位置を確認する。

藤岡　はい。でも、そうするとディフェンスはシューターにパスをさせないようディナイに出てくるじゃないですか。そうしてシューターを守りに出た瞬間、ビッグマン……ＪＸ－ＥＮＥＯＳであれば渡嘉敷（来夢）さんや（梅沢カディシャ）樹奈が空くんです。ビッグマンはそもそも視野に入っていますから。

――　両方を同時に見ているわけじゃない。

藤岡　インサイドとアウトサイドのどちらも見ようとするのは大変だから、自分は「表と裏」と考えるようにしています。まず表を見て、表が無理だから裏がある。どちらも見ようとすると、どちらの準備もできない。まずはパスの出しどころをひとつ決めて（表）、そこに出せるのであれば出せばいいし、そこが無理だから裏のパスコースが空くんです。

そういった優先順位はパスだけに限らず、いろんなところで使うようにしています。

――もう少し具体的にお願いします。

藤岡　パスって動きながらのプレーになるから、常にいろんな選択肢があるわけですよね。ただドリブルで片方のサイドに移動すれば、受け手はだいたい2人です。それが渡嘉敷さんと宮澤だったとします。どっちも狙いたいと思ってプレーしていると、どっちに対しても準備ができない。中途半端になる。判断も遅くなるんです。でも、宮澤を見ておいて、彼女に出せるのであれば彼女にパスを出す。シューターだし、シュートを打たせる。すると自分は宮澤を見ているわけだから、ディフェンスもそれに気がついて少し宮澤のほうに寄るんです。ディナイするわけです。それと合わせて渡嘉敷さんも動く。ディフェンスに寄られた宮澤にはパスを出せないけど、渡嘉敷さんへのパスコースは生まれる。「表（宮澤）」を決めておくと、それが無理だから「裏（渡嘉敷）」を使えるという考え方。もちろん頭の中には最初からふたりの存在を入れておくけど、両方は見ない。

――ディフェンスはそれぞれについているわけですよね。

藤岡　はい。だからまず宮澤を見て、「パスが出せない。だったら渡嘉敷さん」。そうして渡嘉敷さんに目を向けた瞬間に宮澤のディフェンスが渡嘉敷さんのほうに寄ったら、宮澤にパスを出す。ディフェンスは戻ろうとするんだけど、その間合いだったら宮澤はシュートが打てるんです。ただ実際には、そのふたりだったらだいたい逆サイドのディフェンスが寄ってくるんですね。渡嘉敷さんを見ておいて、逆サイドのディフェンスがインサイドに寄ってきていたら、逆サイドのコーナーにいる岡本（彩也花）さんなどが空く。つまりひとつ表を決めれば、あとはディフェンスの状況を見て、パスの判断ができるんです。

――決断をするのはもちろん頭（脳）なんだけど、それ以前に目の動きがすごく重要になってきますね。

藤岡　トップレベルの戦いになると目の動きだけでディフェンスが反応してくれるんです。今の話も渡嘉敷さんのほうにディフェンスが寄っていて、岡本さんのほうに目を向けるだけで、ディフェンスが岡本さんのほうに戻る。そうしたら渡嘉敷さんが1対1になるから、パスも出しやすくなるわけです。

――目もひとつの武器になると。

藤岡　絶対にそうだと思います。だから首を振らなくても目だけの動きでいいし、見えにくければ自分が動けばいい。右に首を振れば左が見えないし、左に首を振れば右が見えない。もちろんいろんなやり方があると思うんですけど、自分はそうしています。

――そうした目の動きはいつ、どのように身につけましたか？

藤岡　こうしてきちんと考えるようになったのはＪＸ－ＥＮＥＯＳに入ってからです。吉田亜沙美さんを見て学びました。いろんな目の付けどころ、パスの使い方あるんだって考えて、自分はどういうタイプなんだろう？って考えたんです。それまではあまり考えていなかったから。

――それまで感覚的にプレーしていたことを言語化できるようになって、プレーの質が上がっていく。

藤岡　そうです、それです。言語化できると腑に落ちるんです。あ、これか！と。腑に落ちるってめっちゃ面白いんです！

――腑に落ちると練習への意識も変わってきますね。

藤岡　全然違いますね。パスの「表と裏」以外にも、大学のときは強いパスがいいパスだ

ALL JAPAN
WOMEN'S
BASKETBALL
CHAMPIONSHIP

JX-ENEOS
Sunflowers
JX-ENEOS
32

と思っていたんです。でもＪＸ－ＥＮＥＯＳに来たときに吉田さんはそれほど強いパスを出していないって思ったんです。でもどうして吉田さんのパスってこんなにいいパスなんだろう？　と。当時私は２人組のシューティングで宮澤と組むことが多くて、頑張って強いパスを出していたんです。そのとき吉田さんのパスを見て、なるほどなって気づいたことがあったんです。私は強いパスを意識して出しているから、最後にボールがグッと浮く感じになっていたんですよ。でも吉田さんのパスは最後の最後でちょっとだけ、相手の胸元でボールがスッと落ちて、収まる感じなんです。あ、これだ！　って思ったのがＪＸ－ＥＮＥＯＳに入った１年目のことです。

――それは試合でも使えるものですか？

藤岡　試合になるとディフェンスがいるので状況によって変わるとは思うんですけど、それでも「吉田さんのパスは打ちやすい」ってみんなが言っているから、なにか違うものがあるんじゃないかと思ったわけです。そういうものって練習からやっていれば、試合でも必ず出てくるものなので、あ、これなのかなと。ただ強いパスだけがいいわけじゃないってことに気がついたんです。

さまざまなシチュエーションの中でパスの質を磨く

――クリニックで日本人のプレーを見た海外のコーチが、日本人はパスが上手じゃないと言うそうです。それについてどう思いますか？

藤岡　女子に関しては、日本が世界でいちばんのパッシングチームだと思っています。だから、言われるほど下手だとは思いません。海外の国と対戦しても日本のパッシングは充分に通用していましたから。

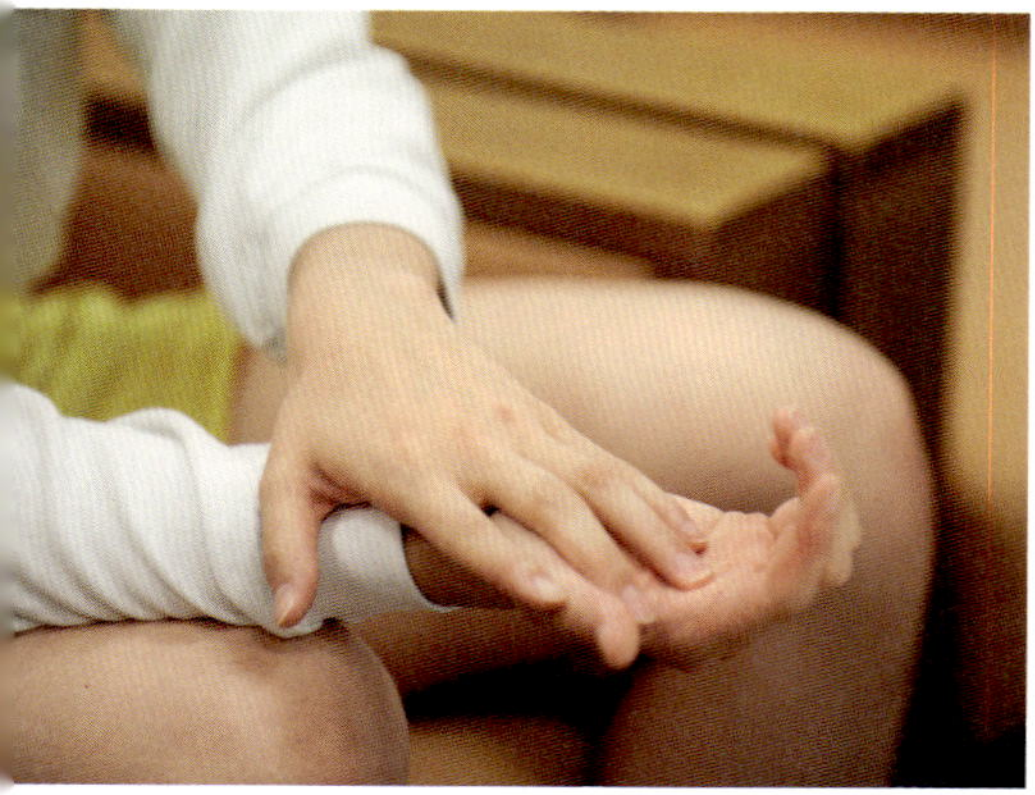

――むしろ、うまいくらいだと？

藤岡　少なくともチームとして勝つためのパッシングを考えると、日本がいちばん上手じゃないかと思います。私たちは「チームパッシング」が上手で、チームで考えたら強い。でも「この人にパスを出しなさい」という個人レベルのパスの技術を考えると、もしかしたら海外の選手のほうがうまいかもしれません。技術もあるし、上背もあるから、いろんな種類のパスを出せると思います。ヨーロッパの選手を見ていると、パスひとつをとっても発想が違うように思うんです。パスを出す見方っていうのかな、「そこから出すんだ？」と、日本人では持ちえない感覚、発想があるから、たぶん「日本人はパスが下手」って思われるんじゃないかなと思います。

――チェストパスのような正しいフォームでは出せるけど、そうじゃないときに正確なパスが出せるかどうか。

藤岡　そう、日本人はずれたところからでも正確なパスを出すってことにあまり慣れないし、そもそもそういう練習をあまりしないから、環境の違いもあるだろうなって思います。

――体勢が崩れて、それでもパスを出した

いときには、どうしますか？

藤岡　そこはハンドリングなのかなって思います。私はドリブルがいちばん得意だから、ハンドリングは人よりも少し長けていると思うので、体勢が崩れたときのパスも最後の微調整は感覚的に利くほうだと思います。最後にちょっと指先でコントロールしています。ちょっと回転をかけるとか。

――そうしたパスは今日の練習でも出していましたが、新人選手は取れていませんでした。

藤岡　そうなんです。新人選手だと合わせるところが一歩ずれるだけで見えないことがあるんです。私は見えていて、パスも出せるんだけど、向こうは見えていないからパスも来ないだろうと思って準備をしていない。また彼女たちはただ走ればいいと思っているだけかもしれないけど、ディフェンスがいるなら一歩下がって3ポイントラインで待つことも大事です。そうすれば見えるのに、わざわざ詰めてくるんです。本当にちょっとした一歩、二歩だけで見える、見えないところがあるんです。

――そうしたことも含め、パスの質を上げるためにどういうことが必要だと思いますか？

profile

藤岡麻菜美（ふじおか・まなみ）

1994年生まれ、千葉県出身。千葉英和高校～筑波大学～JX-ENEOSサンフラワーズ。卓越したボールハンドリングに加え、振り幅の広いフロントチェンジでディフェンスを翻弄するポイントガード。2017年のアジアカップでは女子日本代表を大会3連覇に導く活躍を見せ、大会ベスト5にも選ばれた。コートネームは「ネオ」。

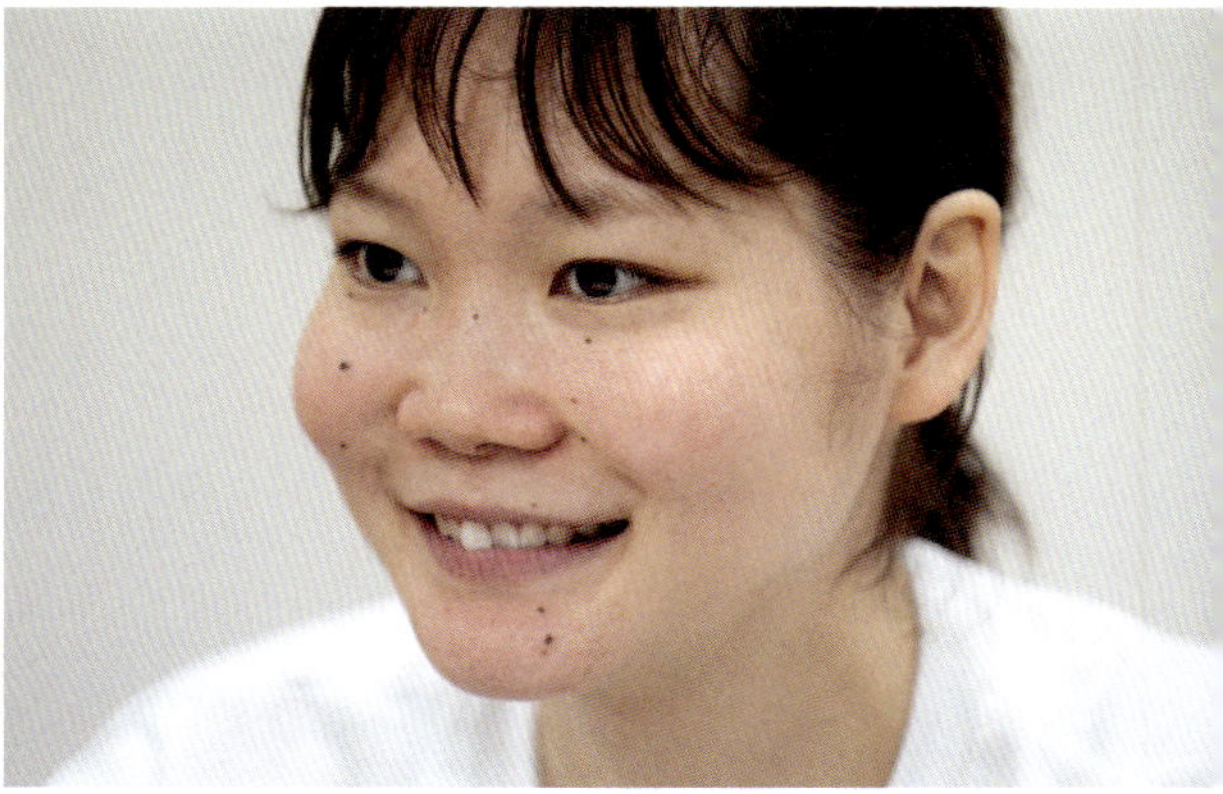

藤岡　もちろん相手とのコミュニケーションも大事だけど、実戦に近い練習をもっとしたほうがいいのかなって思います。最近はスキルコーチが導入されて、いろんな練習ができるようになっています。私たちも最近それに触れるようになりましたが、以前はそうした練習をしたことがありません。だから今の小さい子たちは本当に恵まれているし、そうしたスキルに特化した練習は大事だと感じます。ただディフェンスってその時々によって全然違うので、もっと対人練習とか、シチュエーションに沿った練習をすべきじゃないかと思います。

質の高いパスを出すためには、スキルも大事だが、刻一刻と変化していく状況の中でも素早く、正確な判断を下さなければならない。そのためには常にチームメイトと息を合わせられるコミュニケーションが欠かせず、日々の何気ない練習からもパスへの意識を高めておく必要がある。世界一のパッシングチームを目指す女子日本代表の司令塔、藤岡麻菜美はパスひとつに対しても、向上心を持って、その質に磨きをかけようとしている。■

【選手が語るパス技術】

京都ハンナリーズ

松井啓十郎

質の高いパスが質の高いシュートを導く

“KJ”こと松井啓十郎は日本を代表するシューターのひとり。
ここではシューターの立場から、理想のパスを語ってもらった。

text _ バスケットボール・ラボ編集部　photo _ 少路昌平

パスは決して、その〝出し手〟だけで完結するものではない。どんなパスであっても、たとえそれが悪いパスであったとしても、〝受け手〟が受け取ればパスはつながったことになる。

しかし、そこに質の高さを求めれば、出し手の意志を受け手が汲み取り、それを実践につなげる必要がある。周りの選手も、その意図に沿って連動していく。そうやってパスひとつでチーム全体が動き出すわけだ。

しかし、受け手には受け手の意志もある。とくに「シューター」と呼ばれる選手は、シュートを狙うところからその役割が始まる。もちろん1対1で自らのシュートシーンをクリエイトする選手もいるが、純粋なシューターになればなるほど、パスを受けてシュートを打つ選手が多くなる。

ならば、シューターの考える「質の高いパス」もあるはずだ。

高校、大学をアメリカで過ごした〝KJ〟こと松井啓十郎は、日本を代表するシューターである。彼はパスになにを求めているのだろうか――。

うまいパッサーは受け手の特徴を見極めたうえでパスを判断する

――いきなりですが、本題です。シューターの松井啓十郎にとって上質なパスとはどういうものですか？

松井　いちばん上質なパスは、自分のタイミングに合ったパスです。「今、欲しい！」というタイミングで、バランスを崩さずに取れるパスが上質なパスです。でもそれは一人ひとり違うと思うんです。欲しいタイミングが早い人、遅い人……そうしたタイミングについてはパッサーとコミュニケーションを取る必要があります。僕は基本的にバウンズパスが好きじゃないんです。チェストパスで、強いパスが構えた手のところに来てくれたら打てますね。

――バウンズパスが好きではないのはなぜですか？

松井　スピードが遅くなるからです。僕が求めるのは速さと強さなので、一度地面に触れるバウンズパスでは遅くなります。もちろんカールカットとか、バウンズパスしか通らないときはそれでいいんですけど、3対2のア

もちろん基礎は大事だけど、そこだけにとらわれなくてもいいのかな。

ウトナンバーでバウンズパスを出すようなポイントガードはダメです（笑）。シューターはパスの勢いを残したまま打ちたいと考えています。だからシュート練習のときもコーチがパスをしてその勢いで打っているんです。

―― 求めるタイミングとは、ディフェンスとの間合いが関係しますか？

松井 それもありますが、走っていて、3ポイントラインのこのあたりで打ちたいなと思ったときに、パスの来るタイミングが早いと、少し距離が余ってしまう。そうすると自分でステップを少し変えるか、ドリブルをして打たなければいけない。逆にパスが遅いと、走った勢いでそのまま打ちたいのに、一度スローダウンして、そこから再びモーションを起こさなければならない。そのちょうどいいタイミングでパスを受けられたら、シュートも入りやすくなります。

―― シュートはリズムだと言われますが、そこにはパスのタイミングも影響してくると。

松井 はい。だからアメリカなどでは、よいパスをもらってシュートを決めたら、パッサーに「ポイントしよう」って言うんです。指をさす動きですね。「あなたのパスがよかったからシュートが入った、よくぞいいパスをくれたね」っていうサインです。

―― 意地悪な言い方をすると、タイミングが合わないパスを決めたら、ポイントにしない？

松井 そうですね、もうそこは俺が決めたんだぞと（笑）。いえいえ、チームの関係性をよくするためにもポイントはしますよ。例えば若いポイントガードだったら、質もさることながら、「よくそのタイミングでパスをくれたね」という意味でポイントします。ただシューターは、いいポイントガードと一緒にやりたいんです。だから長年一緒にやっていくと、パスの関係がどんどんよくなっていく。僕の場合で言えば、伊藤大司（滋賀レイクスターズ）は高校のときに一緒にやっているから、アルバルク（東京）で5、6年一緒にやったときもコンビネーションが合っていたんです。

―― 不慣れなポイントガードが質の低いパスを出したとします。その場合、あとで修正点を話したりしますか？

松井 話します。進行している試合の中ではなかなか言わないけど、例えばタイムアウトやハーフタイム、それこそ練習のときに話します。僕はボールを受けてから素早く打てるので、ちょっとでもディフェンスが離れれば、そのときにパスをしてほしいと。そこまでディフェンスを引きつけなくていい。ちょっと引きつけた瞬間にパスを出してくれれば打てるので、そのタイミングについては話すようにしています。

―― パッサーは受け手が誰なのか、その特長も見極めなければいけません。

松井 そういうことです。ドリブルする選手は1回、2回ドリブルするだけでもディフェンスを引きつけられるので、僕が受け手であればリングの下までいかなくていい分、ディフェンスとの駆け引きがやりやすくなるんです。自分のディフェンスを抜ききらなくても、ちょっと抜くふりをするだけでシューターのディフェンスが寄ってくれれば、パスを出せる。

そういうところにも生きてきます。

――逆に言えば、いいパッサーはそこまで考えて仕掛けなければならない。

松井　自分のドリブルでどこまで行くのか。例えばシューターがコーナーにいて、ウイングから誰かがドライブをしてきたときに、コーナーにいるシューターがよいシューターだと、そのディフェンスはドライブに寄りません。ヘルプに行かない。でもシューターのディフェンスに向かってドライブを仕掛けることによって、スクリーンではないけれど、シューターとディフェンスのあいだにわずかなズレを作ることができる。そのわずかなズレを生かして、シューターにパスを出すこともできます。

――伊藤選手以外に現役Bリーグ選手でそういうことがわかっている選手はいますか？

松井　僕がこれまでやってきたなかだと、田臥勇太さん（宇都宮ブレックス）や橋本竜馬（レバンガ北海道）かな。富樫勇樹（千葉ジェッツ）や篠山竜青（川崎ブレイブサンダース）も最近そうなってきましたけど、彼らはどちらかというと自分で攻めてシュートを打つポイントガードですよね。そう考えると田臥さんや竜馬、あとは昨シーズンまでシーホース三河で一緒だった狩俣昌也（滋賀レイクスターズ）のように、ほかの選手を生かそうというポイントガードは生かし方を意識していますよね。

――ステフィン・カリー（ゴールデンステイト・ウォリアーズ）を筆頭に攻められるポイントガードが世界的にトレンドなのかもしれませんが、そう考えるとほかの選手を生かすポイントガードは決して多くなさそうです。

松井　そうかもしれません。全般的に日本人のパスって山なりというか、少し遅いパスが多いんです。僕はアメリカにいたときに、パスは速くて、強いパスを出そうって教わりました。アメリカのポイントガードはパスがすごく速いんです。

アメリカでは姿勢以上に いかにパスを通すかが求められた

――海外の指導者が日本人はパスが上手ではないと言うそうですが、それに関わることかもしれません。

松井　全体的に見て、せっかくいいズレができて、誰かがノーマークなのにパスが遅いことによって、そのズレがなくなってしまうわけです。それがシューターであればシュートを打てなくなる。もしくはオープンなシュートを打てたはずなのに、タフショットになってしまう。そう考えると、日本ではパスの速さと強さについてあまり教えていないのかなって思います。きれいなフォームなど姿勢を優先して教えているのかなと。アメリカでは、パスが通ればそれでいいんです。だからポイントガードが全員正しい姿勢でパスを出しているかと言えばそうではないし、片手でパスをしている選手もいれば、トリッキーなパスをしている選手もいます。もちろん基礎は大事ですけど、そこだけにとらわれなくてもいいのかなと思います。

――中学2年で渡米してからコロンビア大学を卒業するまでアメリカでプレーして、パスについても教わりましたか？

松井　基礎的なパス練習もしましたし、ディフェンスがプレッシャーをかけてきたときに、いかにターンオーバーをしないで、しっかりピボットを踏んでパスをする練習もしました。僕が通っていたモントロス・クリスチャン高校はそういった基礎をしっかりやる学校だったんです。シュート練習にしても、最初からリングにシュートを打たない。最初はまずバックボードに片手で当てる練習をする。バックボードの同じ位置に当てて、ボールがずれていないかを確認するわけですね。それが終わったら、今度は左手を添えて同じことをする。最初はジャンプをしません。自分のシュートの方向性などを見て、安定してきたらジャンプしてみようかと。そういったドリルの順序が決まっているんです。その練習はケビン・デュラント（ブルックリン・ネッツ）もやっていました。そうした体系的な練習が、パスでも、シュートでも、ディフェンスでもあるんです。

―― パスではどんな練習がありましたか？

松井　シンプルな3メンもやっていましたけど、ディフェンスを入れてのパス練習が多かったですね。ドリブルなしで、例えば30秒間で何回パスをつなげられるか。カッティングはあるけど、ドリブルなしだからディフェンスは思いきりプレッシャーをかけろと言われていました。そうすることでパスの練習にもなるし、駆け引きの練習にもなるんです。どうやってオープンになろうか、どこにスペースが生まれているんだろうと考える。単なるパス交換の練習ではなく、頭を使って動きながら、いろんなパスや、それに伴う動きといった実践的な練習が多かったように思います。

質の高いパスを受けるには、受け手の準備も重要になる

―― パッサーが質の高いパスを出せる選手だとして、シューターとしてはどんな準備をしていますか？

松井　まずは声かけですね。「ヘイ！」でもいいし、「こっちにいるよ」「右を走っているよ」など、自分がどこにいるかをボールマンに知ってもらう。例えば右を走っていて、「いや、そこは絶対に見えるでしょ？」って思っていても、見えない場合があるかもしれません。だから、まずは自分がどこにいるかを知らせることを心がけています。手を上げて、自分はここにいるよってジェスチャーをすることもあります。ボールが欲しかったら、それなりのアピールをする必要があると思うんです。そこは結構大事にしているかな。あとはボールをもらうときに、どこに欲しいのかも示すようにしています。僕はだいたいシュートを打つので、シューティングハンドで待っています。ボールが来たときにそのまま打てるように。

―― 以前、折茂武彦選手（レバンガ北海道）もそれを言っていました。

松井　そうでしょうね。もしディナイをされていて、パスがなかなか難しいときは「こっちに投げて」と、いわゆるターゲットハンドを出すようにしています。バックカットするのであれば、進行方向に手を出すことで、パッサーはそこに出せばいいんだとわかります。ただそこには駆け引きもあって、バックカットに対してはだいたいバウンズパスだから、ディフェンスも手を下に出してくることが多い。だから「下は通らないよ」とガードが言ったら、バックカットしたときに「じゃあ、上に手を出そう」というコミュニケーションで修正していく。そのためには相手のスカウティングもしっかりしておかないといけません。それらを積み重ねることで、またパスがつながりやすくなるんです。

―― ほかに気をつけていることはありますか？

松井　そこまで強くは意識していないですけど、ディナイが強いディフェンスであれば前もって準備しておく必要があります。例えばAからB、BからCへというパスの流れが途中で止まらないように、このタイミングで次は俺にパスが来るなと思ったときは先に準備しておくわけです。よいディフェンスは流れ

「シュートはパスで決まる」ってよく言われます。僕もそう思います。

を切ろうとしてくるので、受け手としてもそれを上回るような意識をしています。

——準備が重要になる。

松井　はい。バスケットは常に判断してプレーしなければなりません。そこでよい判断をすることによって、どんどん質の高いプレーが生まれると思うんですよ。だからその判断をいかに多く、いかに早く、いかに正しくするかに尽きると思います。そうすることでパスもつながりやすくなるし、いいバスケットもできる。もちろん技術も伴っていなければいけないので、パスひとつを見てもフェイクを入れるなど細かいこともしなければいけないですけど、Bリーグのようにトップレベルになると判断の問題になってくると思います。

——準備をしたうえで、例えばパスが10㎝、20㎝ずれた。シューターとしては不満ですか？

松井　10㎝、20㎝のズレに不満を言えば「おまえはシューターじゃない」って言われます。もちろんバランスを崩すようなパスではいけません。でも、構えていないところであっても、パスを受けたときの足がよければそのままの勢いで打てます。シュートはすべて足から来るものだと思っているんですね。足で生んだ力が逃げるような場所にパスをされるのはリズムが変わるのでよくないけど、足やコア（体幹）がしっかり保たれていれば、多少上下にずれても打てますね。

――質の高いパスとはシュートのリズムが作れるパスとも聞こえます。

松井　そういうことですね。だからディフェンスはオフェンスのリズムを断ち切るためにディナイをするわけです。パスがスムーズに動くとディフェンスは守りづらいし、一方のオフェンスは気持ちよくプレーができるんですよね。

――パスの質を上げるために必要なことはなんでしょう？

松井　コミュニケーションと、上のレベルで経験することですかね。例えば今の高校生がBリーグの選手と一緒にやったら、パスの質も違うし、引き出しも違うと感じられるでしょう。今でこそ日本代表も強くなってきていますが、それでもまだ世界と差があるのは、上のレベルの国々とやっていないからだと思います。やるチャンスがなかった。２００６年以来ワールドカップにも出ていなかったし、オリンピックについては１９７６年以降、男子は誰も経験していないんです。そこで世界のレベルを経験すると、なにが足りないのか一人ひとりがわかってくると思うし、どういう練習をすればいいのかといった頭にも切り替わると思うんですよね。

――松井選手は日本代表としてアジアで戦った経験がありますけど、そこではパスにも差を感じましたか？

松井　そこまですごいなというパッサーはいなかったですけど、下手なパッサーもいなかったですね。弱いパスをする選手もいませんでした。全体的に質が高いなと感じました。ディフェンスはいるけど、そこにスティールされないように計算してパスを出している。要するにディフレクション（ボールに触って、ドリブルやパスをそらせること）されないようにパスを出していますよね。

――パッサーはディフェンスの位置まで見

profile
松井啓十郎
（まつい・けいじゅうろう）

1985年生まれ、東京都出身。モントロス・クリスチャン高校～コロンビア大学～レラカムイ北海道（現レバンガ北海道）～日立サンロッカーズ（現サンロッカーズ渋谷）～アルバルク東京～シーホース三河～京都ハンナリーズ。精度の高い3ポイントシュートを武器とする、Bリーグ随一のシューター。愛称は「KJ」。

極めたい。

松井　パスする側とパスを受け取る側の能力もわかっていなければいけないし、そこに立ちはだかるディフェンスの力も計算して出さなければいけない。

――松井選手は少しでもディフェンスとの間合いがずれたらボールが欲しいと言いますが、一方でそこにディフェンスの能力も関係してくると？

松井　そういうことです。パッサーはそこまで考えなければいけません。例えば僕たちが中国と対戦したときも、中国はすべてのポジションに大きい選手たちがそろっていたので、上からのパスはとても危険なんです。奪われてしまう可能性がある。そういうところも計算しなければいけません。現代バスケットはターンオーバー、つまりミスをいかに少なくするかがトレンドだと思うので、そう考えると強いチームはターンオーバーが少ないですよね。

――ディフェンスの戻る力が強ければ、受け手もそれに沿った準備が必要になる。

松井　そうです。受け手も少し動いて、受けるポジションをずらしてあげなければいけない。ズレの距離を少しでも長くしてあげるわけです。

――パスそのものの動きだけで「上質なパス」は完成しない。

松井　そう、いろんなことにつながるんです。パスだけで話しても、結局バスケットは人と人との対決です。対面で行うパス交換の練習も大事だけど、実際にそういうシーンはほとんどない。だからパスの練習をするんだったら、ディフェンスを入れて、ディフレクションしたら交代するとか、そういう練習がいいのかなと思いますね。

――最後に改めて聞かせてください。シューターにとって質の高いパスとは？

松井　「シュートはパスで決まる」ってよく言われるんです。僕もそう思います。もちろんコンディションもあるけど、よいパスが来たらシュートはだいたい入るという自信はあります。よいパスが来て、リズムよくシュートを打ったら、そのボールがリングに向かっている途中に決まるってわかります。それくらいシュートはパスで決まるんです。

インタビューが行われたのは6月上旬、まだ松井が京都ハンナリーズとの契約を発表する前だった。一方で、すでにシーホース三河を退団することは決まっていた。つまりチーム選びの真っ最中だったわけだが、そのとき彼に「次のチームもパスを出せる選手がいるチームを選びますか？」と尋ねたら、笑いながら「もちろんです。当たり前じゃないですか」と返してきた。

「それがポイントガードなのか、ビッグマンなのかはわかりません。ただ、この選手はパスするな、このチームのシステム的にシューターを生かすためにパスを出せる選手がそろっているなというのは、チームを選ぶ際に見ますよね。じゃないと、僕がコーナーに立っていて、ボールが来なかったら、つまらないですもん。自分を生かしてくれる選手、コーチ、システム……そういうのはバランス的に考えますよね」

その3週間後、京都ハンナリーズが松井との契約合意を発表した。京都で松井はどのようなパフォーマンスを見せるのか。またそれをアシストしてくれるのは誰なのか。

質の高いパスは出し手と受け手の共同作業で生まれる。そんな視点からも今シーズンの京都を注目してみたい。■

【現代の戦術から考えるパス技術】

戦術とともに進化するパスの技術

JBA技術委員会 テクニカルハウス 部会長
前田浩行

日本代表のテクニカルスタッフを務める前田浩行は、ドイツでアシスタントコーチを務めていた時代にパスの重要さを知ったという。日本人のパスのレベルがドリブルとシュートに比べると低いと言われるのはなぜなのか？　そしてパスの技術を高めるためにはなにが必要なのか？

text _ バスケットボール・ラボ編集部

現代バスケットで求められるパスの質

バスケットは常に進化を続けている。チーム戦術も進化すれば、それを行うための技術も当然進化しなければならない。もちろん「ファンダメンタル」と呼ばれる基本技術は不変だが、そこに肉付けされる技術と、その質はやはり進化していかなければならない。

今回のテーマである「パス」も同様である。

「以前のパスと、現代のパスとではその質が違います」

そう言うのは男子日本代表・テクニカルスタッフである前田浩行だ。

前田は京都・洛西中学で全国制覇を果たし、県立能代工業では田臥勇太（宇都宮ブレックス）の同級生として、当時の同校で「いちばん上手な選手がなる」と言われたマネージャーを務めた。中京大学を卒業後は安城学園高校やトヨタ自動車（現アルバルク東京）でコーチを務め、2013年にはドイツブンデスリーガ1部に所属するMHPリーゼン・ルトヴィヒスブルグでアシスタントコーチ兼ビデオコーディネーターとして活躍した。2017年から現職に就き、その豊富な経験を生かしている。

「以前の日本では『パス&ラン』が主流だったので、動いている選手に対してパスを出すことを求められていました。でも今は『ピック&ロール』が主流になって、ポジショニングを取っている選手に対してパスを出さなければいけません。そこには質も技術も違いがあると思うんです」

むろん動いている選手にパスを出す必要がなくなったという意味ではない。ファストブレイクを含め、そうしたパスは今なお必要である。しかしピック&ロールを軸にした現代バスケットでは、ディフェンスのポジショニングに応じた正確なパスが求められるようになったのだ。

ヨーロッパで気づいたパスの重要性

中高時代、日本国内で輝かしい実績を積み上げた前田だが、ドイツに渡るまではパスについて深く考えていなかったと明かす。通ればいい。それくらいの感覚でいたのだ。しかしその感覚はドイツに渡ってすぐに覆される。

「僕らの学生時代ってボールを頭の上に上げると怒られていました。でもドイツではボールを胸の前に出すことがいちばんダメなことなんです。だからみんなボールをすぐに頭の上か、少なくとも肩よりも上に持ってきていました。それがスタンダードなんです」

なぜか。ボールが高いところにあれば、すぐにディフェンスの先にいる――例えばゴール下に飛び込んだ味方にもパスが出せるからだ。胸の前から出すチェストパスではディフェンスがいるため、すぐそこへ出すことができない。チームバスケットを軸に置くヨーロッパではパスひとつをとっても、細かい意味づけがあるようだ。

一方で、日本人はなぜそれに気がつかないのか。せっかくチャンスが生まれているのに、それをみすみす逃しているところに、多くのヨーロッパの指導者が「日本人はドリブルやシュートはうまいが、パスは10段階で2くらいのレベルだ」と言われる要因がある。

「日本人は出せないのか、そもそも出そうとしないのかはわかりませんが、ミスをしないから気づけないんです。ミスをすれば『なぜミスになったのか』を考えるはずです。質の

profile

前田浩行(まえだ・ひろゆき)

1980年生まれ、愛知県出身。県立能代工業高校ではマネージャーとして田臥勇太(宇都宮ブレックス)とともに「高校9冠」を達成。トヨタ自動車アルバルク(現アルバルク東京)のみならず、ドイツ・ブンデスリーガ1部でもコーチを務めた。2017年より男子日本代表テクニカルスタッフに就任。

高さはミスをしたところから生まれてくるものだと思います。出さなかったパスはターンオーバーにはなりません。しかし、実はそれ以上のマイナスになっていることも時にはあるんです。取れる点を取れないわけですから」

ミスを恐れていては進歩もない。もしかしたら、今こそ日本の「パス」に対する考えを変えるときなのかもしれない。

前田はいいパスの最低条件を「出したいと思った瞬間に、出したいと思ったところへ、いつでも正確に出せること」だと言う。いわゆる「いい眼」を持っていても、そこにいいパスを出す技術が伴っていければ「質の高いパス」は生まれないというわけだ。

トリプルスレットポジションはもう古い？

もう少し具体的な話をしよう。日本では基本中の基本と言われる「トリプルスレットポジション」。ドリブルができて、パスができて、シュートも打てる。そうした概念を前田はドイツでは感じなかったと認める。腰の横あたりでボールを構えてもゴール下にパスはできないし、スキップパスも飛ばせない。頭の上でボールを構えれば、すぐに、そして遠くへパスを出すことができる。

そう書くと、賢明な読者は「ドリブルとシュートはどうするんだ？　頭の上からだとすぐにドリブルもシュートもできないではないか」と考えるかもしれない。

ドリブルに関しては、パスを出そうとしてディフェンスがそれを阻止しようと腕を伸ばした瞬間にチャンスが生まれる。そしてシュートに関しては前田がキッパリと言う。

「シュートはトリプルスレットポジションからではもう遅いんです。ボールをもらう前に打てるか、打てないかの判断をしなければならないんです」

冒頭にも書いたとおり、バスケットは常に進化し続けている。少なくとも現代バスケットにおいて、ディフェンスと正対した状態からシュートを打てるかと言えば、レベルが上がれば上がるほど難しくなる。

「ボールを受けたときにはすでにシュートを打てるかどうかの判断を終えていて、打てなければクローズアウトに対してドリブルで抜くのか、味方にパスをするかを判断しなければいけないんです」

体系化されたディフェンスになっているからこそ、オフェンスはより早い判断を求められるのだ。

パスの質を上げるためにディフェンスの強度を上げる

そこには見落としてはいけないポイントもある。ディフェンスとの間合いだ。

「高校生たちを見るうえで目安にしているのが、チェストパスを出せるかどうかです。チェストパスを出せるのはディフェンスが甘いから。だからディフェンスの厳しいヨーロッパではワンハンドでのパスか、オーバーヘッドパスが基本になります。僕がいたチームでは『ボックス』と呼ばれる上半身の前には絶対にボールを持ってきてはいけないと言われていました（**図1**）。頭の上か、肩よりも上。そこが基本で、どうしてもそこへ持っていけないときはお尻の横と言われていました」

ボックスの中でボールを持てば、ディフェンスに奪われてしまう可能性がある。その考え方は日本のトリプルスレットポジションでも同じだが、肩よりも上でボールを構えるヨーロッパスタイルならば、より広い範囲にパスを出すことができる。日本のトリプルスレットポジションや、お尻の横など身体の側面でボールを保持すると、それとは逆のサイドにパスを出すときにボールを移動させる分、遅れてしまう。それがパスミスを引き起こす原因にもなりかねない。

「日本人がパスの質を上げようと思えば、逆説的ですが、ディフェンスの強度を上げるところから始めるのがいいかもしれません。いくら『ボックスを外してパスを出しなさい』と言っても、ディフェンスが甘ければ『普通にチェストパスが出せるのに、なぜそんなことをしなければいけないの？』と思っても仕方がありませんから。だったら、ディフェンスの強度を上げて、これまでのように簡単なパスができない状況を作ればいいんです」

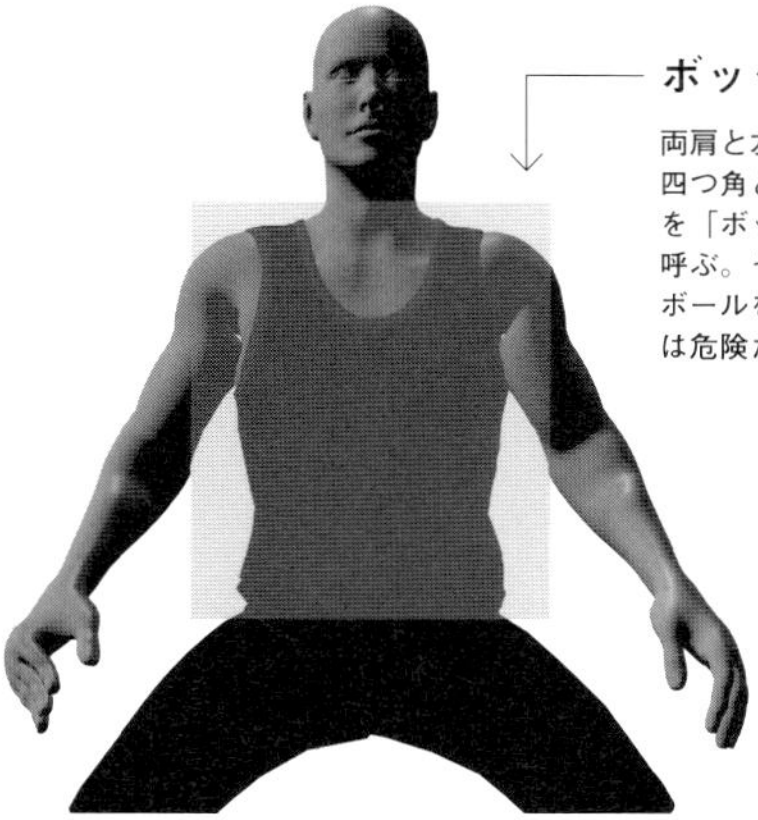
ボックス
両肩と左右の腰を四つ角とする空間を「ボックス」と呼ぶ。そのなかでボールを持つことは危険だ

図1

　そこで重要になるのが「ハンドワーク」だ。ボールマンディフェンスの基本として「ワンアーム」、つまり腕一本分の距離に立つことが基本とされる。それは日本でも同じだ。しかしそう教わりながら、多くの日本人選手は前に伸びているはずの腕が下がっていると前田は指摘する。腕を伸ばしてボールにプレッシャーをかければ、オフェンスが「ボックス」にボールを入れたとき、すぐに手を出すことができる。

　それはボールマン以外のディフェンスにも言える。

「例えばピック&ロールが起こったとき、逆サイドにいるディフェンスはハンズアップをしてなければいけません。手を上げてパスコースを消しておくわけです」

　ただ単に正しいポジショニングにつくだけでなく、手を上げることでボールマンに「パスコースが見つからない」と思わせる。そうした細部に至るディフェンスの強度を上げることで、それを上回ろうとするパスの質は上がってくる。

次になにをするか わからない選手ほど 怖いものはない

　ここからようやく戦術に絡めたパスの実践へと話は移る。

　現代バスケットの主流がピック&ロールにあることは冒頭にも記した。つまりそれは、ドリブルからのパスが増えたということでもある。このとき前田は「ドリブルからのトリプルスレットポジションが重要」と言う。トリプルスレットポジションという概念はドイツになかったと言いながら、「自分たちの時代に指導されてきたトリプルスレットではなくドリブルのトリプルスレットに変化してきた」と。どういうことか。

「ピックを使ってドリブルアタックをしたときに、ディフェンスを見て、次のプレーの判断をしなければなりません。プルアップのジャンプシュートを打つのか、ドリブルでさらに深く進むのか。ダイブしたスクリーナーにポケットパスを出したり、逆サイドのコーナ

ドリブルのトリプルスレットポジション

ドリブルをコートにバウンドさせ、手の中に戻ってきた瞬間の位置を常に一定にする。そうすることでボールが浮き上がる力を利用してプルアップジャンプシュートが打てるし、味方に素早くパスを出すこともできる。もちろんドリブルを継続することも。このときドリブルを強くつくことは言うまでもなく、その力が飛ぶ力、パスの強さにも影響する

プルアップのジャンプシュート

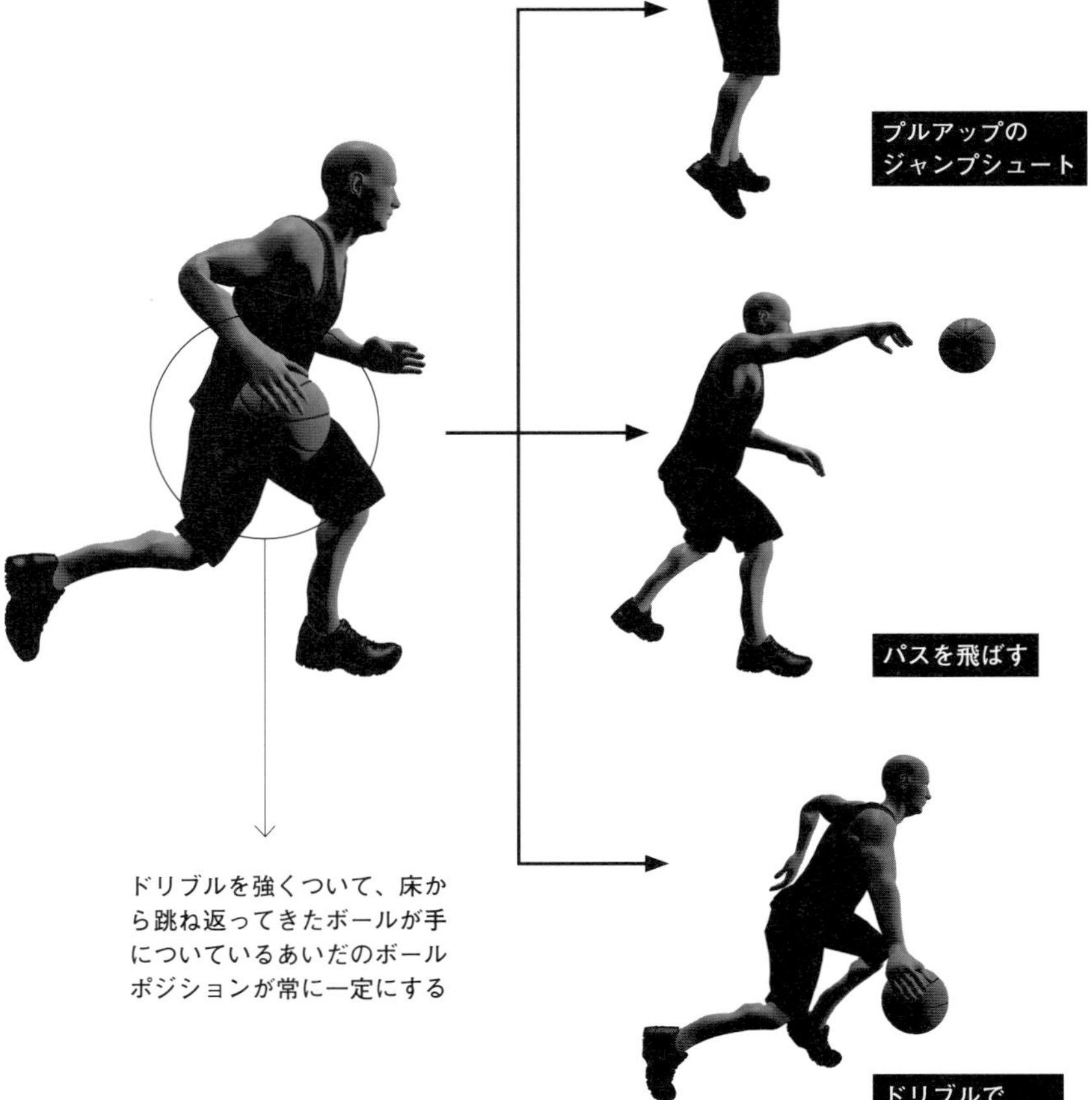
ドリブルを強くついて、床から跳ね返ってきたボールが手についているあいだのボールポジションが常に一定にする
パスを飛ばす
ドリブルでさらに深く進む

ーにパスを飛ばすこともあります。そのためにはドリブルを強くついて、床から跳ね返ってきたボールが手についているあいだのボールポジションが常に一定であるべきなんです。それを『ドリブルのトリプルスレットポジション』と言っています」

　ボールが手についた瞬間、そのままジャンプシュートを打つために飛べる。そのままもう一度ドライブをする。そのままパスを出す。ドリブルをしながら、常に3つのプレーが選択できる同じ姿勢、同じボールポジション（ボールが手につく位置）を保つ。ディフェンスからすればボールマンが次にどんなアクションを起こすかわからないから、非常に守りにくくなる。

「ピックを使うとき、もちろんゴールまで一気にドライブできるのがいちばんいいんですけど、ペイントエリアに入るか入らないかの位置でスピードをコントロールする。いつでも止まれて、飛べて、パスが出せて、再加速することもできる。いわゆる『グッドスピード』にしておく必要があるんです」

　前田は高校生を対象にしたクリニックをするとき、エルボーあたりで「ブレーキをかけよう」と言っているそうだ。自分のフルスピードを簡単にコントロールできない高校生だからこその声かけだが、この「グッドスピード」こそがパスの質を高めるカギとなる。

　ヘルプディフェンスを含めた状況を正しく判断できるスピードでプレーしなければならない。もちろんそのスピードが遅ければ守られてしまう。いかにディフェンスに守られないスピードでありながら、正しい状況判断ができるか。ディフェンスの視点で言えば、速さがありながら、次になにをするかわからない選手ほど怖いものはない。決っして簡単ではないが、それができる選手ほどよい選手ということになる。

戦術を遂行するために正しい技術を

　現代はインターネットでつながっている社会だ。いつでも、どこでも、誰でも最新の戦術を知ることができて、自チームに組み入れることもできる。

「5年ほど前のS級ライセンス講習で、自分が『スペインピック&ロール』を紹介したとき、当時は知らない人のほうが多かったですけど、今ではどのチームも取り入れています。それに対するディフェンスもたくさん出てきています。今は『そんな戦術があるんだ？』ってことはほとんどありません」

　2006年、日本で開催された世界選手権（現ワールドカップ）でギリシャが「ハイピック」を駆使してアメリカを倒したのは有名な話だ。それ以降、アメリカを含めた多くの国々がピックを軸としたチーム戦術を使っている。日本もそうだ。プロや各国の代表チームだけでなく、学生であっても、そうした基本的な戦術を簡単に触れられる時代。だからこそ、より速いスピードで、より正しい状況判断を行い、それと両輪になるような正しい技術を身につける必要がある。

　例えば「ホーンズセット」。

「ピックを使った選手は当然ロールした選手にパスを出す技術が必要になります。このときスクリーナーのディフェンスがどのように守っているかによっても、ドリブルのつき方も、ビジョンは変わってきます。そのうえで逆サイドのコーナーも見なければいけないし、

「グッドスピード」こそがパスの質を高めるカギとなる。

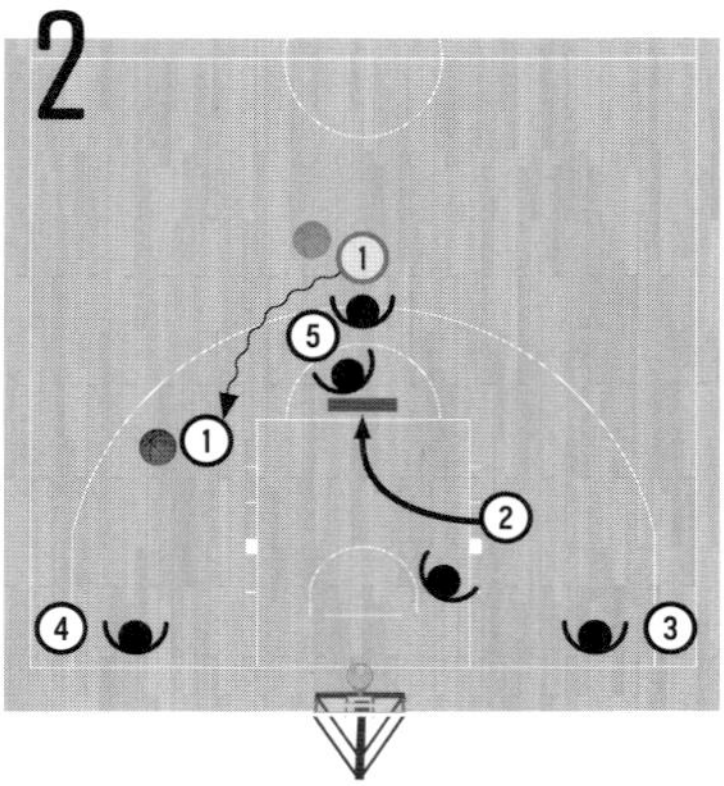

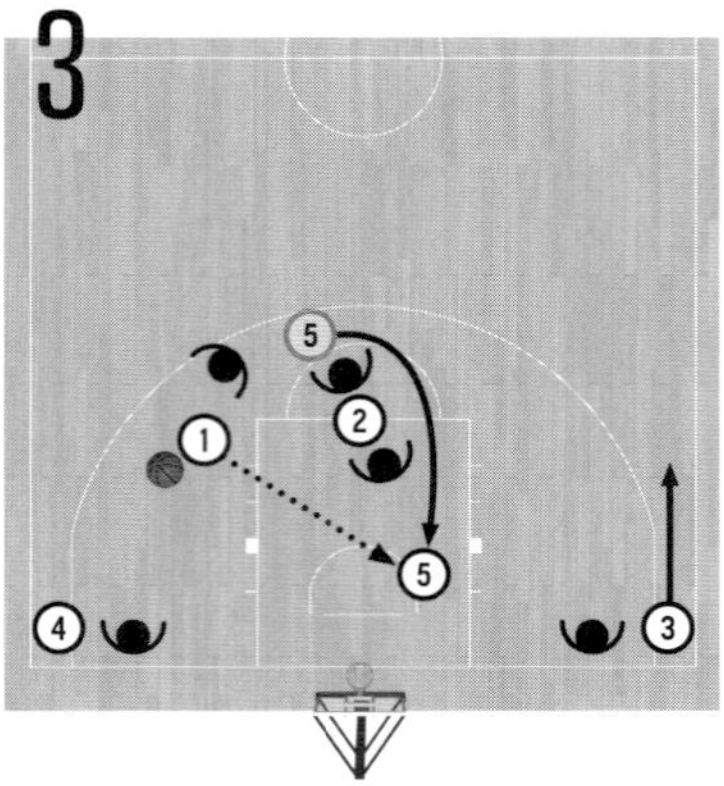

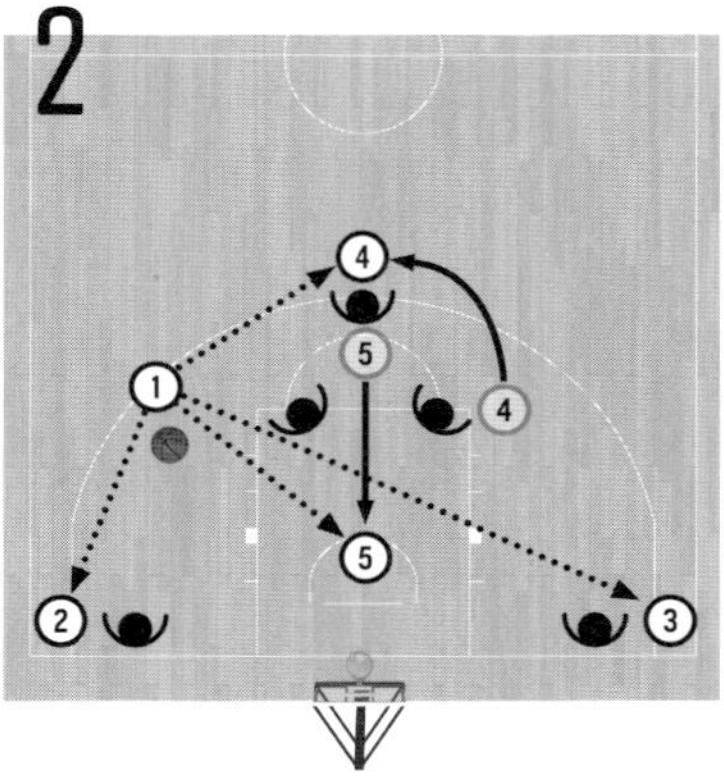

ホーンズセットに求められるパス技術

- ポケットパス
- スキップパス
- キックビハインド

そこが空いていれば、コーナーにパスを飛ばす技術も必要になります。後ろから追いかけてくる自分のディフェンスも意識しながら、自分が攻められるのであればシュートも狙わなければいけません。場合によってはポップしたもうひとりのスクリーナーにキックビハインドのパスを出さなければいけなくなることもあります」

もはや一般化されつつある戦術であっても、紐解けばポイントはいくつでもあるわけだ。そうしたポイントとなる技術を正確に行わなければならない。

キックビハインドも、コート図で示せば、止まって、ピボットを踏んで、チェストパスとなりそうだが、実際には後ろから自分のディフェンスが迫っている。チェストパスを出すことはできない。止まったら、ピボットと同時にボールを肩の上を通して、ディフェンスから遠い位置に置き、ワンハンドでのプッシュパスを出すか、肩の上からオーバーヘッドのように両手で押し出す。さらにレベルが上がれば、その姿勢からダイブした選手にサイドスナップパスを出すこともできる。

スペインピック&ロール 基本の動き

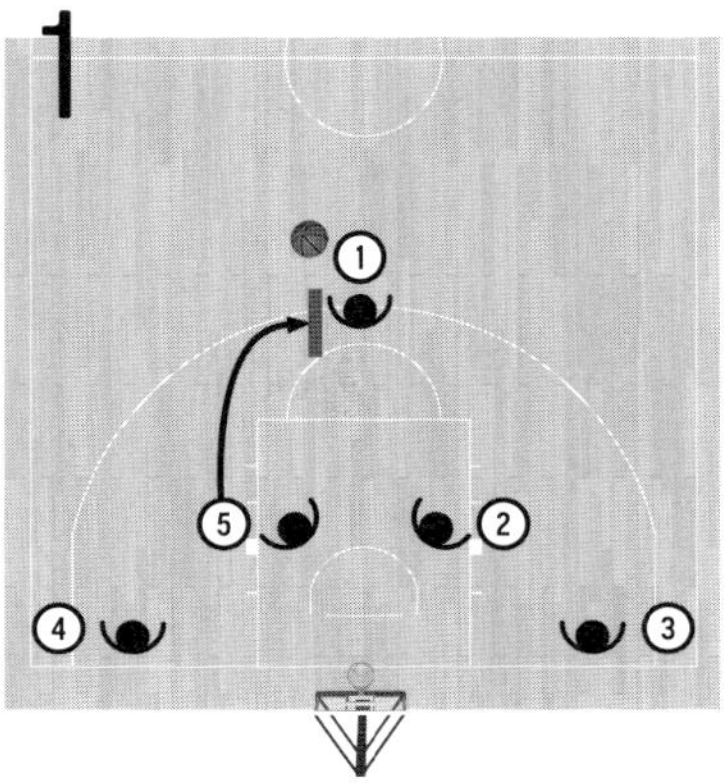

ボールマン(①)とビッグマン(⑤)がピック&ロールをするとき、スクリーナーの⑤に②がバックスクリーンをかける。①は⑤にパスを出すこともできるし(②と⑤のディフェンスがスイッチをすればミスマッチが起こる)、ポップアウトした②にパスを出すことで、②はシュートやドライブを狙える

ホーンズセット

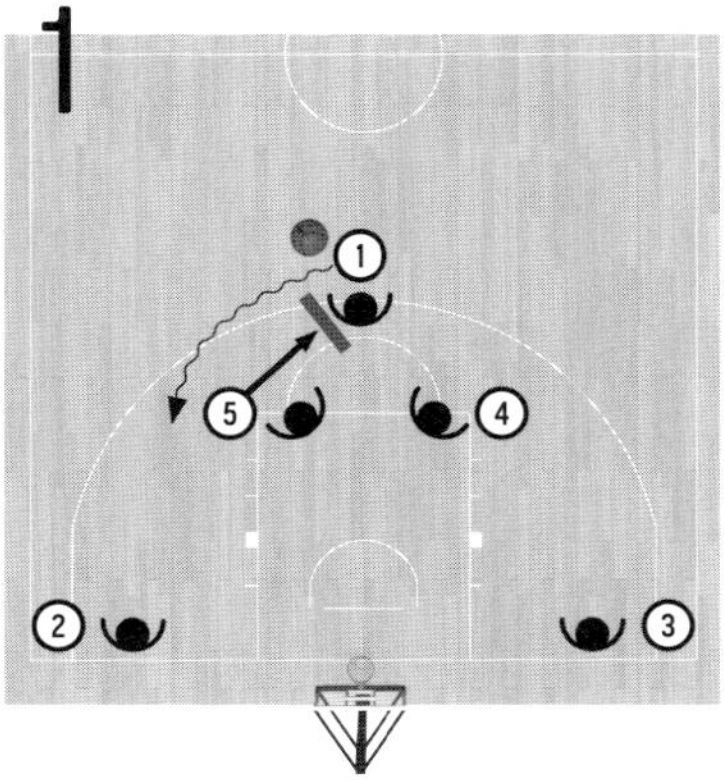

2人のビッグマン(④と⑤)がハイピックをかけられる位置に立つ「ホーンズセット」。ボールマンが一方を選択し、ピック&ロールを行ったとき、もう一方はポップアウト。ピック&ロールに対してディフェンスがどのように守るかを判断して、ボールマンは正しいパスを選択する必要がある

　最近ではスキルトレーニングを取り入れている選手が多いため、そうした動きをできる選手もいるが、実際のゲームでそのスキルを正しく使える選手はまだまだ少ないと前田は見ている。

「戦術としてパスを飛ばさなければいけないから、そうしたパスをやれるようにはなっています。ただ学生などを見ていると、練習ではできるけど、ゲームになるとできない選手が多いです。よく言われる『練習のための練習』になっている気がします。確かにみんなうまいですよ。以前とは比べ物にならないほどの個人スキルを持っています。でもそれらを引き出すためにディフェンスのズレを作ったり、パスを飛ばして、そこからのドライブという技術がさらに必要になるんです」

　現代バスケットの基本戦術とも言うべきピック&ロールを軸としたプレーに質の高いパスは欠かせない。そこには「ボールマンのシュートを決める力も欠かせない」と前田は指摘するが、そのうえでパスの選択肢をいくつ増やせるか。それはチーム戦術もさることながら、パスの出しどころを素早く見つけられるビジョンと、そこにパスを出せる正しい技術が必要なのである。■

【アナリストが考えるパス技術】

「グッドパス」の考察を通じ、アナリストの思考に触れる

千葉ジェッツふなばし ビデオアナリスト

木村和希

バスケットボールにおける「パス」の良し悪しの判断基準として用いるべき指標はなにか。ノールックパスのような華やかなパスは、魅力的だが、必ずしも「グッドパス」とは限らない。また、ターンオーバーが記録されたパスは、結果だけを見て「バッドパス」と括ってもいいものか。この問いを深く考えるため、Bリーグ・千葉ジェッツふなばしのビデオアナリストを務める木村和希に話を聞いた。木村の仕事は、映像の分析だけではなく、チーム理念や戦術と照らしたうえでの独自スタッツの収集・分析まで多岐にわたり、多角的な視点の持ち主だ。パスを軸とする考察を通じ、アナリストの鋭い思考に触れてみよう。

text _ 西原雄一

「原則として、バスケットボールは、相手より得点を多く取ったチームが勝つスポーツです。相手より得点を取るためには、〝攻撃回数（Possesion、以下、POSS）〟を増やすか、〝得点効率（Points Per Possesion、以下PPP）〟を改善していかに得点を効率的に奪うか。この二点を追求する必要があります。

バスケットボールは、定められた時間の中で得点を競うスポーツです。相手の攻撃スピードに自チームの攻撃回数も依存します。野球の場合は、お互いに27個のアウトの範囲内で得点を競い合うスポーツのため、時間的な影響は受けません。バスケットの競技特性上、常にPOSSとPPPを考慮に入れる必要があります」

パスに関する見解を聞いた冒頭、木村はバスケットボールの競技特性について強調する。そして、パスを考える際に重要な指標が『〝PPP〟へ与える影響度』だという。2ポイントシュートと3ポイントシュートの得点数を踏まえた実質的なFG%（フィールドゴール率）を示す「eFG%」とともに考察ができる。

「スタッツ上から考えると、次の順番でグッドパスの定義できます。最も上位が『アシストにつながったパス』、次が『アシストにはならないけど、シュートにつながったパス（ポテンシ

ャルアシスト』です。その次に『シュートにつながらなかったパス』があり、最後は『ターンオーバー（TO）』となります。より効率的にショットを成功させることが得点効率（PPP）を向上させるいちばんの要因であり、TOをすることがPPPを低下させるいちばんの要因であるというスタッツ上の原則に基づいた考え方です。シンプルに言えば、パスに求めるのは、eFG％を高めることです。eFG％が上がればPPPが上がります。PPPが上がればPTS（得点）が増え、それが対戦相手を上回れば試合に勝利することができるためです」

バスケットボール競技の構造的な特性に基づき、勝敗に直結する因子への影響度でパスの良し悪しを分類する考え方は非常に具体的かつ明瞭だ。しかし、そもそもPOSSやPPPという概念について、一般的には馴染みが薄い。その全容をつかみきれていないコーチ、プレーヤー、そして観戦者も多いのが現状ではないだろうか。

ふたつの概念は、リバウンド、シュート試投数、シュート成功数、ターンオーバー数など、基本的なスタッツを計算式に当てはめると算出される。しかし、係数の存在や、一見すると複雑に見える計算式の都合、直感的に理解できる人は少ない。

スタッツ上の原則に基づいて「グッドパス」を定義したとしても、直感的に、納得感とともに理解されなければ意味をなさない。そこで、木村は各スタッツの相関関係がわかるようなフレームワークを制作した（**図1**）。

「このフレームワークは、各スタッツの相互関係を把握しながら、ゲームの全体像をつかむことを目的としています。最上段には、PTS（得点）が位置し、POSSやPPPが構成要素です。そこから下の各項目は、バスケットボールの構造的な特性を分析したうえで、それぞれの相関性も意識した配置になっています。まず、左の軸が示すのは、勝敗への関連性です。上のスタッツであるほど、勝敗への直接的に影響します。右の軸が示すのは、選手への伝わりやすさです。下の項目に行けば行くほど、具体的な指標となります。選手にとっては、感覚的にも理解しやすくなります。冒頭にも説明しましたが、バスケットボールは限られた時間の中でより多くの得点をあげた方が勝利するスポーツです。そして、この得点はPPPとPOSSの積によって構成されており，攻撃回数が相手よりも多くても攻撃効率が低ければ試合に負けることはあり、、もちろんその逆もあります。ふたつのスタッツの積が相手よりも高ければ試合に勝てるというスタッツ上の基本的な原則があります」

本フレームワークは、各項目が、ゲームに与える影響を視覚的に把握できるように工夫されている。また、さらに的確な情報伝達をするために『4Factor』という指標を活用している。

「ただ選手に『PPPが0・96だからもっと頑張れ』と話しても、戸惑ってしまいます。そのため、PPPやPOSSを改善するためのスタッツをまとめています。それが、フレームワークの2段目にある『4Factor』です。4Factorは、『OR％（オフェンスリバウンド獲得率）』『TO％（ターンオーバー率）』『eFG％（実質野投成功率）』『FTA％（フリースロー獲得率）』の4つのスタッツです。詳しい説明は割愛しますが、それぞれの配置のとおりに、POSSやPPPに影響を与えます。

例えば、ORを多く獲得すればPOSSが増えます。そのため、POSSの真下にOR％があります。PPPに影響を与えるのは、eFG％、FTA％、TOです。eFG％に影響を与えるのは、3ポイントと2ポイントのシュート数と成功数です。eFG％を上げるには、両者の期待値を比較し、確率の高い攻撃を選択する必要があります。TOをすると、シュートを放たずに相手ボールになります。なので、TOはPPPを下げる要因になります．冒頭でも説明しましたが、このようにフレームワークの上層と下層の項目は強い相関関係にあります」

ここで注目に値するのが、POSSにおけるアシストの割合を示すAST％だ。eFG％に

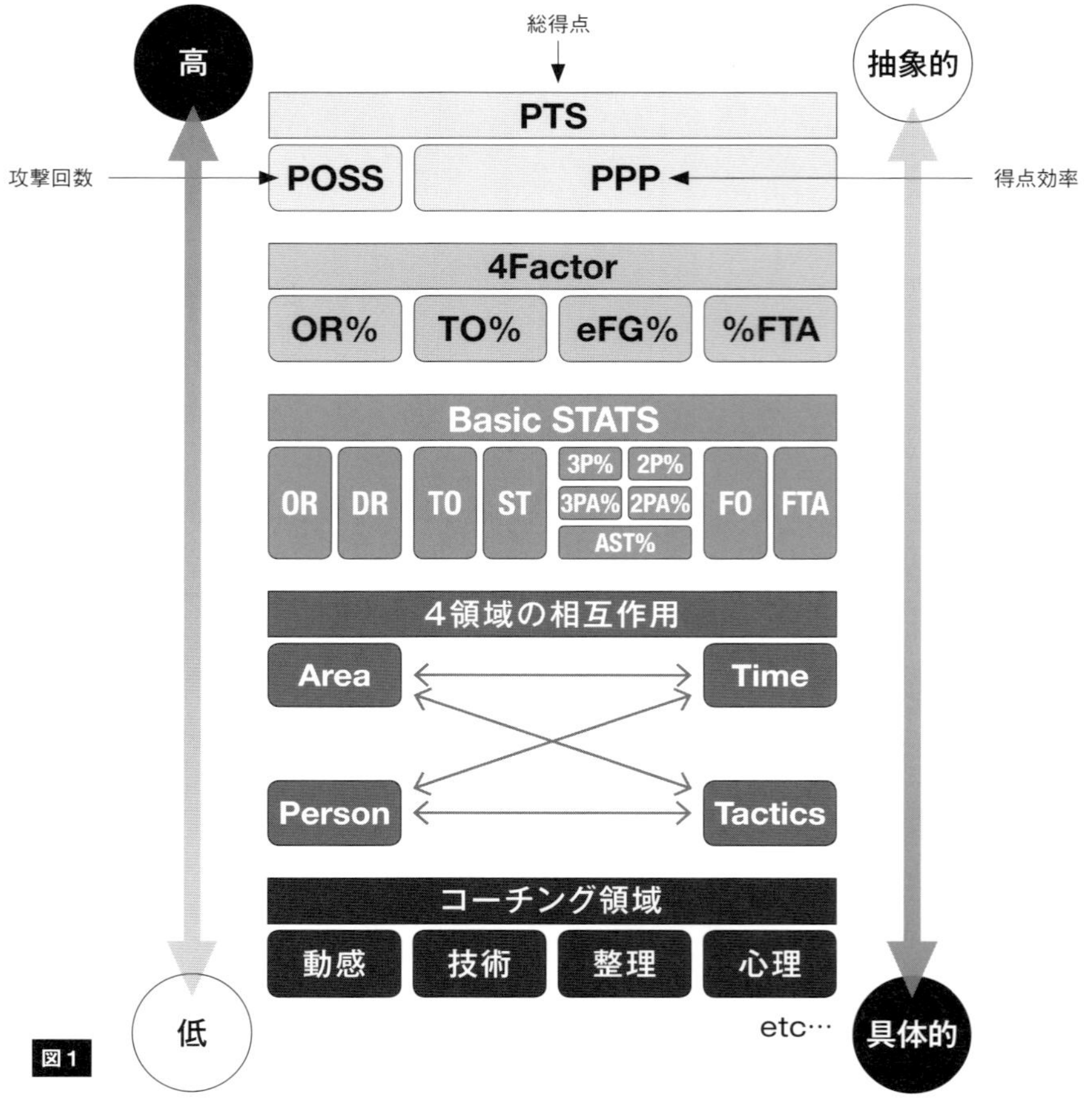

図1

影響を与える因子という位置づけに配置されている。以前のバージョンでは、eFG%の下部にAST%は存在しなかった。ここに、「グッドパス」に対して考察を深めるヒントが潜んでいる。

AST%が増えるとeFG%が上がる

一般的に、アシスト数が多いチームは、そうではないチームと比較し、効果的なオフェンスを展開していると評価されることが多い。仮に、比較する両チームの総得点数が同じだとしても、だ。実際、アシストが記録される得点シーンというのは、相手ディフェンスを翻弄し、味方選手へパスが成功し、鮮やかなシュートシーンが多くなる。そのため、ハイライトシーンなどでも多く使われるシチュエーションである。

アシストが記録されない得点シーンは反対のケースも多い。もちろん、なかには数字上ではアシストが記録されないだけで、鮮やかなチームプレーの連携から得点となったケースもありうる。一般的にはドライブインから苦しい体制でショットを放った場面や、ひとりの選手が複数人の選手に囲まれながらシュートを決めたシーンなどが想定される。それらのシーンもハイライトで採用されることはあるが、一般的には、

eFG%とPPPの関連

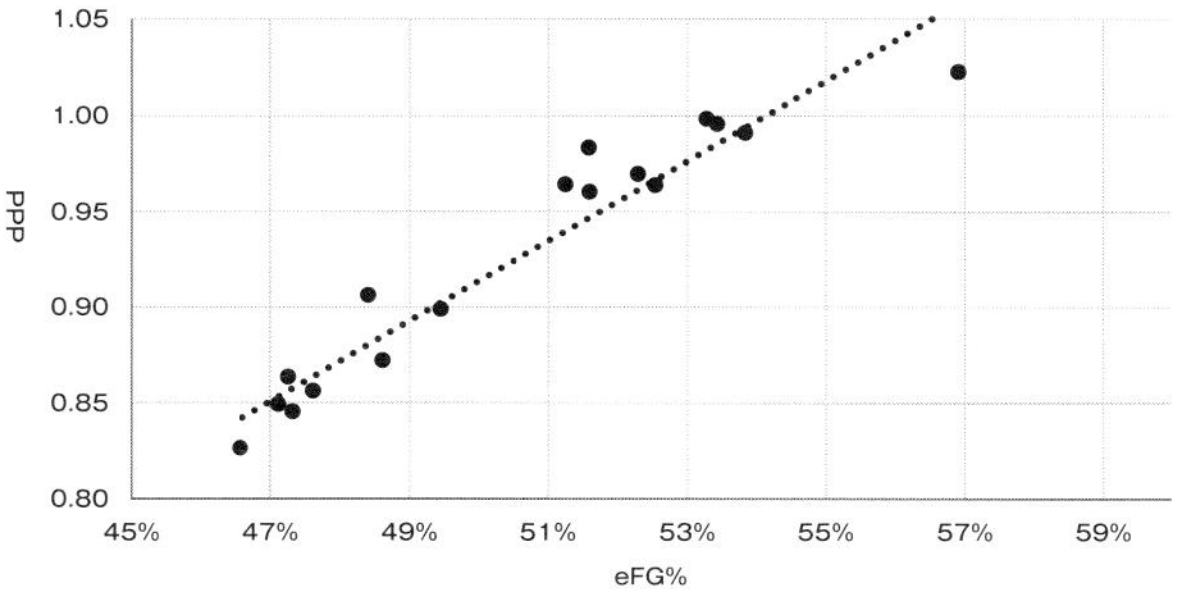

(r = 0.96, p < 0.01)

eFG%とAST%の関連

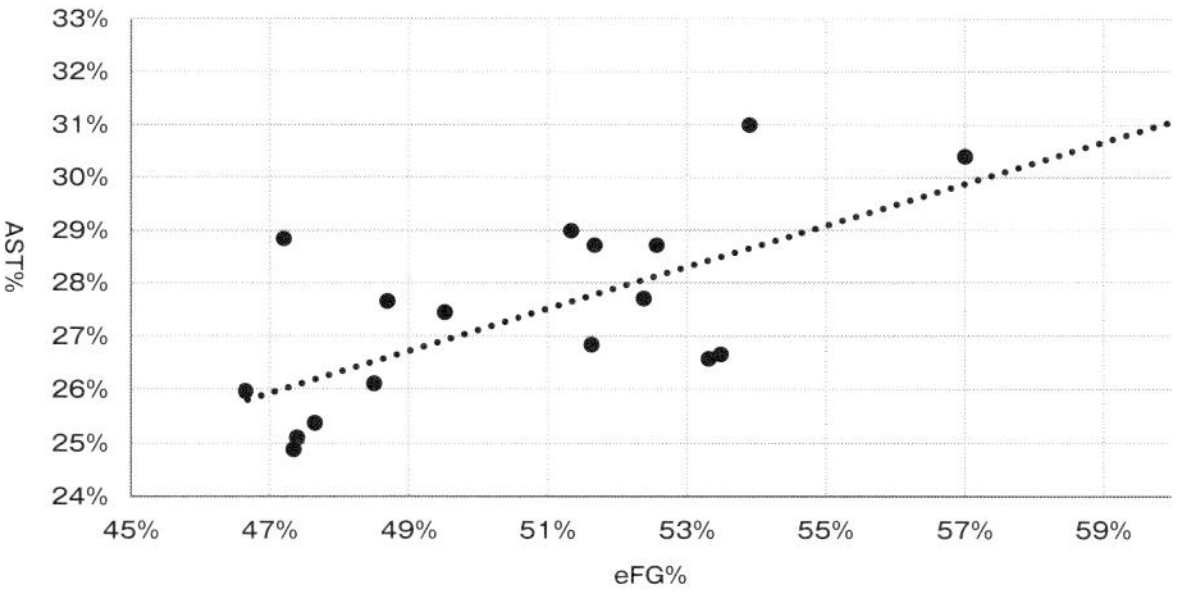

(r = 0.66, p < 0.01)

図2

それ以上にシュートが外れた場面も多いはずである。アシスト数が多いほど、チームとしてよいオフェンスを展開していると言われる理由でもある。

木村は、AST%とFG%の相関関係を改めて調査をし、そのような通説にも数字的な根拠を得た。AST%の重要性に対する確信を深めている。

「このグラフは、Bリーグ2018-2019シーズンにおける、各チームのPPPとeFG%とAST%を比較したものです。

このふたつのグラフを使うと、アシストが増えれば増えるほど、eFG%が増えていることがわかります。eFG%が上がれば上がるほど、PPPが上がり、PPPが上がるほどPTSが増え、試合に勝つことができる。ですので、改めてアシストは重要だと考えています」

プレーの前後関係を明確に。『Synergy』の有効活用

ただし、木村は「選手にAST%が増えれば試合に勝てる」と伝えるだけでは不充分であると感じている。本人の言葉を借りると「より具体的にかみ砕いて」伝える必要性を実感し、試行錯誤を繰り返している。

そのひとつが、Bリーグが導入しているバスケ専用分析ツールの『Synergy』の活用だ。NBAをはじめとした、世界各国のリーグで採用されているシステムで、シーズン中、各節の試合終了後12～24時間以内には、全試合の系統別のプレー映像や、各種の数字的なデータが提供されることが特徴だ。

同システムにアクセスできるコーチや選手は、膨大な量の情報に触れることができる。木村は情報の質を高めるため、プレーの前後関係を示すようにしている。全体像を意識しながら、個別の映像や情報に触れられるようにしている。

「Synergy上での項目からアシストの前後関係を具体的に分析すると、〝アシストにより生み出されるプレー〟と〝アシストを生み出すプレー〟のふたつがあると考えています。

　アシストにより生み出されるプレーは、Spot Up、Cutting、PnR Roll Man、Off Screen、Transitionという5つが挙げられます。それぞれ、あくまでもSynergy上の大きな括りでは、クローズアウトシチュエーションするプレー、スペースに対して飛び込んだあとにパスを受けてシュートするプレー、ピック&ロールのあとにスクリナーがボールを受けてシュートするプレー、ボールを保持していない選手に対して行うスクリーンプレー、ディフェンスリバウンドなどのあとにディフェンスの体制が整っていない隙に得点するプレーなどを意味します。

　そしてアシストを生み出すプレーはPnR Handler、Post Up、ISOの3つが挙げられます。こちらもSynergy上の大きな括りでは、ピック&ロールを起点としたプレー、ポストアップを起点としたプレー、そして1対1のプレーを意味します。ただ単に系統別の映像に触れるのではなく、各項目の関連性を示すことを重視しています」

　以上のような全体像を理解していると、自チームおよび対戦チームの戦術を踏まえてプレーを振り返ることができる。さらに高い視点からプレーを分析することが可能になるのだ。

「試合で対戦相手に勝つためには、さらに踏み込んで考える事が重要です。アシストであれば、自チームや、対戦チームの戦術と照らし合わせ、『必要となるアシストの種別』をチームで共有する必要があります。この考え方は、スカウティングでも、自チームの分析でも、そしてユース年代の育成の現場でも活かせると考えています」

　Synergyの特徴は、各場面別でのプレー映像だけではなく、そのシチュエーションの中で選手が選択したプレーの頻度や、その成功率が示されることだ。前述のフレームワークとの連動で、より的確に情報をつかみ取れるようになる。

「Post Upを例にとると、大きく分類すると、自分が攻めているときの成功率と、味方へのパスをした場面での成功率のデータが得られます。仮に、自分が攻めている時の成功率が高いとすると、このデータからもさまざまな要因が考えられますが、Post Upのあとに自分で仕掛けることを得意とする選手であることがわかります。フレームワークの下部にある『人・戦術・時間・空間』の領域です」

道標を示し、プレーを正しく把握する環境を構築

　例えば、PnRでは、自らショットに行ったケース、Cuttingにパスをしたケース、Spot Upにパスをしたケース、Roll Manにパスをしたケース、それぞれの頻度とPPPなどがわかります。パスが多い選手なのか、シュートが多い選手なのかという傾向を分析できることはもちろんですが、さらに深い分析を可能とする情報を示してくれます。これらのスタッツを活用することで、その選手のハンドラーとしての成功率とパスをした時の成功率の比較が可能です。さらに、パスをするエリアや人のパターンの頻度を見ることができます。それらの情報をチーム戦術と合わせて考えることが重要です」

　バスケットボールはチームスポーツである。同時に、局面、局面においては、選手個人の瞬時の判断の積み重ねで構成される特性も持つ。チームとして高いパフォーマンスを発揮するには、チーム戦術に合致したうえでの選手個々の判断力向上が欠かせない。道標を示すことで、全体と部分とを相互に行き来が可能となるように留意している。

コーチングスタッフ間での情報共有・交換

　木村の思考は、映像や情報の分析だけに留まらず、スタッツや映像に対する考え方の整理まで及んでいる。そして、チームのパフォーマン

スアップに貢献する余地が残されていると考え、意欲的な取り組みを続けている。

今シーズン、千葉ジェッツふなばしにはスキルディベロップメントコーチとして大村将基が加入した。男子日本代表チームでもサポートコーチとして活躍する人物であるが、大村との情報共有を通じ、大野HCが目指すバスケットボールの実現に向けた取り組みをスタートしている。

「今シーズンからは、大村将基氏がスキルディベロップメントコーチとして加入しました。大村氏が担う役割は、チームの戦略を遂行するために、各個人に必要とされるスキルの抽出や習得させることです。豊富なバスケットボール知識や鋭い分析力、素晴らしいスキル指導能力をお持ちの方で、日々、自分自身も勉強になっています。大村氏に映像やスタッツ情報の共有・交換をしています。分析の精度を高めることや、新しい視点の提供に貢献し、各選手のスキルの向上に役立てたいと考えているためです」

"生きた情報"に目を凝らし、耳を傾ける

木村は各種情報が貢献できる領域がまだまだ存在すると考え、勇気を持ってさまざまなことに挑戦している。同時に、映像や数字では推し量れない領域にも強い関心を持ち、とくに実際にコート上でプレーする選手の生の感覚に目を凝らし、耳を傾けることを大切にしている。

「私はデータを扱う仕事をしていますが、選手のほうが"生きた情報"を持っています。相手がデータどおりに動いているのに、選手が対応できないのは、選手だけが感じている情報があるからで、選手ともコミュニケーションを取って感覚とデータとの差を埋めるようにしています」

改めて「グッドパス」について聞くと、考えのコアとなるのは、競技特性に応じた数字的な視点であることは変わらない。ただし、結果だけを評価材料とした画一的な評価の不充分さについて改めて強調する。

profile

木村和希（きむら・かずき）

1993年6月21日、大阪府出身。日本経済大学在学中にバスケットボール部のアナリストとして活動を開始。福岡大学大学院スポーツ健康科学研究科を経て、2017-2018シーズンより現職。チームのパフォーマンスの最大化と、目標達成に向けて精力的に活動中。目標は「日本一のアナリスト」。

「冒頭に述べたように、パスに求めるのは、eFG%を高めることです。eFG%が上がればPPPが上がり、PPPが上がればPTSが増え、相手に勝利することができるからです。ただし、それだけではパスの良し悪しを断言することはできません。『アシストにつながったパス』と『ターンオーバーになったパス』は、プレーとしては紙一重の部分です。スタッツの記録上、『グッドパス』と『バッドパス』を定義することは可能ですが、両者は常に紙一重です。パスには数字だけでは表現できない奥深さがあると感じています。アナリストとしては矛盾した言い方になってしまっているかもしれませんが、数字上で示せることと、それができない数字上の限界を自覚しつつも、勝利の確率を高めるために必要なプレーのひとつとして、これからもパスを分析していきたいと思います」

木村のフレームワークの最下段には、コーチング領域として「動感」「技術」「生理」「心理」などが配置されている。アナリティクスの可能性や必要性を人一倍に感じつつも、数字や映像では推し量りきれない領域への存在を実感し、敬意を持っていることがわかる。その中庸さが、アナリストとして木村が注目される一因のようにも感じる。これからも、木村の分析を通じ、見えない世界が照らされていくことを期待したい。■

【歴史から考えるパス技術】

パスにまつわる歴史

The history of the pass.

バスケットボールが日本に定着し始めたのは1913年頃。当時はコートやボールも現在とは異なる規格だったが、そうしたなかでどんな戦術が用いられていたのか？　資料に基づき日本におけるバスケットの歴史を振り返ってみる。

text _ 小谷 究

バスケットボールは、1891年12月にアメリカ・マサチューセッツ州スプリングフィールドの国際YMCAトレーニング・スクールでジェームズ・ネイスミスによって創始されました。日本における歴史を紐解くと、1913年、日本YMCA同盟の体育事業専門主事の派遣要請に応え、アメリカからフランクリンH・ブラウンが来日したことを契機として、バスケットボールの本格的な定着、発展が始まりました(1)。ブラウンは、神戸、京都、横浜、東京とそれぞれのYMCAを通じてバスケットボールの普及に尽くしたため、当時の日本のバスケットボールはYMCAを中心に行われ(2)、1921年から開催された全日本選手権大会では第1回～第3回大会まで東京YMCAが3連覇を成し遂げています(3)。

ジェームズ・ネイスミス
(Courtesy of Springfield College)

この頃の日本では、ディフェンス側がボールを獲得したときに、フロントコートに残っているプレーヤーにロングパスを出すことにより、速い展開で攻撃するスリーパーオフェンスが採用されていました。今でいう「居残り速攻」に当たります。**図1**では、実線の矢印が人の動き、点線の矢印がボールの動きを示しています。

1920年代初期の日本において、スリーパーオフェンスが採用された背景には当時のディフェンス戦術がありました。図1でも確認できるように、スリーパーオフェンスは多くの場合、4人でのディフェンスを採用した際に用いられました。4人でのディフェンスを行う場合、ディフェンス側のプレーヤーの

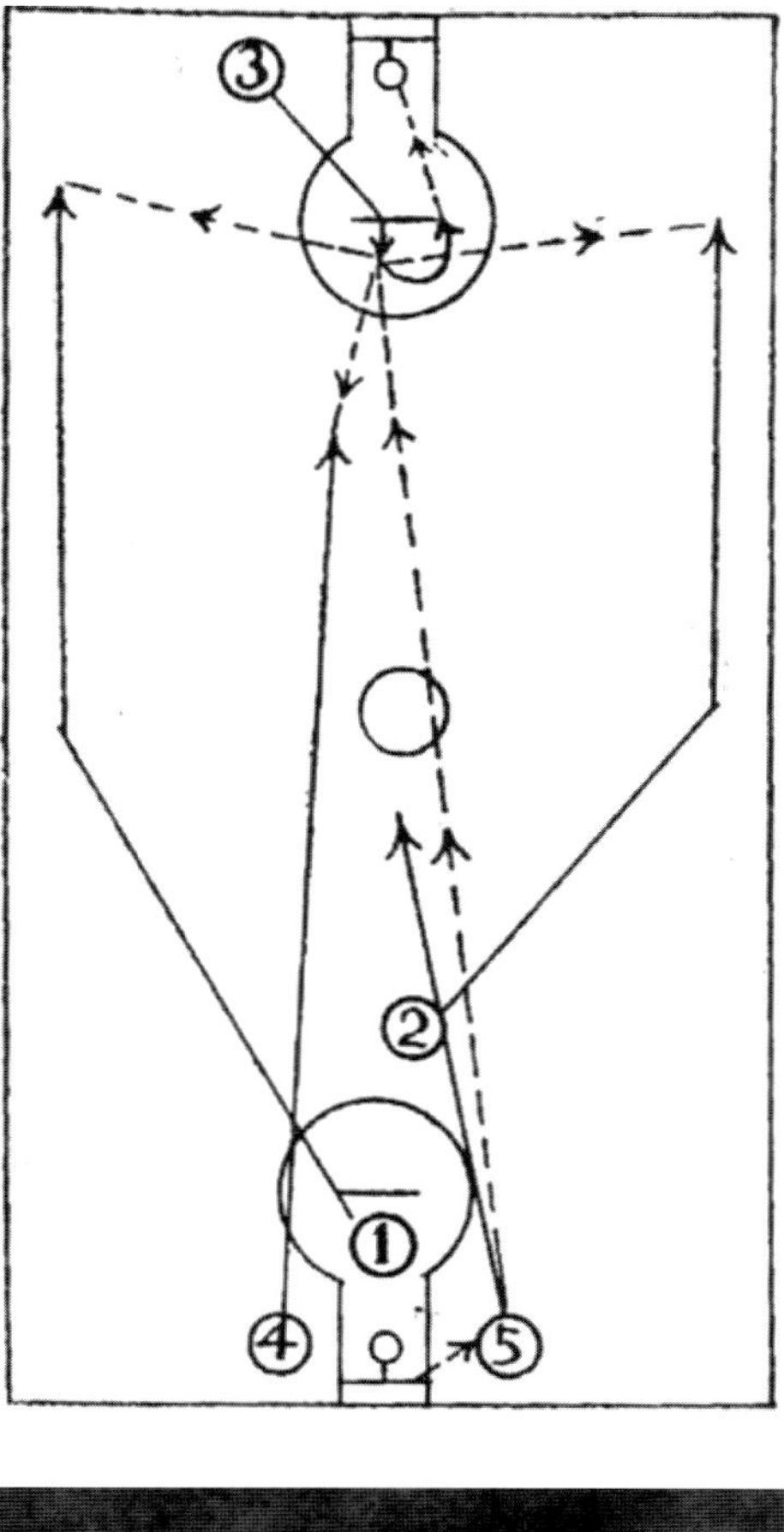

図1　スリーパーオフェンス
(安川伊三(1929)籠球競技法,目黒書店:東京,p.177)

うち1人はフロントコートに残ることになるため、ボールを奪った際にこのプレーヤーにロングパスを送るスリーパーオフェンスが可能になります。

1913年にバスケットボールの本格的な定着、普及が始まって以降、しばらくのあいだ国内では主にマンツーマンディフェンスが用いられました。1922年頃のポジションの内訳はフォワード2人、ガード2人、センター1人であり、今日用いられているポジション名や人数と変わりません。今日のバスケットボールではポジションに関係なく5人がオフェンスにもディフェンスにも参加しますが、当時の各ポジションの役割は主に、ガードがディフェンス、フォワードがオフェンス、センターはその両方と区別されていました。そのため、ゲームにおけるディフェンスの役割は、主にセンター1人とガード2人の計3人に任されていました。一方、オフェンスを行っていたのはフォワード2人とセンター1人の計3人でしたが、状況に応じて2人のガードのうち1人はオフェンスにも参加。その場合においても、ディフェンス側はフォワード1人がディフェンスに参加することで対応し、もう1人のフォワードはフロントコートに残っていました。つまり、当時の日本では主に4人以下のプレーヤーによるディフェンスが展開されており、スリーパーオフェンスの使用が可能だったと言えます。

当時のオフェンス戦術においてスリーパーオフェンスの有効性が認められた背景には、前述のディフェンス戦術以外にもドリブルの使用法がありました。用具および施設の側面から昭和初期までの国内バスケットボールにおけるドリブルについて考察した谷釜尋徳によると、日本において大正末期~昭和初期頃に誕生した国産ボールは、手縫い製法で作ら

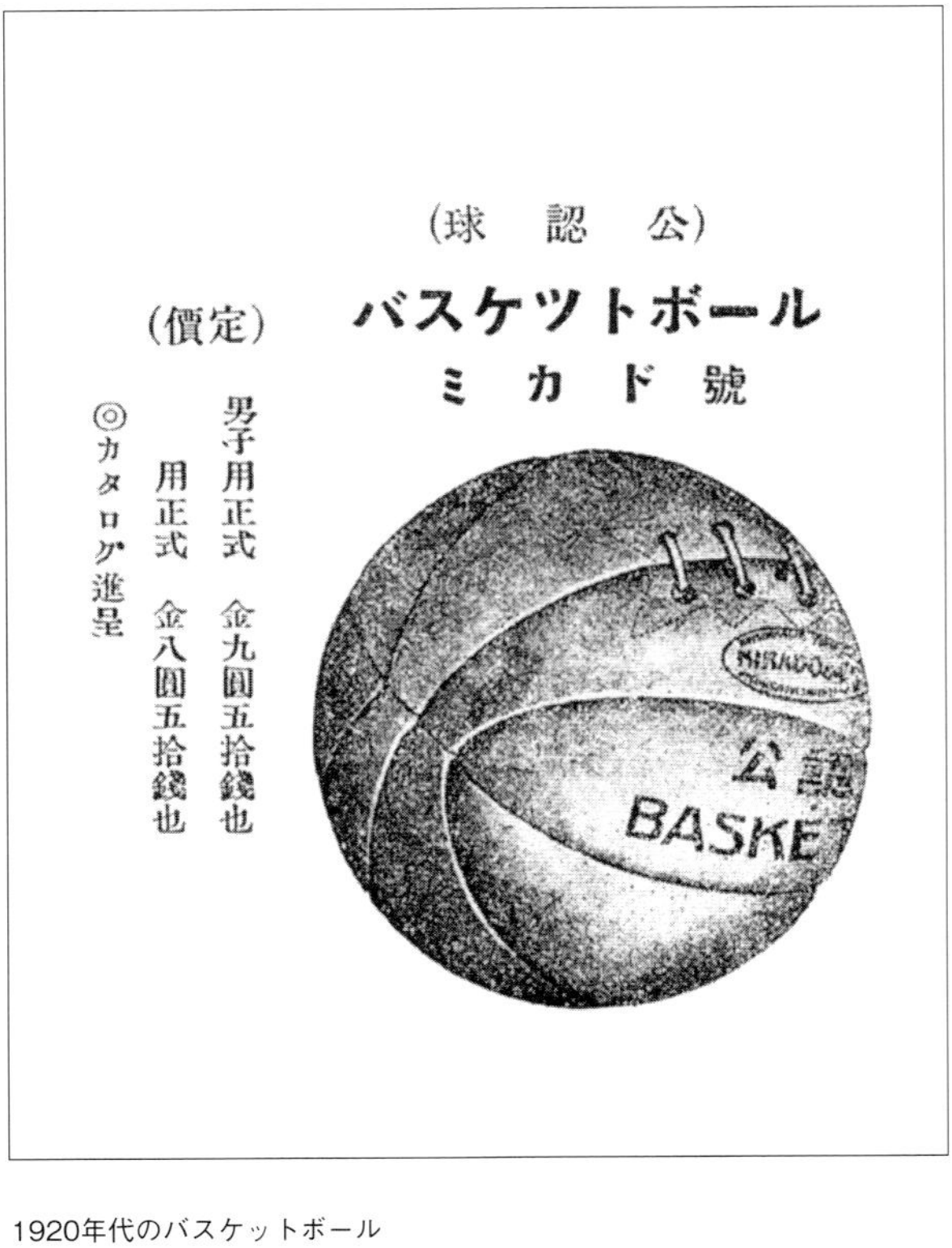

1920年代のバスケットボール
(大日本体育協会編(1929)体育と競技,8(2):広告)

写真1　ショルダーパス
（三橋義雄（1926）バスケットボール：広文堂：東京，写真）

れたために使用中に変形するという欠点を持っており、ドリブル中のイレギュラーバウンドは避けられないものでした[4]。

また競技移入当初のバスケットボールは、体育館不足に起因して屋外競技として行われたため、平坦な状態に保たれていない屋外コートの地面の影響を受け、ドリブル時には予想外の方向にボールが弾みました[5]。このように当時はボールの性能が悪く、さらに平坦でない屋外コートでバスケットボールが行われていたため、プレーヤーはボールを視野に入れながら身体の正面でつくというドリブルを余儀なくされていたのです[6]。これらのことから、1920年代初期の日本ではドリブルを多用するオフェンス戦術を採用することができなかったとみることができます。一方、スリーパーオフェンスはボールがコートの大部分をロングパスで移動するため、ドリブルをほとんど使用することなく攻撃することができます。そのため、ドリブルの使用が制限されていた1920年代初期の日本にあっても、スリーパーオフェンスが有効性を発揮しえたと考えることができます。

さて、スリーパーオフェンスは、バックコ

ートでボール獲得後、フロントコートにいるプレーヤーにロングパスを送る必要があります。それを可能とするショルダーパスの技術は、当時すでに国内で紹介されていました。１９２６年発行の『バスケットボール』では、ショルダーパスとして**写真1**が掲載されています。

今日においても、ロングパスをする際にはショルダーパスが用いられますが、ショルダーパスをする際には、ディフェンスプレーヤーにパスコースを読まれないように、なるべく小さなモーションで肩よりもボールを後ろに下げないよう指導されます。しかし、前述のショルダーパスの写真から理解できるように、１９２０年代の日本において使用されていたショルダーパスは、ボールを遠くへ投げるためにボールを後方へ引き、上肢、体幹、下肢と身体全体を使って投げるモーションが大きいものでした。このように、パスのモーションが大きいと、ディフェンス側にパスコースを読まれる可能性が高くなります。ただし、ゴール間の距離が短いコートであればスリーパーオフェンスで使用するショルダーパスの距離も短くなります。つまり、パスのモーションが小さくなり、ディフェンスプレーヤーにボールをカットされる危険性が低くなります。したがって、ゴール間の距離が短いコートではロングパスが通りやすくなり、スリーパーオフェンスが有効に機能しやすくなると言えるでしょう。

当時のコートにおけるゴール間の距離についてルールで確認すると、１９１７年に発行された完訳のルールとしては日本初とされる規則書『バスケット、ボール規定』において、コートのサイズは最大で縦27ｍ43㎝、横15ｍ24㎝と規定され、１９２５年に最大で縦28ｍ65㎝、横15ｍ24㎝と拡大されるまで改定されませんでした。つまり１９１７年からルール上は縦27ｍ43㎝、横15ｍ24㎝のコートでゲームを行うことができました。しかし、当時の国内主要大会はルールで規定されているコートの最大のサイズよりも狭いコートが使用されていました。１９２３年頃の日本では東京ＹＭＣＡが日本において唯一の代表的な屋内コートとして位置づけられており、１９２３年の第3回全日本選手権大会兼極東大会予選といった主要大会は、東京ＹＭＣＡの体育館で開催。１９１７年に開館された東京ＹＭＣＡの体育館の2階には縦17ｍ27㎝、横23ｍ33㎝の体育館が設けられており、ここでバスケットボールの大会が行われました。

１９１７年発行の『バスケット、ボール規定』では、コートは幅5・08㎝以上のラインで描き、体育館の壁からサイドラインまでの距離を91㎝以上空けることが規定されていました。この規定に従うと東京ＹＭＣＡ体育館に設置されたコートのサイズは最大でも縦22ｍ42㎝、横16ｍ36㎝だったことになります。これは現在用いられている縦28ｍ、横15ｍのコートと比べると、ゴール間の距離はかなり短いものです。

さらに、東京ＹＭＣＡ体育館と並び、国内の主要大会で用いられた明治神宮外苑競技場に設置された屋外コートも、縦24ｍ38㎝、横12ｍ19㎝と、現在のものよりゴール間の距離が短いものでした。このように、当時のゲームで使用されたコートはゴール間の距離が短く、スリーパーオフェンスにおいて使用するショルダーパスの距離も短くて済んだことで、ロングパスのモーションを小さくすることができ、ディフェンスにコースを読まれてカットされることなく、スリーパーオフェンスの使用を有効にしたとみられます[7]。■

写真２　東京YMCA体育館のバスケットボールコート
（李想白（1930）指導籠球の理論と実際．春陽堂：東京，p.49）

profile
小谷 究（こたに・きわむ）

1980年石川県生まれ。流通経済大学スポーツ健康科学部スポーツコミュニケーション学科助教。流通経済大学バスケットボール部ヘッドコーチ。日本バスケットボール学会理事。日本バスケットボール殿堂『Japan Basketball Hall of Fame』事務局。2003年、日本体育大学体育学部体育学科卒業。日本体育大学大学院博士後期課程を経て博士（体育科学）。専門はバスケットボールの戦術研究。大学ではコーチング学の授業を担当。2007～2009年、日本体育大学男子バスケットボール部ヘッドコーチ。

1）日本バスケットボール協会広報部会編（1981）バスケットボールの歩み．日本バスケットボール協会：東京，pp.43-45.
2）牧山圭秀（1981）バスケットボールの技術史，岸野雄三，多和健雄編、スポーツの技術史（3）．大修館書店：東京，p.378.
3）日本バスケットボール協会広報部会編（1981）バスケットボールの歩み．日本バスケットボール協会：東京，pp.60-61.
4）谷釜尋徳（2008）日本におけるバスケットボールの専用球の改良とそれに伴うドリブル技術の発達に関する技術史的考察．スポーツ運動学研究，（21）：56.
5）谷釜尋徳（2009）日本におけるバスケットボールの競技場に関する史的考察―大正期～昭和20年代の屋外コートの実際に着目して―．スポーツ健康科学紀要，（6）：35-36.
6）谷釜尋徳（2008）日本におけるバスケットボールの専用球の改良とそれに伴うドリブル技術の発達に関する技術史的考察．スポーツ運動学研究，（21）：56.
7）小谷究（2013）1920年代の日本におけるバスケットボール競技のファストブレイクに関する史的研究：スリーパー・オフェンスの採用と衰退に着目して．運動とスポーツの科学，19（1）：67-79.

【科学的な視点から考えるパス技術】

バスケットボールにおける「優れたパス」とは

南山大学／日本バスケットボール学会理事

飯田祥明

飯田祥明は南山大学バスケットボール部（男女）の部長であり、日本バスケットボール学会理事を務める。専門はバイオメカニクス、トレーニング科学で、スポーツ科学に関する教育・研究を進めるとともに、バスケットボールの現場でのスポーツ科学の活用を推進している。科学の視点から「優れたパス」を説明してもらった。

優れた投球動作に共通する要素

バスケットボールにおけるパスは投球動作のひとつで、その基本的な仕組みや効果的な動作の特徴は、ほかのスポーツの投球と共通している部分も多く見られます。ここでは、バスケットボールに限らずさまざまな運動に関する科学的なエビデンスを軸に、「優れたパス」に必要な要素について考えていきたいと思います。

パスの速度・飛距離を高めるための要素

パスを特徴づける最もシンプルな要素は、どれだけ速く・遠くに飛ばせるかということでしょう。そして打ち出す角度と高さが同一であれば、基本的に初速度（手からボールが離れた瞬間の速度）が大きいほど飛距離が大きくなる関係にあるので、ボールの初速度を高めることがひとつの重要なポイントとなります。

■ 全身の動員

図1は子どもが投球を習熟させ、飛距離を

伸ばしていく過程を示しています。2歳ごろの投球動作例では肩より先だけが動き、体幹部や下肢はほとんど動いていないことが見てとれます。しかし、年齢を重ねるごとに、体幹や下肢の運動が大きくなり投球に全身が用いられるようになります。

■ムチ動作

図2は人間の身体を模式化した図です。身体の末端で物体に力を加えるには、ムチのように根本から順々に運動を起こし、その速度を末端へ伝えていくことが効果的であるとされています。このようなムチ効果はさまざまな運動において観察されますが、投球の際はボールに直接力を与える末端部の速度獲得に貢献しています。

これらの現象は片手投げをモデルとして説明されることが多いため、読者の中にはバスケットボールで頻繁に用いられるチェストパスのような両手パスにも当てはまるかを疑問視する方もいるかもしれません。しかし両手投げであっても、ボールの飛速度や飛距離を主に決定するのはボールが手から離れた際の高さと角度と速度であることには変わりありません（**図3**）。したがって、ここまで紹介した「全身の動員」と「ムチ動作」はバスケットボールで用いる多くのパススキルにおい

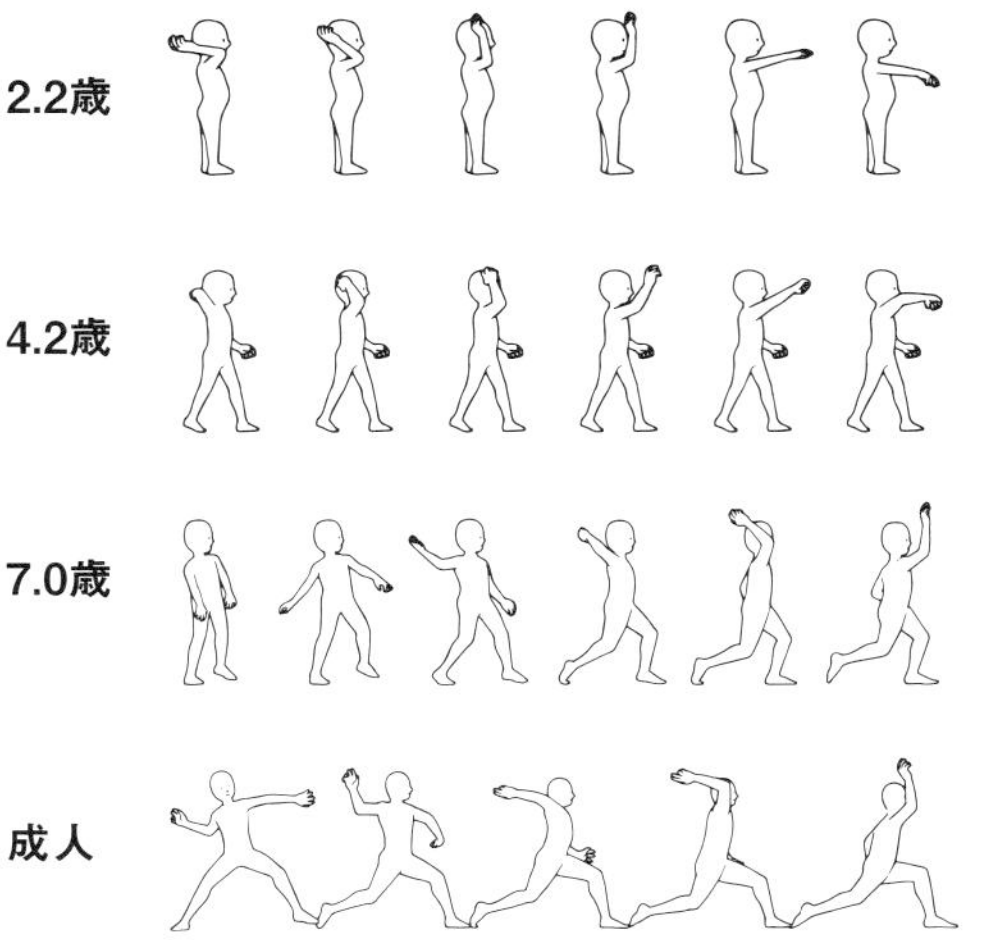

図1　「金子公宥　スポーツ・バイオメカニクス入門　第三版p67を改変」

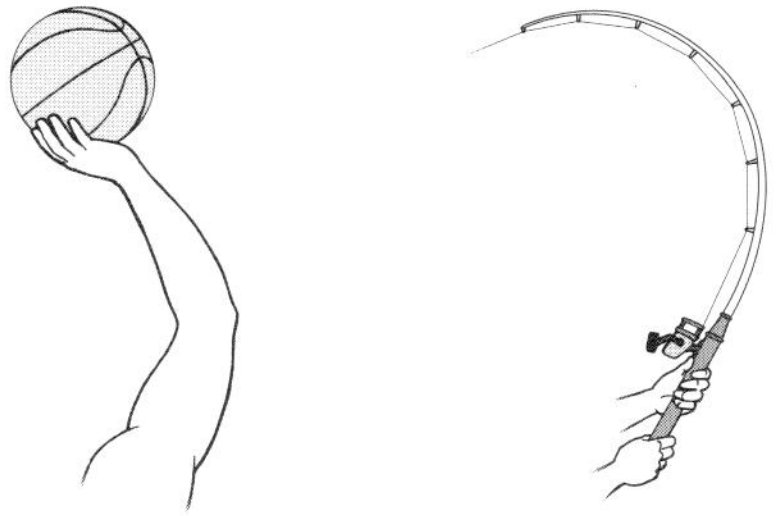

からだのムチ作用モデル

図2　「金子公宥　スポーツ・バイオメカニクス入門　第三版p67を改変」

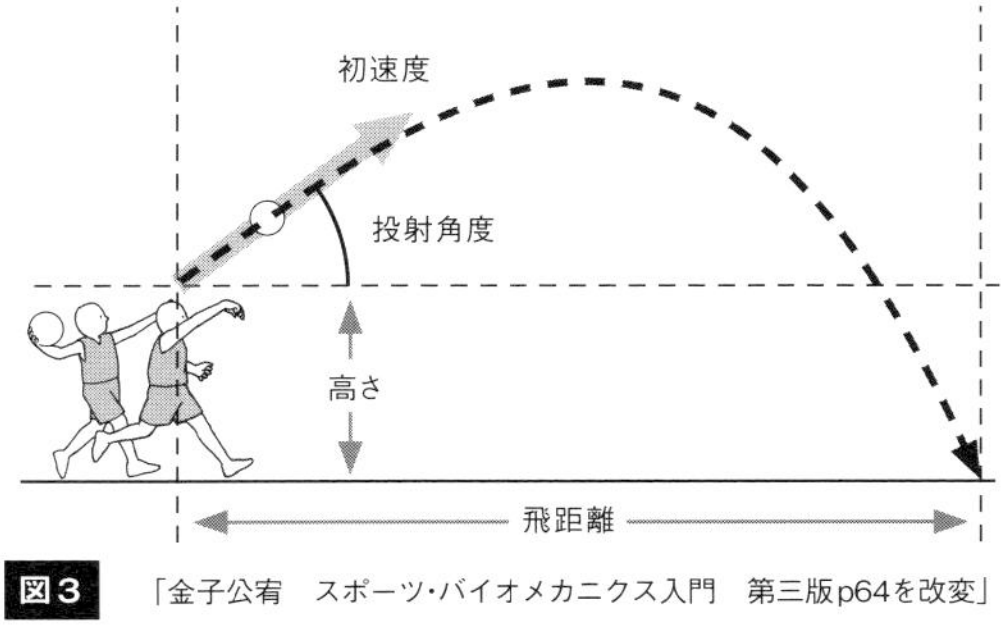

図3　「金子公宥　スポーツ・バイオメカニクス入門　第三版p64を改変」

て有効であろうと推測されます。

■土台となる筋力の重要性

また、忘れていけないのは、運動の動力源である「筋肉」の性能です。先述したようなテクニックがあったとしても、筋力不足の状態では球技の中でもとくに重量が大きいバスケットボールで力強いパス、速いパスを実現させることは難しくなってきます。バスケットボールは非常に多くのパススキルが存在しますが、動員される筋肉はそれぞれで異なります。飛距離・スピードを高めたいパスにおいてメインで働く筋肉を把握し、ウエイトトレーニングやプライオメトリックトレーニングによって、まずは土台となる充分な筋力を養うことが必要です。

回転の大事さ

ボールがどのような軌道で飛ぶかは、主に手から放たれたときの高さ、速度、投射角度で決定されます（**図3**）が、これらに加えて滞空中のボールの挙動に関わってくるのが回転です。ここではバスケットボールでとくに強調されることが多いバックスピンについて、その効果と生じるメカニズムを考えてみましょう。

■マグヌス効果

図4はバックスピンがかかったボールが空気中で受ける力を模式化したものです。バックスピンがあることによって、ボールの上下で気圧差が生まれ、結果としてマグヌス力という「浮く力」が生じます。

■軌道の安定

図5は野球のストレートとフォークの高さ変化を比較したものです。ほぼ無回転のフォークボールは重力によってどんどん降下していきます。これは滞空した物体が自然に落下する自由落下に近い状態です。一方で、バックスピンのかかった球であるストレートは先ほど説明したマグヌス効果によって比較的降下が抑えられているのがわかります。バスケットボールは野球のボールと比較してかなり重いため、バックスピンによる降下抑制効果は野球のボールほどではないと推測されるものの、無回転やトップスピンよりは直線的な軌道を保ちやすく、飛距離の獲得にも貢献すると考えられます。

■バックスピンをかけるには

それでは、バックスピンをかけるためにはどのような要素が必要なのでしょうか。まずは、強いスナップを可能とする手首の屈曲筋力が必要であることは明らかです。しかし、強い手首の屈曲筋力があれば、必ずボールの回転をコントロールできるわけではありません。ボールの回転には「どれだけ力を加えたか」だけでなく「どこに力を加えたか」が強く関係します。**図6**は同じ力を物体の違う位

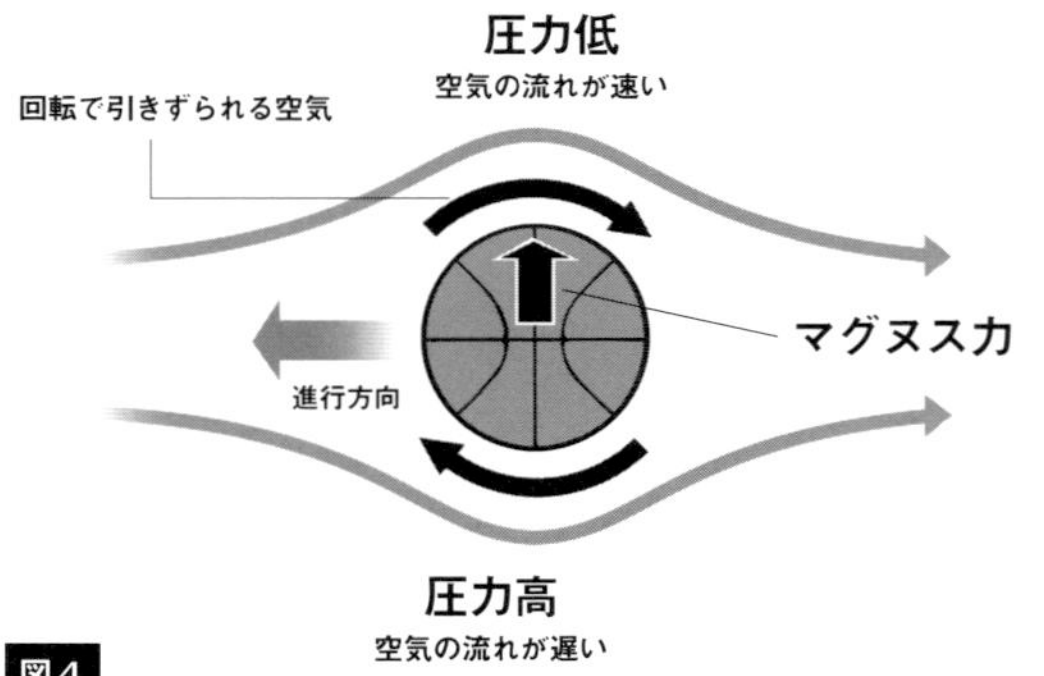

図4

金子公宥　スポーツ・バイオメカニクス入門　第三版p78にも同様の図があります

置に加えた結果生じる運動を示したものです。

物体の重心（重さの中心）を通るように力を加えた場合は、回転は起こらずに並進運動のみが生じます。一方で重心からずらして力を加えた場合は、並進運動に加えて回転運動が生じます。つまり、バスケットボールで考えると、ボールの下方に力を加えることでバックスピンを発生させることが可能となります。

バスケットボールのパスの特異性

ここまでは、バスケットボールに限らない、スポーツ全般に共通するパスの要素（速度、飛距離、回転）について説明してきました。

しかし、バスケットボールにおけるパスは「速く」「遠くに」「安定した軌道」であれば、すなわち優れたパスであるわけではありません。とくに「ディフェンスに取られない」という要素は、バスケットボールにおける優れたパスに必須な条件であると言えるでしょう。

■コンパクトなモーション

「速いパス」は確かにボールがオフコントロールになっている時間を短くでき、パスカットの危険性を軽減してくれます。しかし、いくらスピードのあるパスでもボールを離すまでのモーションが大きく時間がかかるフォームでは、ディフェンスに予測や反応をする機会を与えてしまい、パスの成功率を下げることにつながりかねません。人間は、選択肢がない単純な反応であっても、身体全体が動くまでにはおおよそ0・3秒から0・4秒かかります。したがって反応が間に合わないような素早いモーションでのパスを遂行できれば、少なくとも目の前のディフェンスにパスカットをされる可能性を大幅に減らすことができると考えられます。

■予測されないパス

さらに、人間の反応時間は選択肢が多いほど長くなる傾向にあることにも注目すべきです。つまりディフェンスは、パスしか出さないとわかっているプレーヤーのパスには素早く反応できますが、パス以外のプレーを選択肢として持っていたり、パスのコースやタイミングが読めなかったりするプレーヤーのパスには素早く反応することが難しくなります。試合を盛り上げるパスのひとつであるノール

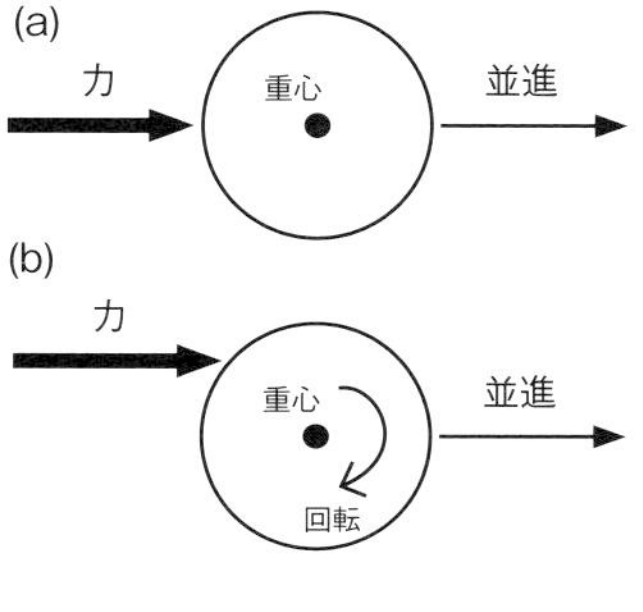

図6　阿江　藤井　スポーツバイオメカニクス20講　p73を改変

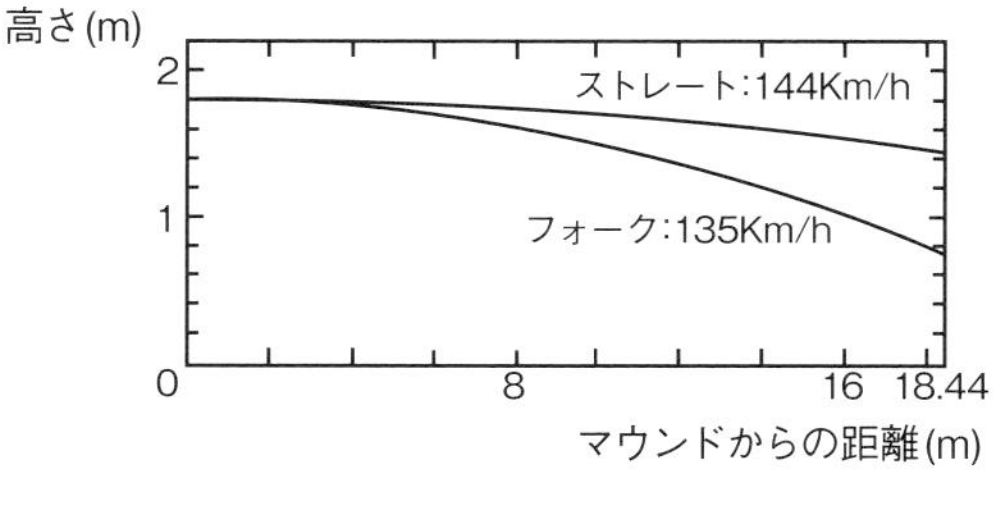

図5　日本風工学会誌　第70号　平成9年1月
沈む魔球フォークボールの空気力学　を改変

ックパスやビハインドバックパスは、単に派手でかっこいいのではなく、コースを予測されにくい非常に合理的なパスなのです。逆に、このようなテクニックを用いたとしても、ディフェンスにコースやタイミングを予測されてしまっていては意味がありません。

■優れたパスを支える「ナイスキャッチ」

一方で、ディフェンスにカットされなかったとしても味方のオフェンスにキャッチしてもらえなければ、バスケットボールの競技特性上、優れたパスであるとは言えないのも現実です。先述したようにディフェンスから取られないパスには、球速の速さやモーションのコンパクトさや予測しにくさが重要です。これらの特徴はディフェンスにカットされにくいのと同時に、オフェンスもキャッチしにくくなるというリスクをはらんでいます。もちろん、ディフェンスには取られにくく、かつオフェンスにはキャッチしやすいパスコースやタイミングもありますが、基本的にカットしにくさとキャッチしやすさはトレードオフの関係にあると言えるでしょう。つまり、味方のキャッチがうまくなければ、いわゆる「攻めたパス」を成功させることは難しくなってきます。

■スピードパスをキャッチするには

ここでは、ディフェンスにカットされないという条件をクリアするためのひとつの要素であるスピードの高いパスをキャッチする方法について考えていきましょう。**図7**は同じスピードのボールを異なる受け止め方でキャッチした場合に、手にかかる力を模式化したものです。力の最大値に注目すると、短い時間でのキャッチでは大きな力が生じているのに対し、長い時間をかけてキャッチした場合は比較的かかる力の最大値を抑えることができています。短い時間でのキャッチで生じる大きな力はボールの確保を困難にするだけでなく、突き指などの可能性も高めるものと推測されます。一方で、長い時間でのキャッチでは大きな力が生じない「柔らかなキャッチ」であると言えます。この違いは、物体の勢い（重さ×スピード）が同一の場合、受け止め方が異なっても力の大きさが描く面積は同じになるという特性からくるものです。

それでは、後者のような柔らかいキャッチを実現するにはどうすればいいのでしょうか。そのひとつとして挙げられるのが、パスを受

面積（ボールの勢い）は同じ

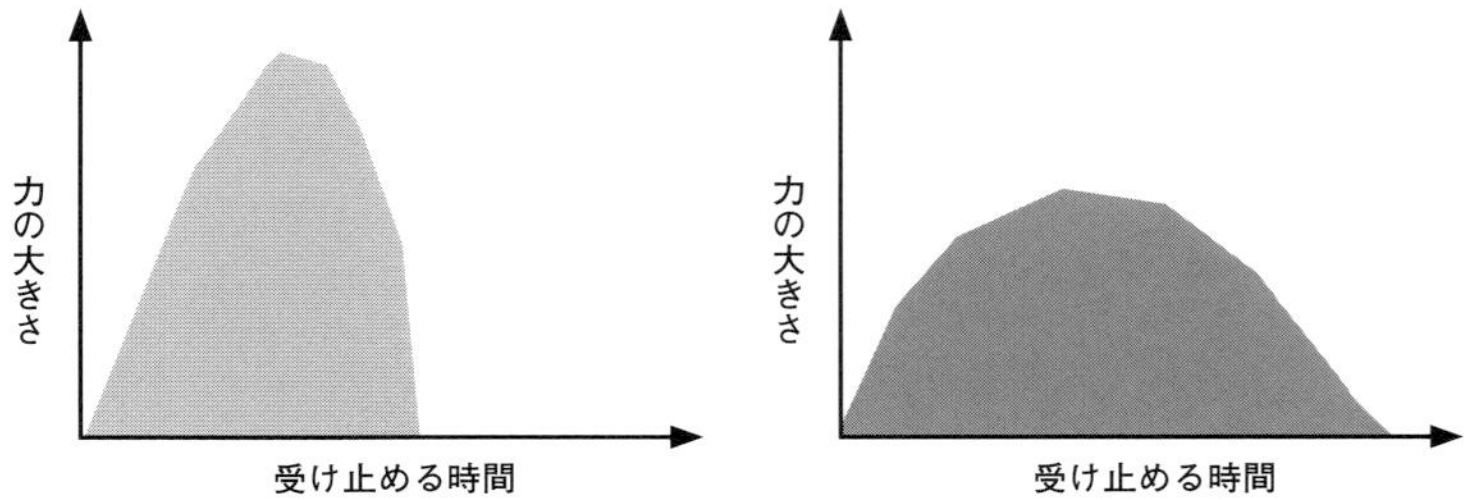

図7　受け止める時間と力の大きさの関係

け止める距離を伸ばすという方法です。図8にあるように、パスを迎えに行くように手を伸ばし、ボールを受けながら自分に引き寄せると、ボールを受け止める時間を伸ばすことができ、その結果、柔らかいキャッチが可能となります。一方で図9のように手を引いた構えや、手が伸びたまま引き込まない動作は大きな力が生じる「痛いキャッチ」になってしまう可能性が高くなります。

もちろん「柔らかいキャッチ」がすべての場面で優れたキャッチであるわけではありません。状況によってはタッチパスのようにボールを受け止める時間を極端に短くした、跳ね返すような受け止め方が有効な場面もあることは理解しておく必要があるでしょう。

科学的な視点の活用

ここでは「優れたパス」を科学的な視点から考えてきましたが、現実にはこれらのことを理解していない素晴らしいパサーもいますし、逆に理解していてもできないプレーヤーもいます。科学的な視点がすべてを解決してくれると盲信するのではなく、あくまで指導や学習のひとつの糸口として活用する意識を持っていただけると幸いです。■

図8

図9

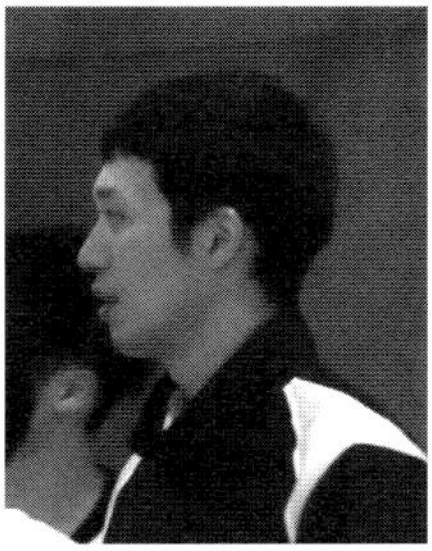

profile

飯田祥明(いいだ・よしあき)

1985年長崎県生まれ。南山大学体育教育センター／理工学部講師。南山大学バスケットボール部(男女)部長。日本バスケットボール学会理事。長崎東高等学校→早稲田大学スポーツ科学部→東京大学大学院総合文化研究科を経て博士号(学術)を取得。専門はバイオメカニクス、トレーニング科学。スポーツ科学に関する教育・研究を進めるとともに、バスケットボールの現場でのスポーツ科学の活用を推進している。

［スキル特集］

パス技術の水準を高める。

conclusion

さまざまなパスの上質さに触れて

鈴木良和

株式会社ERUTLUC

成長のための環境をいかに整備していくか

　さまざまなカテゴリーで指導されているコーチの考え方、現役プレーヤーの考え方、研究者や専門家の考え方、実にさまざまな角度から「パス」という技術の上質さに迫ってみました。

　今回の執筆者（取材対象者）の方々の考え方を整理していて興味深かったのは、パスの技術を磨くうえで「ディフェンス」の存在が重要だという方が多かったことです。

　網野氏は、海外の選手との戦いの中で日本では通ったパスが通らないという経験をしたとおっしゃっていました。そういう経験を通じて、パスをもっと速く出さなければならないという意識が高まったり、パスを出すときにディフェンスを見る意識が高まったり、そうした必然性が技術の上質さを求め、技術の成長につながることはとても自然で原則的な技術の向上のステップです。片峯氏も、オフェンスの成長にはディフェンスの成長が必要とおっしゃっており、藤岡選手も「パスの成長にはもっと実戦練習や対人練習が必要」とおっしゃっていました。また、前田浩行氏は「チェストパスが弱いからだ」と指摘されていました。パスの上質さを求めるには、パスが上質でなければならない環境が必要だということです。松井選手も、上のレベルを経験することが大事だと指摘していましたし、練習のルールでもディフレクションされたら交代というルールを紹介してくれました。

　いくら口で「激しくディフェンスしろ！」と言っても、こちらが思う激しさと、選手がイメージしている激しさにズレがあることも多く、言葉で選手を動かすことはとても難しいものです。海外の優秀な指導者の特徴は、言葉による行動変容以上に、ルールによる行動変容を上手に使うところです。ルールは、そのルールが発動しているあいだは常に選手たちに一定の力学を与えます。ディフレクションしたら交代というルールがあることによって、ディフェンスからオフェンスに交代したい選手たちは、激しくディフェンスするようになるでしょう。このように、パスの技術を磨くにはディフェンスのインテンシティ（強度）が重要であり、そのディフェンスの高い強度を引き出すようなドリルの工夫やルールの工夫が重要になるのだと思います。そして

成長のためには、目先の勝利よりも優先すべき経験がある。

なにより、ディフェンスに優れた相手がいる環境に身を置くということは選手を成長させる大きな要因になると学ぶことができました。

そして、もうひとつ重要なメッセージになっていたのは、「失敗」に対する姿勢です。塩野氏はそのチームビルディングの中で、失敗しても次なるチャレンジが保証されているという心理的安全性を担保するマネジメントをしていました。前田氏も、「ミスをしないからミスから学ぶことができない」と指摘していたとおり、日本では失敗が許容されないような文化があり、多くの場合、選手たちは失敗しないようにプレーを選択しがちです。そして、指導者が失敗しないための手ほどきをしすぎてしまう。その結果、選手はますます依存的な性質を強くし、自立できない、自分で考えられない、自分でリスクを負えない選手が増えていくという悪循環になっていきます。アルバルク東京U15の取り組みは、まさにこの問題に対するチャレンジとして、とても価値があるものだと感じました。「成長のためには、目先の勝利よりも優先すべき経験がある」というメッセージに、ヨーロッパの選手育成が成功している真理があるように感じました。今、目先の大会で勝つことを重視しすぎるあまり、選手の将来の成長を犠牲にするような指導が横行してしまうのならば、日本の選手育成はいつまでも欧米に遅れをとり続けることになるのではないでしょうか。森氏も指摘していたような、判断力が高まるわけではないセットプレーの反復による強化などは、我々がもっと吟味しなければならない側面のひとつであると思います。

また、現役選手たちの言葉で多かったのは、「パスはコミュニケーション」というものです。橋本選手は、パスに意志をのせることを強調されてました。そして、パスには信頼関係が重要だと述べており、松井選手もよいパスが来てシュートを決めることができたら「パッサーにポイントしよう」ということを言っていました。「いいパスだったよ」というメッセージを相手に伝えることなどコミュニケーションをつないでいって、チームメイトとの信頼関係を深めていくのだと思います。そして、藤岡選手が「パスは会話。人間性や関係性が出る」と言っていたとおり、味方のことを考えられるという人間性が育まれていなければ、味方がシュートを打ちやすいパスを出そうとはしないわけです。それでは、いつまでたっても自分の都合で出すパスを繰り返すことになり、結果として自分が考える以上の「上質なパス」にはたどり着けないのだと思いました。藤岡選手が「パスは思いやり」だと教わったと言っていましたが、森氏も強調していたように、チームスポーツの選手として成長するためにも、人としての成長、人間性の成長が必要不可欠であり、選手を指導する立場にある指導者には、教育者としての側面、教育者としての役割が課せられているのだと改めて意識を深めました。

質問の③にあったように、認知・判断を磨くという側面についても各取材対象者の考えが紹介されていましたが、藤岡選手が言っていた「優先順位を持つようにしている」という部分が、僕が最も重要な成長の土台だと考えている要素です。P・F・ドラッカー氏の

上質さの定義を吟味し続けることで日本のバスケット界は明るくなる。

言葉を借りれば、「誤った優先順位でも、ないよりもマシである」と言うように、優先順位を持つことで判断力を磨くことができ、判断の結果に対するフィードバックを得られて、経験を積み重ねることができるのです。森氏も表と裏を理解しているかが重要だと述べていたように、パスを上質にするためには判断の基準を持ち、どちらがよりメインのアクションで、それを相手が止めてきたときの裏のアクションはなにか、それをしっかりと準備していくことが重要であると思います。そしてそれを、片峯氏が言う二手、三手先まで考えてプレーするという力にまでつなげていくことが認知・判断の力を上質にしていくステップなのだと思います。

判断の基準をしっかりと理解させるうえでは、映像を用いた分析が効果的です。実践学園中学校で用いられている『SPLYZA（スプライザ）』というツールは僕も利用していますが、こういったツールを使って、木村氏が紹介してくださったような指標をもとに、選手たちに客観的に自分のプレーを分析させることが判断力を磨くうえで効果的だと感じています。塩野氏も映像によるフィードバックを選手たちに提示していましたが、そこで指導者が正解を押しつけるだけでなく、選手たち自身が発見し、気づくように導くことを大事にしていました。それは森氏も同じで、そういった育成年代の指導者の教育的な行動が、選手たちの成長を後押ししているのだと思います。

ただ、網野氏も指摘していたように、パスはなかなか自主練されない技術です。選手たちは自主練となればシュートやドリブルを練習するし、そもそもパスを練習するにはチームメイトや相手となるディフェンス役も必要です。それだけ、指導者が磨く必要性がある技術であるとも言えるのです。ただ単に、私は教えるコーチ、私は教えないで考えさせるコーチというように四角四面な態度に立つのではなく、なにが本当に選手のためになるのか、考えて、コンセプトを吟味して、目の前にいる選手たちのそれぞれの年代、習熟度、目標などに合わせたコーチングを模索していくことが大事なのではないでしょうか。

限られた時間の中で上質さを磨いていく

ここまで、僕なりの切り口で取材対象者の考え方に触れてきましたが、パスという技術ひとつをとっても、そこにはさまざまな考え方があり、それぞれに上質さの定義があることがわかります。そして、その上質さの定義が違えば取り組む練習の内容も変わってきます。もちろん、実践学園の森氏もおっしゃっていたように、バスケットボールはパスだけではなく、ゲームに必要なドリブルやシュートなどの技術ももちろん練習しなければなりません。橋本選手は、シュートやドリブルの技術が高いことが、パスの技術の成長にもつながると示唆していました。育成年代ではすべての技術がまだまだ未成熟であるため、パス以外の技術にも時間を割かなければなりませんし、それぞれの技術についても技術論を吟味しておく必要があるのは言うまでもありません。

パス技術の上質さを考えるキーワード

● ディフェンスの強度を高める

上質なパスを出すためには、ディフェンスの強度が欠かせない。ディフェンスの強度が高ければ高いほど、それを破るためのファンダメンタルや、レベルの高いパスが出せるようになる

● 失敗から学ぶ

失敗（ミス）をしないことは大切だが、それを必要以上に恐れすぎると失敗から学ぶべきことを得られない。失敗を失敗のままに終わらせず、その失敗を次の成功につなげることが大切だ

● パスはコミュニケーション

ドリブルやシュートと異なり、パスは相手がいてこそ生まれる技術である。そこには出し手と受け手の信頼関係も重要となる。また人間性も出てしまう。パスは選手としての在り方を示す技術でもあるのだ

● 判断には常に優先順位をつける

パスの出し手は常に的確な状況判断が求められる。このとき1方向だけを見るのでなく、2つ目、3つ目などいくつかの情報を持ちながら、そこに優先順位をつけておくことで、よりよい状況判断が生まれる

● 映像を用いた分析で理解を深めていく

現代は『SPLYZA（スプライザ）』のような映像分析ソフトが手軽に手に入る。言葉による指導だけでなく、それらを使った映像を見る（見せる）ことでより上質なプレーへの理解を深めることができる

ただし、我々が理解しなければならないのは、あらゆることには優先順位があり、それを学ぶのに適したタイミングがあるということです。片峯氏も指摘していたとおり、高校生になってからでは遅い学びというものがあります。経験は、雪だるまが転がるように塊が大きくなっていく側面もあるので、パスの上質さという塊を早い段階でしっかりと固めることができた選手の5年後・10年後と、パスに関して意識が低いままの選手の5年後・10年後では経験から学べていることには大きな差が出てしまうのです。

組織が成果を上げようとすれば、最も不足しやすい資源となるのは「時間」です。これはP・F・ドラッカー氏の有名な提言でもあり、これはビジネスのみならずスポーツの組織にも共通するものです。では、限られた時間の中でどのようにして技術をより上質に磨いていけばいいのか。そこには「上質さの定義の吟味」という作業が欠かせないのです。我々一人ひとりが、どんな指導が上質なのか、どんな技術が上質なのかを吟味し続けることで、日本のバスケット界の未来を明るくしていくことができるのではないでしょうか。■

HAYATE
ARAKAWA
BEEFMAN.EXE
Arch
BFMN
24
BFM

【次世代の主張＿３x３】

BEEFMAN.EXE ／ 拓殖大学

荒川 颯

３x３とBリーグの両立でオリンピックへ

3x3バスケットボール日本代表として昨年のアジア競技大会に出場した荒川颯。3x3のキャリアはまだ1年半でありながら、東京2020オリンピックを目指す期待の新星だ。3x3の魅力や5人制との違い、そして先に見据える目標を聞いた。

text _ 佐久間一彦　photo _ 吉田宗彦

代表に呼ばれて初めて3x3という競技を知った

荒川颯と3x3（スリー・エックス・スリー）バスケットボールの出会いは突然訪れた。2018年3月、所属する拓殖大学バスケットボール部の池内泰明監督から、なんの前触れもなく、いきなり3x3日本代表合宿に招集されたことを伝えられたのだ。

「実は代表合宿に呼ばれるまで、3x3という競技があることすら知りませんでした（苦笑）。まったく予備知識もなかったので、監督から代表合宿に呼ばれたということを聞かされたときは、本当にビックリしました。『もしかしたらオリンピックを狙えるかもしれないぞ』と言われて、合宿に参加することにしたんです」

同年3月16日、日本バスケットボール協会（JBA）は、『FIBA3x3アジアカップ2018』に向けた日本代表候補メンバー9名を発表。落合知也、鈴木慶太、小松昌弘、野呂竜比人といった常連に加え、4人の大学生を初招集。そこに荒川の名前もあった。

さかのぼること9カ月前。2017年6月に3x3バスケットボールは、東京2020オリンピックの追加種目に決定した。この時点での日本男子のFIBA3x3ランキングは10位。強化次第では充分メダルを狙える位置と言っていい。

オリンピック種目決定後、初となる代表合宿で、3x3未経験の大学生を招集した背景には、オリンピックを見据えた若手の強化という狙いがある。荒川は初めて3x3をプレーしてみて、5人制との違いを痛感した。

「3x3は人数が少ない分、1対1の場面が多くなるので、1対1が好きだから始めるという人も多いと思います。実際、最初は僕もそうでした。最初の合宿では1対1から点を取るたびに〝よっしゃー！〟と思っていたんですけど、点を取っても試合には勝てない。3x3の勝ち方、戦い方を知らなかったんです。自分のやりたいプレーをやっても勝てないので、戸惑ったというよりも、なんで勝てないんだろう？　という気持ちでした。

5人制とのいちばんの違いはフィジカル面です。5人制はヘルプが来て5人で守るようなところがありますが、3x3は1対1の場面が多い。僕は決して大きいほうではないので、（195㎝の）落合さんのような大きい人とのミスマッチを突かれてやられまくっていました。同じバスケットボールでもかなり違うものなんだなということを感じました」

3x3と5人制は人数が異なることもあり、コートは半面とはいえ、一人ひとりに与えられるスペースが広い。攻守の切り替えも早いため、スピードと運動量が求められる。同じバスケットボールでも、別競技のような難しさを感じた。

3x3と5人制の違いを物語るエピソードがある。2018年5月、この年のBリーグファイナルを終えたばかりの安藤誓哉（アルバルク東京）と原修太（千葉ジェッツふなばし）が代表合宿に参加。保岡龍斗（秋田ノーザンハピネッツ）を加えたBリーガートリオが、3x3のアジアカップメンバー（落合、鈴木、野呂）と対戦した。

個人の能力はBリーガーのほうが高い。しかし、このときの3x3ではアジアカップメンバーが大差をつけて圧勝した。この結果について原は「まずは競技に慣れることが必要」とコメントを残しており、5人制とは異なる難しさを実感していた。日本のトップであるBリーグの選手ですら、3x3は簡単に対応できるものではないのだ。

5人制の感覚でプレーしていると3x3では勝てない。荒川はその理由をこう語る。

「大事なのは、ただ得点することを考えるのではなくて、2ポイントをいかに効率よく決められるかだと思います。5人制の場合、シュートは3ポイントか2ポイントですが、3x3は2ポイントと1ポイントですから、単純に得点が倍になるんです。お互いに1本ずつ決めても2ポイントを着実に決めていけば点差はどんどん開いていきます。それプラス、3x3は21点入った時点で試合は終わりなので、2ポイントを効率よく決めていくことが勝利への近道なんです」

アジア競技大会で悔しい敗戦課題克服で一気にレベルアップ

代表合宿に参加して3x3の魅力に惹き込まれた荒川は、この競技に本腰を入れていくことになる。代表スタッフの紹介で横浜を拠点に活動する3x3プロバスケットボールチームのBEEFMAN.EXEに入団。大学の部活と並行して3x3の練習、試合にも参加していくことになった。

「代表合宿に参加して3x3にはまりました。競技に慣れるためには試合経験が必要ですし、ポイント制もあるので、いろいろな大会に出たほうがいいということで、スタッフの方にBEEFMAN.EXEを紹介してもらいました。紹介がなければこのチームと出会うこともなかったと思うので感謝しています」

3x3でオリンピックに参加するためには、日本代表資格を得なければならない。代表枠は4名で、対象となる条件がふたつある。

ひとつは2020年6月22日時点でのFIBA個人ランキングにおいて、日本人選手の中で10位以内に入っていること。代表メンバーはこの条件を満たす選手のなかから、必ず2人選出するというルールになっている。

もうひとつの条件は、同じく2020年6月22日時点でのFIBA個人ランキングにて、①日本人選手の中で50位以内に入っていること。②規定のポイント数（男子は5万4000ポイント、女子は3万6000ポイント）を保持していること。①②いずれかの条件を

3x3は繰り返して慣れることが大事。
2ポイントを効率よく決めることが勝利の近道。

満たすことで初めて代表選考の対象となる。

　FIBAランキングの対象となる大会に出場してポイントを稼ぐことが不可欠であり、荒川は大学で5人制をやりつつ、BEEFMAN.EXEでプレーすることを決めたのだ。

「3x3はとにかく試合を経験しないとダメだと思います。頭ではわかっていても身体に染みついていないと、試合で激しく動くと対応ができなくなってしまいます。普段の練習でも練習試合がほとんどです。試合を繰り返すことによって身体で覚えていった感じです」

　国内合宿や世界トップレベルのセルビアを含むヨーロッパへの遠征を経験して、少しずつ3x3への理解を深めていった荒川は、2018年7月、U23男子日本代表として『FIBA 3x3 U23 Nations League 2018』に出場。この大会は男女とも日本のほかに中国、スリランカ、インドネシア、モンゴル、ウガンダの6カ国が参加。予選を総当たりのリーグ戦で行い、上位2チームが決勝戦を戦うというレギュレーションだった。荒川をはじめ全員大学生で臨んだ日本は経験の浅さを露呈し、高さのある中国、モンゴルのフィジカルに押されて予選敗退となった。

　残念な結果に終わったとはいえ、すべては

7月20日に立川立飛ドームで行われた『2019 3x3.EXE PREMIER Round5』でMVPに輝く

© Akiko Mochizuki

© Akiko Mochizuki

経験。荒川は同年8月には再び代表に招集され、アジア競技大会に挑んだ。

「日の丸を背負っての大会ですし、絶対にメダルを取るという目標でチーム一丸となって臨みました」と、メダル獲得を目標に予選では快進撃を見せる。

日本はネパール、ヨルダン、カタール、シリア、モルディブ（棄権）と予選同組。速いパス回しから効果的に2ポイントを狙っていく戦術を徹底し、すべての試合でノックアウト勝利（21点先取）を収めて決勝トーナメント進出を果たす。しかし、杉本天昇（日本大学）が負傷離脱を余儀なくされ、準々決勝のタイ戦は3人で戦うことになってしまった。

ハンデを抱えながらのタイ戦でも序盤は自分たちのリズムで試合に入り、5対1とリードを奪う。ところが、体格差、ひとり少ない体力面の差で徐々にペースを握られ、最後は13対21でノックアウト負け。メダルにあと一歩届かなかった。

「アジア競技大会は悔いの残る大会でした。決勝トーナメントは3人で戦うことになって体力面で圧倒されてしまい、最後は勝負ができてなかったと思います。でもそれは日本の選手が海外の選手と戦ううえで、絶対にあってはならないことだと思います。体格的に小さくて走り勝たないといけない日本人選手がそこで負けるというのは、準備が足りなかったんだと思いました。とても悔しい結果でしたが、アジア競技大会に出たことで大きな経験になったことは間違いありません」

荒川はアジア競技大会で浮き彫りになった課題の克服に取り組む。3x3は一試合の試合時間は10分と短いが、一日に複数試合こなすことも多い。何試合やっても同じレベルで走れる走力、体力が欠かせない。

「とにかく走れる体力は日本人選手が海外の選手に勝つためには絶対に必要です。アジア競技大会でそれを痛感したので、普段からたくさん走っていますし、今は練習試合のときも数多く試合数をこなして、走り続けられる体力ということを意識しています。大会では決勝トーナメントになると、一日に4試合あったりする日もあるので、練習試合のときは最低でも4試合はやるようにしています」

荒川の言葉どおり、BEEFMANでは頻繁に練習試合を組んでいる。最も多いときは10分のゲームを5本行い、その後に5分のゲームを10本。トータルで100分。10試合分の練習試合をこなしたこともある。試合数をこなすことは、体力強化に加えて、3x3に慣れるという意味もある。

「普段の動きと試合数を重ねて疲れてからの動きは違いますし、本当にきついときになにができるかを知ることも大事だと思います。試合数が増えれば対戦相手が疲れていることもある。そのときに僕らが変わらずに走れたら、それだけ勝つチャンスが広がります。そういった面でも走り負けないことは大事なんです。今はアジア競技大会のときとは比べ物にならないくらい走れるようになっています。今ならもっとやれたと思いますが、逆に言えば、あの経験があったからこそ今があるんだと思います」

3x3とBリーグを両立してオリンピックに出るのが目標

現在、拓殖大学の4年生でもある荒川はBEEFMANでの3x3だけでなく、大学での試合、練習も当然のようにこなす。昼からはチーム、夕方からは大学の二部練習になる日も多く、試合が重なるとオフもなかなか取れない。肉体的にしんどいと感じることもある一方で、プラス面の大きさも感じている。

「3x3をやることでバスケットの技術は絶

HAYATE ARAKAWA

BEEFMAN.EXE

対に上がりますし、5人制に生かせるものも絶対にあります。練習や試合を掛け持ちするのはしんどいなと思うこともありますけど、3×3をやってバスケットがもっと好きになりました。バスケットをしている時間、バスケットのためにやっていることの時間が、以前と比べると長くなったと思います。バスケットをやっている時間が長いということは、それだけ成長につながっていると思いますし、試合をやっていても余裕を持ってできているというのをいちばん感じています」

大学での荒川は出場メンバーによって求められる役割が変わってくる。時にはガードとしてゲームメイクを担い、時にはフォワードとして積極的に得点を奪いにいく。オールラウンドな能力が必要とされている。それは3×3でも同様だ。

「3×3の場合、2ポイントが打てて、なおかつ動けてというオールラウンドな選手が求められていると思います。5人制の場合はビッグマンは動きを求められていないところもあると思いますが、3×3はオールラウンドのほうがいい。自分がいちばん自信のあるプレーは2ポイントシュートです。それができるとディフェンスが警戒してくるので、周り

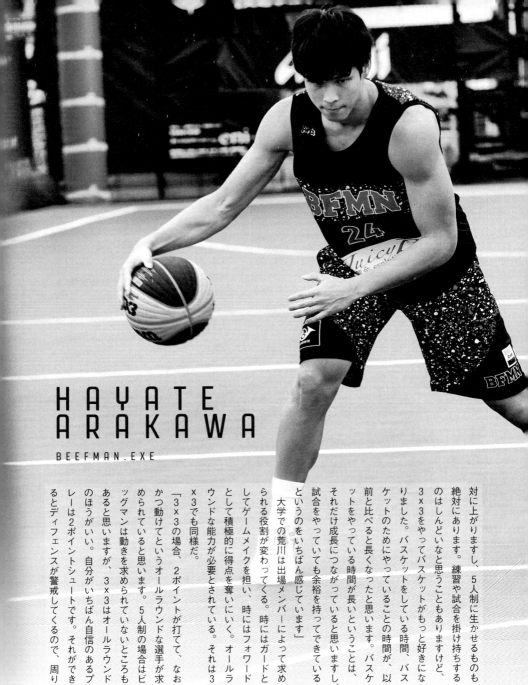

を生かすこともできます。３ｘ３は21点取ったら終わりなので、最後の得点となるギリギリの場面でのシュートは絶対に自分が決めてやろうって思いますよね（笑）」

大学卒業後はＢリーグ入りを目指す。現在も多くのＢリーガーが、Ｂリーグでプレーしつつ３ｘ３にも取り組んでいるように、荒川もＢＥＥＦＭＡＮでのプレーを継続しながら、Ｂリーグでもプレーすることを望んでいる。そしてその先に見据えるのは、３ｘ３でのオリンピック出場だ。

「いちばんの目標はオリンピックです。２０２０年の東京大会もそうですし、自分の年齢的にはその後のパリ大会も狙えると思うので、３ｘ３でオリンピックに出たい。そのためにはどうしたらいいかを考えてやっていきたいです。日本でいちばんレベルが高いのはＢリーグだと思うので、まずはＢリーグのチームに入って自分のレベルを高めていきたい。そして、できる限りの時間を使って３ｘ３のほうでもプレーしたいです。このふたつを両立してオリンピックに出るというのがいちばんの目標です。Ｂリーグに入るためには大学でアピールすることも大事なので、１部復帰、インカレ優勝を目指して頑張ります。

BEEFMANのチームメイト。昨シーズまで横浜ビー・コルセアーズでプレーした高島一貴（左）と洛南高校時代のチームメイトでもある法政大学4年生の鈴木悠介（右）

すべての舞台がアピールの場であり、チャンスをつかめる場所なので、無駄なことはひとつもないですね」

大学でもＢＥＥＦＭＡＮでも、そして代表でも、荒川の背中には24番が刻まれている。これは彼がバスケットボールを始めてから最初に背負った番号であり、憧れのコービー・ブライアント（元ロサンゼルス・レイカーズ）がつけてい思い入れの強い番号だ。

古来数字は神秘的なものとされ、それぞれに意味があると言われている。いわゆる「エンジェルナンバー」というやつだ。そのなかで「24」には、「達成は目前。迷いなく今の道を進むように」というメッセージが込められている。

３ｘ３とＢリーグを両立してオリンピックの舞台へ。荒川は迷うことなく、自分が目指す道を突き進んでいく。■

profile

荒川颯
（あらかわ・はやて）

1997年7月25日、愛知県出身。洛南高校から拓殖大学に進学。2018年に３×３日本代表に招集され、日本代表としてアジア競技大会に出場した。現在は拓殖大学に所属しつつ、BEEFMAN.EXEにも所属し、３×３でもプレーする。身長182cm。ポジションはガード。

【魅力あるU12クラブの作り方】

クラブ運営もコーチングも原点は「子ども中心」

まちだエレファンツ代表

佐藤 申

まちだエレファンツの部員は男女合わせて150人という大所帯。少子化であり、習い事も多様化するなか、なぜこれほどの人気なのか？　その秘密、そして指導方針をチームの創設者である佐藤申さんに語ってもらった。

text _ 石川哲也　photo _ 長谷川拓司

少子化に加え、競技スポーツの多様化もあり、ミニバス（U12カテゴリー）の競技人口は2000年代以降、漸減傾向で推移してきた。ここ数年はBリーグスタートの追い風もあって盛り返してはいるものの男子が微増、女子は横ばいといったところ。2018年のU12カテゴリーの1チーム平均登録者数は男子18・95人、女子16・52人で、地域によっては10人集めるのもひと苦労というチームも珍しくない。

そんななか、入部希望者が殺到するチームがある。東京都町田市で活動する「まちだエレファンツ」の部員数は男女合わせて実に150人。今年度も部員募集開始直後から多数の入部希望者が集まり、4月を前に定員を満たして応募は締め切りに。その後も多くの問い合わせを受けているという。数あるスポーツの中からバスケットボールを、そして多くのチームのなかから、まちだエレファンツが選ばれる理由はなにか？

チームの創設者であり、代表、コーチを務める佐藤申さんにお話を伺った。

勝利至上主義を排し プレーヤーセンタードを徹底

佐藤代表は京北高校、大東文化大学でマネージャーとしてチームに貢献し、大学卒業後は文化女子大学（現・文化学園大学）で27年間にわたりコーチとして指導してきた。現在は日本バスケットボール協会技術委員会指導者養成部会員、東京都バスケットボール協会指導者養成委員長、東京都ミニバスケットボール連盟技術副委員長も務める。まちだエレファンツを立ち上げたのは、2011年のことだ。

「自分の子どもがバスケットをやりたいというのでチームを探していましたが、当時、町田市には1チームしかミニバスのチームがありませんでした。チームが多いほうが地元の中学のバスケットも盛んになりますし、周囲からの勧めもあって、町田市の育成年代の子どもたちのためになるならという思いでチームを立ち上げました。その後は、市のジュニア育成事業や小さな大会を企画して少しずつその輪が広がり、現在では市内に男女とも5～6チームができて大会も活発になりました。我がチームの卒業生も各中学校に散らばって常時50名以上がプレーをしてくれていますので、それを大変うれしく思っています」

果たして部員は集まるのか？　不安の中でスタートしたが、初年度すぐに80人が集まり、その後は100人前後で推移。ここ2、3年はバスケ人気ということもあり都市部では男女合わせて30～40人というチームもあるが、150人はU12カテゴリーの1チーム平均登録者数と比較してもまさにケタ違いだ。しかし部員が多ければいいわけでもなく、多いからこその悩みや問題が出てくる。

「私たちの場合、部員数の関係でどうしても6年生までは対外試合に連れていくことが少なくなってしまいます。子どもは練習とゲームを通じて成長しますので、小さい頃からゲームを楽しませるということはなによりも大切なことで、より多くのゲーム機会を提供することはクラブの課題となっています。見方によれば、エレファンツは150人もいたらゲームに出られないからかわいそうじゃないかと。コーチが5人いるんだから、5チーム作ればゲームに出られるじゃないかと意見をいただくこともあります。ただ、育成という観点から見れば、1年生から6年生まで同時にゲームに出るのではなく、カテゴリー別にゲームをするのが望ましい。これまでのチームを縦に割って多く点在させる編成の考え方ではなくて、ある程度クラブが人数を抱えながらカテゴリー別にゲームを行っていくということが実現するように、大所帯のまま頑張っています」

それにしてもこの人気ぶり。佐藤代表はチームが選ばれる理由をどう見ているのだろう。

「今の時代はミニバスチーム選びもネットで検索する方が多いようです。エレファンツではホームページにチームの理念、規約、安全マニュアル、会計報告などをかなり細かく公開（一部部員限定）しています。また、どのような資格を持ったコーチがいるかということも顔写真つきで載せて、どういうチームの理念で、誰が教えるのかをはっきりわかるようにしています。そういったクラブの基本情報をしっかり伝えることはとても大切で、最初に保護者の信用を得る大切な部分だと思っています。一度、体験や見学に来てもらえれば、子どもたちがとにかく楽しくバスケをやっていますし、上級生が体験に来た子を囲んで本当に親切に面倒を見るので、体験の保護者がその姿を見て、入れてみようと思ってくれます。練習準備や清掃も自ら率先して行い下級生に優しく接する上級生の姿や、とにかくバスケを楽しんでいる様子が口コミで広がっていくようで、そういったクラブの様子はお願いしなくても保護者の皆さんがどんどん宣伝してくれますから（笑）。小学生は自分でこのコーチに教わりたいとか、このチームでプレーしたいと選びませんから、保護者がこのコーチに預けたい、このクラブの一員にしたいと思われるようなクラブを作ることを心掛けています」

部員数が多いのは、入部希望者が多いだけでなく、退部者が少ないということでもある。入部後に「思っていたのとは違った」ということにならないよう、保護者との理念の共有を佐藤代表は大事にしている。

「入部希望の保護者には必ず30分くらいかけてチームの理念について向き合って話しをします。まず『優先順位の1番は家族、家庭の生活のリズムを大事にしてください』。続けて『2番は勉強、小学生ですから文武両道は当たり前です』。そして『3番がバスケと文化活動と遊びです』と。またゴールデンエイジと呼ばれる子どもの身体能力、運動能力が著しく発達する時期には、試合に勝つテクニックよりコーディネーショントレーニングなどをたくさん取り入れて、個々の能力開発のほうが重要だということをしっかり説明します。そして、練習は休んでも構わないとも言います。小学生ですから1回の練習よりも家族旅行で思い出を作るほうが大切です。それに毎日に練習出てもらわなくちゃダメだとか、休むとうまくならないとか、あえて言う必要はなく、週に1日でも練習に来てバスケが楽しくなれば、子どものほうから進んで練習に来るようになる。もう1日多く行きたい、全部行きたいと。バスケに行きたいから習い事をやめたいと言い出して、慌てて止めるなんてこともあるくらいです（笑）。入会の際に練習に来る約束をする必要はなくて、私たちが練習に来たくてしょうがない子どもを作ればよいことですから。私たちの活動はいつでも子どもを中心に考えることを原則としていますので、ほかの習い事があるなら、ぜひそちらも頑張ってくださいと言います。ですから、ほかの習い事との両立も子どもにとっていちばんいい選択をすればいいと思っています。試合に勝ちたいから習い事の発表会などを休めというと、その子のバスケット以外の違った可能性を狭めることになるし、保護者も困ってしまいます。休んだ子どもの代わりに出場する子には大きなチャンスが来ますよね。もちろんこれは小学生だからということでもあり、カテゴリーが上がって勝利を目指すチームとなれば話は違ってきます」

「プレーヤーセンタード」、子ども中心の考え方になれば、目先の試合での勝利より育成に主眼が置かれることになる。これについても保護者との理念の共有が必要だと佐藤代表はいう。

「私も子どもたちには頑張って試合に勝とうと言います。それは勝つために準備をすることが素晴らしいからで、コンディションを整えて、一生懸命練習をして、仲間と協力して試合に臨むことが大切ですから。しかし、試合に勝つこと以外にもっと大切なことを私たちコーチと保護者が忘れないようにしたいと思っています。育成年代のゲームでも本当に大差をつけて相手を完敗させるというゲームを見かけますが、そういったことも変わっていかなければならない部分だと思っています。力の差があるチームに終始プレスディフェンスを仕掛けて、ほぼノーマークのレイアップの繰り返しでは勝っているチームも成長しないし、相手チームはバスケがつまらないだろうし、勝ったチームの子どもたちにも優越感だけが残ったら心の成長にも影響があるのかなと思います。私は点差がつくと、相手チームのシュートも入ってくれと本当に思うし、もっと競技経験の浅い選手を投入しなければならないと思います。レギュラーを出し続けて完封するよりも、競技経験の浅い選手を出せばお互いが成長します。私たちも成長し相手チームも成長する。それが育成の環境ではないかと思うのです。また、エレファンツでは試合に出るとか、活躍したとかいうこと以外の価値を強調しています。たくさん試合でシュートを決めた選手も素晴らしいけれど、一生懸命ベンチで応援している選手も素晴らしい。保護者にも自分の子だけでなく、エレファンツ全員を、さらには試合会場にいる子どもたち全員の成長を願ってくださいとお願いしています。エレファンツの勝利だけを願うのではなくて、ここは育成の場だから相手チームの子も成長しなくてはいけないと。そういう雰囲気を作って、そのなかに入ってきてもらえば、自分の子がなんで出られないのかというような不満の声は上がらないし、勝てる試合をなんで落とすんだというようなことも言われない。試合に負けても『今日はみんな試合に出られてよかったね』って言ってくれます」

インタラクティブコーチングで子どもの成長を促す

プレーヤーセンタード、子ども中心のチームの理念は練習での指導にも現れる。

「チームスローガンに〝smile〟を掲げていますから、コーチも笑顔で指導することを心がけています。とはいえ、時には私も厳しく指導することもあり、やってはいけないことをやったり、明らかに練習の邪魔になったりする場合は大きな声で叱ることもあります。でも技術的な失敗などを感情にまかせて叱責してはいけないし、仮に大きな声を出して指導したとしても心では笑っていなければならないですね。子どもたちには安心して失敗できる場を提供したいと思っています。そうすればチャレンジするようになりますから。試合や練習でも、これはダメ、あれはダメといちいち指摘すれば子どもは委縮してしまうし、なにより楽しいという気持ちがなくなってしまいますからね。私もプレー中に子どもの判断の機会を奪うような声かけは慎まなければならないのですが、その点はまだまだ反省の日々です」

まちだエレファンツの特徴的な指導法に「イ

子どもたちは答えを持っている。そこを引き出してあげればいい。

ンタラクティブ（双方向）コーチング」がある。コーチがドリルを一方的に教え選手が受動的に練習を行うのではなく、選手たちが主体的に仲間と協力しながら技術を高め、能動的に練習し成長を促す指導法だ。

「例えば教室での座学のように教える側からの一方的な教授で、どれだけ子どもたちの脳が動いているのかということです。一方的にレクチャーをして、わかったか！　と言えば、みんな元気よくハイ！　と言います。でも、やらせてできるのは10人中3人位でしょうか。あとの4人はなんとなくわかっているような感じでついてくる、残り3人はあまり理解できていないか、そもそも話が聞けていない。それが悪いのではなくて、小学生ですから成長の度合いや興味の度合いによって、そういうことが早くできる子と、そうでない子がいるのです。なんとなくその場にいたり、集中力を欠いていたり、目が合わない子に質問を投げかける、子ども同士でお互いに意見交換させる。そうやって質問し、発言や発表をさせることによって双方向のコーチングを行うのです。発言するためにはしっかり聞かなければならないので、子どもたちの目つきが変わってきます。そもそも話しを聞けていない子に、何度言ったらわかるんだ！　って怒ってみても、それはわからないでしょう、ということなのです。また、コーチはティーチングポイントをすべてレクチャーして練習を開始することが多いと思いますが、あえてすべてをレクチャーせずに開始します。そして子どもたちがつまずいたときに考えさせ、ディスカッションから答えを見つけさせます。子どもたちが考えて自ら答えを出していく部分を残しながら練習をするのですが、こうして学んだことは一方的に何度もコーチがレクチャーするよりもしっかりと子どもの中に浸透していくようです」

インタラクティブコーチングでは子どもたちとの対話の場、ミーティングが重要になる。「エレファンツではミーティングやディスカッションを大切にしています。問題提起して、話し合わせて、発表する。子どもたちが自分の考えや意志、判断に基づいて行動するように促してあげるのです。例えば6分間連続で走るというエレファンツではきつい練習をするときにも、苦しくなったらみんなはどうするの？　と簡単なディスカッションをしてから開始する。そうすると「苦しいときこそ頑張る！」「終盤ペースが落ちないようにする」など、子どもたちはしっかりとした発言をします。自分で決めたことはやりますから、顔を真っ赤にして頑張りますよ（笑）。練習の準備や後片づけでも、重い荷物と、軽い荷物がありますね、どちらを持つ選手になりたいですか？　なんて問いかけます。子どもたちは「重い荷物を持ってチームのためになりたい」とか「6年生が重いものを持てばいい」なんて答えてくれます。子どもたちは、どうすべきかというよい答えをしっかり持っているので、そこを引き出してあげればいいのかなと思っています」

しかし、インタラクティブコーチングは従来の一方向の指導法と比べて時間がかかる。そこが我慢のしどころだ。

「新チームに切り替わった際に練習準備に時

間がかかりすぎて、新6年生になにが問題か、どうしたらいいかを問題提起をしました。その日は練習が2時間しかないのに、1時間近く問いかけの答えを待ったんです。時間が経つにつれ、もう集合させて問題点を言ってしまおうかなと思うのをグッと我慢する。もし口を開いてしまえば、今まで黙っていたのが無駄になってしまいますから、とにかく辛抱でしたよ(笑)。子どもたちは答えが見つからなくてシーンとなってしまうけれど、コーチが口を開かないとわかると、みんな時間を気にしだしたりして、意見が出始める。みんなが輪になって駆け寄ってきて自分たちの考えはこうですということを言ってくれたときは、本当にうれしかったですよ。待ったかいがあったと思うし、どんなドリルをするよりも貴重な1時間になったなと思いました。インタラクティブコーチングはすごく時間がかかる。試合で勝とうと思えば、あれもやらなければ、これもやらなければでとてもやりきれない。だから私たちは捨てるものは捨てて、対話の時間を確保する。そのほうが子どもたちも生き生きとするし、保護者もそういう姿を見れば、コーチの一方的な指導を見るよりも、自主的に楽しそうにやっているなと感じてもらえるでしょうから。そんな感じですから、とくに年度の初めはまったく試合にならずにいつも大敗です。でも、これが不思議なもので、年度が終わる頃にはちゃんと戦えるようになる。子どもたちは人間的にも、技術的にも、ちゃんと成長するんですね。心の成長が先で技術はあとからついてくる。それで充分じゃないかなと思うのです」

指導者としての転機になった『勝利へのコーチング』

指導者は自身が受けてきた指導を基礎に指導法を組み立てていくことが多い。高校、大学と強豪校で揉まれ、従来型の指導を受けてきた佐藤代表が、プレーヤーセンタードや、インタラクティブコーチングのような先進的な理念、指導法にたどり着くまでには、どのような経緯があったのだろう。

「私自身が育った環境は指導者に恵まれてとてもよい経験をしましたが、常時、厳しさの中で育ち、時には愛のムチが許されていた時代でもありました(笑)。今、振り返ってみると、27年前に文化女子大学で指導することになったときはワーワー怒鳴っているだけのコーチでしたね。選手にうまくなってほしい、勝ってほしいという情熱に嘘はなかったのですけれど、指導法がよかったとは少しも思わない。根性論を振りかざしたり、プレーが下手なことを怒鳴ってみたり、厳しい指導をはき違えていた。私たちの大学は経験の少ない選手やほとんど初心者という選手も入ってきているのに、全国で戦うようなチームの練習をやらせたってヘトヘトになるだけで、キャッチもできないのにフォーメーションをやらせ、バスケを始めたばかりの子にスクリーンをやらせるんですから、うまくいくわけがない(笑)。今思えば、コーチングしている〝ふり〟なんですね。でも自分は指導者としてこんなに頑張っているのになんで目標にたどり着けないんだと。歯がゆさを感じていました」

コーチとなって10年目、その後の佐藤代表の指導に大きな変化をもたらす出来事が起きた。

「大学連盟の3部と4部を行ったり来たりしていたのですが、附属校から経験者が数名入ってきて3部に上がれた年のことです。その年の1年生にとても上手な選手が入部したのですが、その選手が試合中にコートから私にタイムアウトを取れと要求してきた。もうおまえにはベンチを任せられないということじゃないですか。それも入部したばかりで少し前まで高校生だった子ですから、ガクッときましたね。自分はどれだけ信用されていないんだと……」

自問自答して悩みの中にあった佐藤代表に助け船を出したのは、現在、共にまちだエレファンツで指導にあたる、夫人の祥子さんだった。

「当時、私も大学のスタッフに入っていましたから、うまくいかなくて悩んでいるなというのは、そばで見ていてわかりました。それでたまたま行った東京体育館で見つけたバスケの専門書に、とてもいいことが書いてあったので、コピーして何気なく渡したんです」

祥子さんが渡したのは、全米優勝5回、伝説のハイスクールコーチと称されるモーガン・ウットゥンの『勝利へのコーチング』だった。この一冊を手に取ったことが、佐藤代表の指導者としてのターニングポイントになる。

「この本にはさまざまなコーチとしてのあるべき姿が書かれており、読み進めていくと自分にはまずコーチングフィロソフィーがないとも思った。そして、選手には教えるのであって決して恥をかかせてはいけない。バスケットを教えるうえで選手の自尊心を傷つけることをしてはいけない。そう書いてあったのです。自分はどうか？　選手にダメ出しをして、できないことを何回もやらせて、怒鳴って恥をかかせる。ここに書いてあるダメなコーチって自分じゃないかって思ったのです。コーチすることがなんたるかもわからないのにわめき散らすコーチを見たら、あなたじゃ信頼できないからタイムを取れと言われるのも仕方ないなと。それからは、これまでのコーチングの時間を取り戻したい一心で勉強するようになりました。しかし、勉強すればするほど知らないことが多い自分に気づくのです。とにかくこの本のかげで指導歴10年を過ぎてから、新たな気持ちでコーチとしての活動を再スタートしました」

チームの卒業アルバム『High Five』

ともに指導にあたる佐藤祥子コーチ

未来ある指導者に1日でも早い「気づき」を

子どもを取り巻く環境が大きく変化しているなかで、プレーヤーセンタード、子ども中心を徹底し、保護者が子どもを安心して預けられるクラブであることが、まちだエレファンツに入部希望者が殺到する理由であるのは間違いないだろう。佐藤代表がこれまでに築いてきたクラブ運営のノウハウや、インタラクティブコーチングのような指導法はこれからのU12バスケ界に必要な考え方であり、多くのコーチのヒントになるのではないか。

「バスケットボールの技術や選手の育成方法も日々進化しており、コーチをする以上カテゴリーを問わず学び続ける覚悟が必要ですね。クラブの運営方法についてもその時代のニーズに合わせて変化していく必要があるのではないかと思っています。また、現在、私の活動の中心となっている指導者養成の観点から考えると、育成年代のコーチングではプレーヤーセンタードに基づくインタラクティブなコーチングが広がっていけばいいなと思っています。私は10年間コーチをしてやっと学ぶことの大切さに気づいたけれども、その10年という時間がとてももったいなかった。今はさまざまな場面で積極的にコーチングを学んでいる指導者も増えているのですが、今後はもっともっとコーチ同士が共に学び合い、共に成長できる環境ができればいいなと思っています。元サッカーフランス代表監督、ロジェ・ルメール氏の『学ぶことをやめたら教えることをやめなければならない』の言葉を胸に、今後もエレファンツの子どもたちの育成や指導者養成の事業も頑張っていきたいと思っています」

まちだエレファンツでは、卒業していく6年生に『High Five!』と題した卒業アルバムが贈られる。子どもたちの笑顔いっぱいのカラー写真が載った、思い出が詰まった小冊子で、佐藤代表自らが編集している。『High Five!』はクラブを象徴するアイテムになっている。

「心から楽しいというだけでバスケができるミニバス時代の思い出を大切にしてほしい。中学生、高校生になれば、楽しいにプラスしてさまざまな試練や壁も待っていますから。そんなときに『High Five!』を手に取って、バスケットは楽しいものなんだという原点を思い出してほしいですね。実際に卒業生が自分の机の中に入れておいて、壁にぶつかったときにパラパラめくっているなんていう話しを親から聞くと、作るのはなかなか大変ですが、これからもやめるわけにはいかないですね（笑）」

ここにも佐藤代表のプレーヤーセンタードの理念が貫かれている。部員数の増加とともに年々、ページ数が増えており、来年の3月には今までで最も厚みのある『High Five!』が贈られる。■

profile
佐藤 申（さとう・あきら）

1968年東京都出身。京北高校、大東文化大学ではマネージャーとしてチームに貢献。1991年に勤務校である文化女子大学（現文化学園大学）で指導を開始し、2011年に地元町田市にクラブを創設。2014年から東京都バスケットボール協会の指導者養成委員会に所属し2016年同委員長、これまで1500名以上のライセンスコーチを養成する。日本バスケットボール協会技術委員会指導者養成部会員、東京都ミニバスケットボール連盟技術副委員長、JBA公認コーチデベロッパー、A級コーチ。

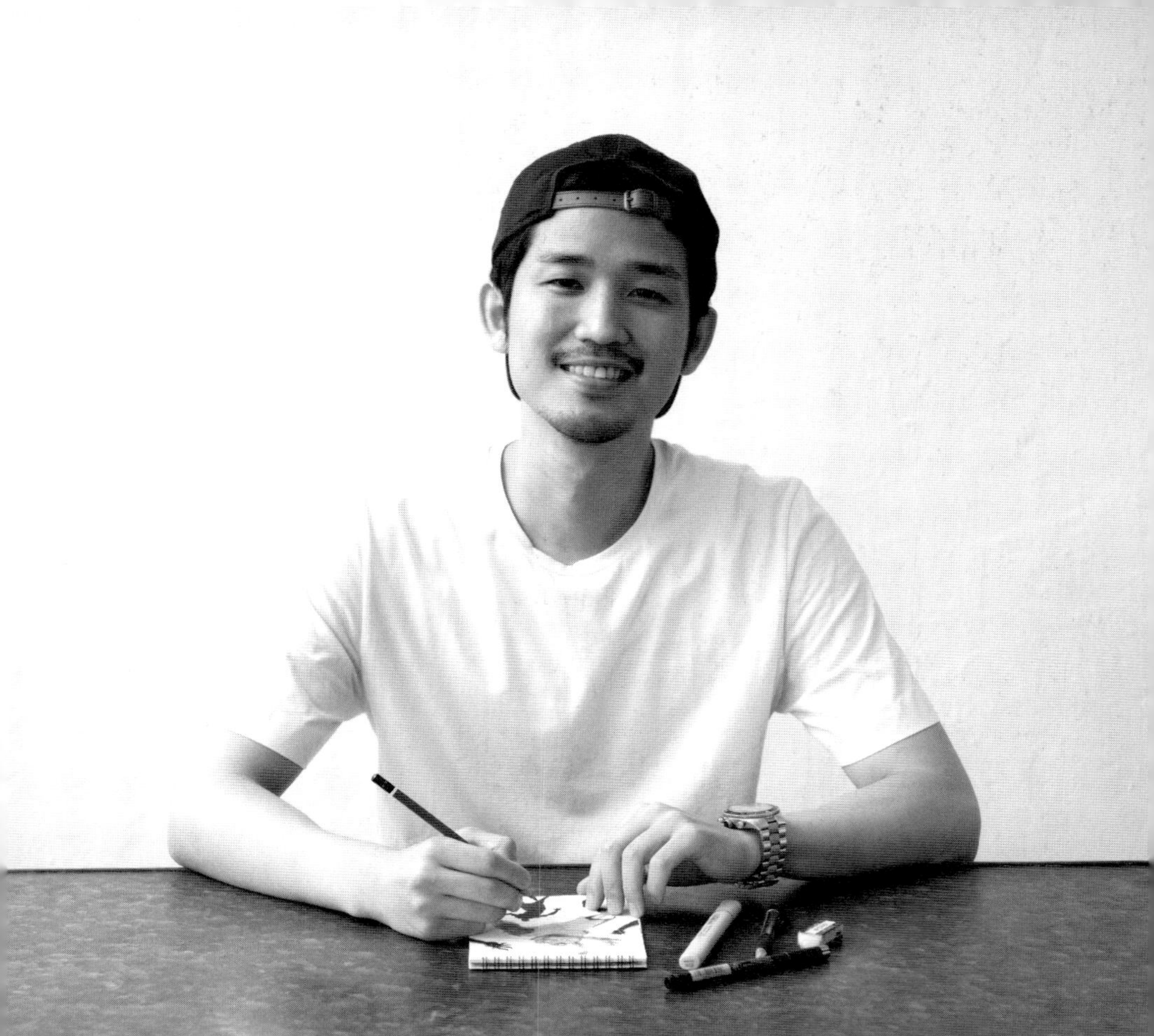

Basketball People _ Artist

田村 大

夢を描くアーティスト

目標はNBA。バスケットボールプレーヤーなら誰もがそんな夢を描くのだろう。プレーヤーとは異なる立場でNBAを目指し、世界と戦う男がいる。NBAやバスケットボールのイラストでお馴染みのアーティスト、田村大さんだ。バスケットボールを原点に持ち、世界で勝負するアーティストに迫った。

自分に負けたくない バスケットで培った力

「夢は大きければ大きいほど叶いやすい」

こう語るのはインスタグラムのフォロワー数10万人超のアーティスト、田村大さんだ。

田村さんは大きな目標を掲げ、日々、自己ベスト更新を目指しながら、夢に向かって走り続けている。

大きな目標に向かっていく力の原点となっているのが、バスケットボールだ。小学4年生のときにバスケットと出会った田村さんは、マイケル・ジョーダンのプレーに魅了され、瞬く間に虜になった。小学校、中学校とプレーを続け、高校は名門の八王子高校へと進学する。強豪校の練習は、予想していたとはいえハードなものだった。

「ちょうど八王子高校がスカウトで選手を集め始めていた頃で、僕らの代は35人入って最後に残っていたのは11人。各校のエース級が来ていたのですが、半分以上がやめてしまうくらい過酷な練習だったことは間違いないです。夏の練習は朝8時から夜の7、8時まで。寝ると朝が来てしまうので、寝たいけど寝れないみたいな日々でした（苦笑）」

田村さんは八王子高校ではポイントガードとして、インターハイやウインターカップにも出場している。もともとずば抜けた才能を持っていたわけではなく、恵まれた体格を持っていたわけでもない。過酷な練習を乗り越えて力をつけていった結果だ。自分よりも才能のある選手たちがドロップアウトしていくなかでも「やめるという選択肢は一度もなかった」という。

「今もそうなんですけど、基本的に負けず嫌いなんだと思います。最後までやりきるということを投げ出すと自分に負けるような感覚があったので、それは絶対に嫌だなと思っていました」

「負けず嫌い」と言っても、負けたくない相手は他人ではなく自分。相手に負けること以上に自分に負けるのが嫌だった。

「日々の走る練習も自分との戦いですから。自分よりも速い人は周りにたくさんいました。いきなりそこに勝とうとしても無理なので、まずは昨日できなかったことをできるようにする。それを積み重ねていこうと思ってやっていました」

自分との戦いは、実はイラストにも通じる部分がある。作品を作り上げていく過程は、自分と向き合う時間だからだ。

「ひとつの絵を描き始めると最低でも2時間くらいはかかるので、自分自身と向き合うような時間になるんです。自己ベストを更新し続けることを意識しながら描いているので、そこはバスケットをやっていたときと変わらないです。自分との対話を毎日しているような感じですね」

高校時代は自分に負けることなく、バスケットをやりきった。しっかりやりきったことで、田村さんは次のステージへと進んでいく。バスケットと同じく、子どもの頃から好きだった絵を描くことを仕事にしたいと考えたのだ。

「最初は絵で食べていくのは難しいかなと思っていました。でもデザインなら就職もできるので、デザイン物の中にイラストを入れて好きなことを実現できたらいいなと思って、最初はデザイナーの道を目指しました」

大学を卒業後、桑沢デザイン研究所に入り、デザインを一から勉強。その後、バスケットのメーカーにデザイナーとして就職した。このとき、当時bjリーグの浜松・東三河フェニックスの優勝記念として、似顔絵Tシャツを制作。田村さんが似顔絵を担当した。

「Tシャツのデザインなどで僕のイラストを

使ってもらうことはあったのですが、具体的に誰かの顔を描いたのは初めてでした。似顔絵を描いたらすごく楽しくて、自分がいちばんやりたいのはこれだと思いました」

似顔絵の中でもとくに好きだったのがカリカチュア。カリカチュアとは、人物の特徴を際立たせるために、誇張や歪曲を施した人物画のこと。商業施設やお祭り、イベント会場などで、このタッチの絵を一度は目にしたことがあるのではないだろうか。

カリカチュアのスクールで技術を学んだ田村さんは、イラストレーターが１００人近く在籍する、カリカチュアの会社に転職。ここでは来る日も来る日も似顔絵を描き続けた。

「だいたいお客様を目の前にして10分くらいで描きます。いちばん多く描いたのはお正月の浅草で、一日で66人描きました。この会社には7年在籍したのですが、その間に約3万人描いています。日々の鍛錬ではないですけど、自己ベストを超える毎日を過ごしていけば、必ず先につながると思ってやっていました」

初めて会った人の特徴を瞬間的に捉えて、わずか10分の時間で満足してもらえる絵に仕上げる。高校時代の練習とは違った意味でハードな日々ではあったが、ここでも自分との戦いに負けることはなかった。

カリカチュア世界一から独立目標としたのは「NBA」

そして２０１６年に転機がやってくる。3度目の出場となったカリカチュアの世界大会で総合優勝を果たし、〝カリカチュア世界一〟の称号を手にしたのだ。時を同じくインスタグラムを開始。自身の描いた作品を、SNSを通じて発信していくようになっていく。

大好きな似顔絵、カリカチュアで世界一となったことで、新たな目標が必要になった。

「世界一になったあともしばらくは社員として似顔絵を描いていました。日々自己ベストを更新するという気持ちは変わらないんですけど、同じ毎日が続くのでそこを変えないと難しいかなと思うようになっていきました。また、世界一になって同じことをやっていても自分の価値を上げられないので、今まで培ってきたバスケットの知識や、得意な人の絵を描くことをひとつの武器にして、独立して勝負しようと思ったんです」

同じ環境のままではこれまでの自分を超えることはできない。自己ベストを更新するた

独立して目標としたのはNBA。人はチャレンジしないと成長できない。

めにも、さらに武器を磨く必要があったのだ。

こうして田村さんは2018年1月に独立。目標としたのは「NBA」だった。

「人はチャレンジしないと成長できないと思います。僕はNBAが大好きだったので、絵を描いてオフィシャルで仕事にしたいなと思っていました。独立するときのいちばんモチベーションは、NBAとオフィシャルイラストレーター契約を結ぶということ。その目標を達成したいという思いでした」

NBAはバスケットボールプレーヤーなら誰もが目指す最高峰の場所だ。子どもの頃からバスケットとともに育ってきた田村さんもまた、イラストという自分の武器でNBAを目指した。

前例がないことをやろうとすると、否定的な見方をする人が多いのは事実。ひとりのイラストレーターがNBAを目指すなんて、夢物語と思われても仕方ない。しかし、冒頭に記したように、田村さんは「夢は大きいほど叶いやすい」と言いきる。

「僕の中では夢は大きければ大きいほど叶いやすいという考えがあります。例えば絵を描いて食べていきたいという目標だとしたら、そういうふうに思っている人は何万人といると思います。また、バスケットの絵を描いていきたいというと、『スラムダンク』の井上雄彦先生とかがライバルになってしまいます。だけど、NBAと契約したいという目標になった瞬間に、誰も目指していないからライバルがいなくなるんです。目指すところは遠いかもしれませんが、結果的には叶いやすくなるのかなと思っています」

夢の大きさで他者との差別化を図る。そして夢を実現するべく行動に移すと、あっという間にチャンスはやってきた。

「NBAのオフィシャルをやるとしたら、日本では楽天さんとつながるのがいちばんいいのではないかと考えました」

2017年10月に楽天は複数年契約でNBAとのパートナシップを締結。楽天TVでプレシーズンを含めた試合の独占配信を行っている。日本にいながら最もNBAに近づける場所が楽天だったというわけだ。ここで田村さんは大胆な方法でアプローチをかける。

「常に意識しているのは、どうしたらトップにたどり着けるかということ。NBAとつながるなら楽天だとなって、三木谷（浩史社長）さんにアプローチできる方法を考えていたら、ちょうど数日後が誕生日だったんです。僕の絵でお祝いしたら喜んでくれるんじゃないかと思って、（NBAコミッショナーの）アダム・シルバーと三木谷さんのツーショットの記念すべき写真を絵にして、タグ付けしてメッセージを入れました。そうしたらすぐにフォローしてくれたんです」

この出来事をきっかけに楽天との仕事がスタート。狙いどおり、NBAとの距離を縮めることに成功した。世界とつながれるツールであるSNSでも、NBAを意識して発信するようにしていった。

「インスタを始めてからカリカチュアのいちばん影響力がある人のインスタを見てみたら、2万人ぐらいしかフォロワーがいなくて、この人でも2万人しかいないとなると厳しいなと。逆にNBAは3000万人くらいフォロワーがいたんです。だとしたら、カリカチュアが好きな人より、NBAを好きな人をフォロワーにしたほうが可能性が大きいなと思って、そっちに振っていったらフォロワーが増えました。絵を見てくれる人が増えたら、カリカチュアが好きな人もフォローしてくれるようになって、今は10万人を超えています」

NBAプレーヤーのイラストをインスタに投稿していると、選手との接点も生まれるようになる。アレン・アイバーソンやシャキール・オニールがイラストをシェアしてくれたことにより、自身のイラストが多くのNBAファンの目に触れることになった。

「僕にとってNBAの選手やスポーツ選手はスーパーヒーローなんです。だから彼らを描くときはヒーロー感をより強めることを意識して、どうしたらもっとかっこよくなるかを考えているので、筋肉を肥大させて描いたり、顔を凛々《りり》しくしたり、躍動感を表現したりして、彼らの魅力を伝えられるようにしています。もうひとつ大事なことは、本人が喜んでくれるということですね。そこは一般のお客様を相手にカリカチュアの似顔絵を描いていたときと変わりません」

楽天とつながったことにより、選手に直接イラストを渡せる機会もできた。ステフィン・カリーをはじめ、ダニー・グリーン、レイ・アレン、ドレイモンド・グリーン、マイク・コンリー、日本人では八村塁、渡邉雄太。そうそうたるプレーヤーたちに自分のイラストを届けることができた。

「楽天さんがNBA選手を呼ぶときに声をかけてもらって、1分でも2分でも会えるならということで行かせてもらいました。直接の仕事ではないのですが、こういうチャンスがあるなら、お金を払ってでもやりたいじゃないですか。急いで絵を描いて会いに行きました。わずかな時間ですが、『いつもありがとう』と言って握手してくれたり、その後にフォローしてくれたりということもあります。SNSでもそうですが、絵は言葉とか国境、性別を超えて響くものなんだなということを日々実感しています」

八村塁の存在が刺激
世界的アーティストになる

独立から1年。こうして目標としていたNBAに確実に近づくことができた。

「先日、NBAの情報番組のアニメーションにも携わらせてもらいました。よく考えてみたら、これはオフィシャルの仕事だなって思ったんです。1年前、NBAのオフィシャルの仕事をしたいという目標を掲げて、ここまで来ることができました。同じことを目標にしていたら次がないので、今の目標はＮＢＡではありません。世界を代表するアーティストになること。それが今の目標です」

ＮＢＡだけに固執することなく、アーティストとして世界で勝負する。そんな田村さんにとっても、２０１９年からＮＢＡで戦う八村塁や、ワールドカップ、オリンピックで世界と戦う日本代表の存在は刺激になるという。

「僕がバスケットのプレーを続けていても間違いなくたどり着けなかった世界のことですし、ジャンルは違えど刺激になります。僕も彼らのように目標とされるひとりの大人になれたらと思います。彼らが道を切り開いていこうとしているように、僕もアーティストという道をみんなが目指せるような道にしていきたいと思っています」

目標を掲げて実現に向けて行動を起こす。こうして次々と夢を叶えていっても満足することはない。それは高校時代、バスケットボールをやっていた頃から続く、「常に自己ベスト更新を目指す」という考え方が不変のものだからだ。

「白い紙を前にすると、『ここからまた2時間か……』と心が折れそうになることもあります（苦笑）。でも描き上げていくと達成感があって、それがあるからまた次も描けるんです。今日も自分に負けずに描ききったという。もしかしたら自分に負けたくないというバスケットをやっていたときの感覚は、今も続いているのかもしれないですね。誰とも言えない自分自身と勝手に戦っている感じです（笑）。今は35歳。バスケットボールのプレーヤーだったら下り坂になるのかもしれませんが、絵ではまだまだピークではないと思っています。目が見えて、手が動いて、脳が働いていれば描けるので、もっとうまくなると信じて続けていきたいと思います。自分との戦い？　まだまだ続いていきますね（笑）。本当に年を取ったときはのんびり描きたいですけど、それはまだまだ先の話ですね」

未来というキャンバスは常に白紙だ。そこになにを描くことができるかは自分次第。田村さんはこれからも自分と戦いながら日々自己ベスト更新を目指して、真っ白いキャンバスに自分の夢を描き続ける。■

profile

田村 大
（たむら・だい）

1983年9月10日、東京都出身。八王子高校時代にはインターハイやウインターカップに出場。2016年のカリカチュア世界大会で総合優勝を飾る。2018年1月に独立し、現在はDT合同会社代表を務める。Instagramはこちら→@dai.tamura

【バスケットボールでつながる国際交流】

アイビーリーガー2選手が日本の大学生、中学生と交流

国境を越え同じ競技を同じルールで行うスポーツは、言語いらずのコミュニケーションツールになる。なかでも全世界で競技人口約4億5千万人といわれるバスケットボールは国際交流に適した競技と言えるだろう。実際にアメリカでは大学生のプレーヤーがオフシーズンに世界各地へと出向きバスケットボールを通じた国際交流をするプログラムがあり、世界的な競技普及に一役買っている。この7月にはコロンビア大学からふたりの女子選手が来日しバスケットを通じた国際交流を行った。2週間に及ぶプログラムの一日をリポートする。

text _ 石川哲也　photo _ 長谷川拓司

日本人学生をリードし アイビーリーガーの面目躍如

今回、来日したのはコロンビア大学ライオンズでプレーするカリン・スピラーさん、シエナ・デュールさんのふたり。スピラーさんはこれまでにも海外でのコーチ経験があり、デュールさんはアイビーリーグの女子バスケットボール2018－2019シーズン新人王のタイトルを獲得した実力者だ。

今回のプログラムの目的を訪ねると「子どもたちへのバスケのティーチングと、日本のコーチングを見て勉強すること。あとは観光よ」（スピラーさん）、「ふたりとも旅行とバスケが大好き。海外でバスケを教えることで、異文化を感じたいの」（デュールさん）とのこと。

来日して1週間ほど東京に滞在。子ども向けのクリニックなどを行い、ふたりに密着したこの日は茨城県龍ヶ崎市にある流通経済大学スポーツ健康科学部に招かれ学生との交流や、地元の子どもたちへのクリニックが予定されていた。

まずは大学での学生との交流。流通経済大学スポーツ健康科学部、小谷究助教の3年生のゼミに参加した。この日はふたりをゲストに迎えたスペシャルプログラムで、外国人教員の指導のもと、日本人のゼミ生の中に入り、英語だけを使って一緒に紙ヒコーキを折ったり、ボードゲームをしたりと、まさしく国際交流といった内容。同世代の若者との交流を楽しんだ。

続いては、流通経済大学で行われている「ジュニアバーシティ」へ参加。ジュニアバーシティとはアメリカの運動部の二軍の意味だが、流通経済大学の「ジュニアバーシティ」は各学部の有志を募りバスケを楽しむ取り組みで、小谷ゼミ4年生が運営する。この日はゼミ生と各学部有志30名ほどが参加。ふたりを交えて4チームを作りゲームを行った。本職のバスケでの交流とあって、自ら進んで円陣を組んだり、ハイタッチをしたりと学生たちをリード。目配せをしてパスを出してみたり、頭ひとつ抜け出た高身長を生かして華麗なシュートを決めたり、アイビーリーガーの面目躍如となった。

バスケを通して会話し 「つながる」ことができる

その後は龍ヶ崎市内4校から約70名が参加した、女子中学生を対象にしたクリニックが行われた。ふたりが講師を務め、中学校の英語の先生が通訳につき、小谷ゼミの学生もサポート。クリニックのプログラムはふたりが考えてきたもので「自分たちが子どもの頃にやっていたアメリカではポピュラーなトレーニング」とのこと。ドリブルを強く高くつく練習に始まり、スリーメンからのレイアップシュート、ワンハンドでのパス、ゴール前で攻守の実戦形式など、もれなく基礎を盛り込んだ内容となった。ふたりは中学生の輪の中に入り手取り足取り指導。「グッジョブ！　イイネ！」と声をかけて回る。クリニック終了後はみんなそろって記念撮影。中学生たちから握手攻めにあった。

「とても素晴らしい生徒たち。彼女たちが覚えたての英語でコミュニケーションを取ろうとしてくれたのがうれしかった。こんなにたくさんの子どもたちが熱心にバスケをやっていることにビックリしたわ」とスピラーさん。「中学生は仲間と協力して楽しくプレーすることが大事。だから『イイネ！』って褒めてあげて、彼女たちのモチベーションを保つようにしたわ」とデュールさん。技術的な面について「両手でパスするのが気になったけど、レベルは高い。一生懸命に習おうとする姿勢があるから必ずうまくなるはずよ」と付け加えた。

これからも長くバスケを続けていきたいというふたり。この日のプログラムを終え、将来、バスケの指導をしたいというスピラーさんは「英語と日本語で言葉が通じなくても、共にプレーしたり、ティーチングしたりするときに不自由は感じなかった。バスケを通して会話をすることができたから」と笑顔いっぱい。バスケをプレーしながら医師を目指すというデュールさんは「同じ言語を喋らなくても『つながれる』ということを感じた。将来、医師になって患者と向き合うとき、今回の経験が役立てられたらいい」と何度も頷きながら答えた。

バスケが言語いらずのコミュニケーションツールであればこそ、それを改めて確認するための交流の場は重要になる。国際交流はすぐに目に見えた成果が出るものではないが、そこに携わった人々を介し時間をかけて育まれていく。今回のような草の根の交流を絶やさず、続けていけば、必ず実りがあるはずだ。■

7

6

5

10

9

8
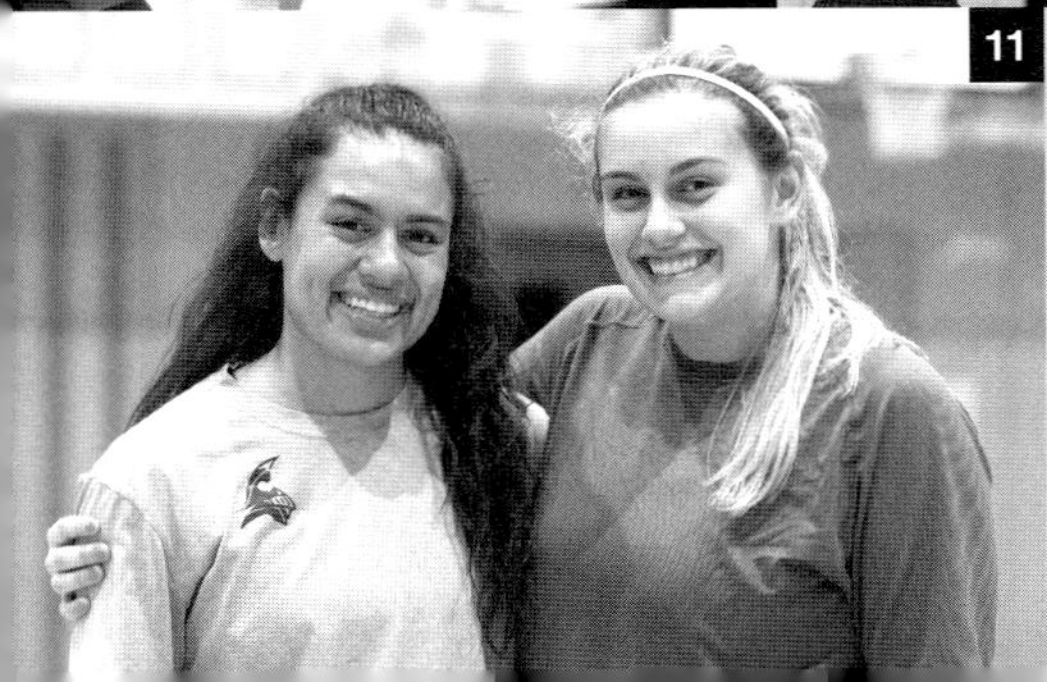
11

1 流通経済大学での英語によるワークショップ。2 英語でコミュニケーションを取りながらみんなで紙飛行機を折る。3 流通経済大学「ジュニアバーシティ」に参加。学生たちとバスケットをプレーした。4 ハイタッチをするなど学生たちをリード。5 一般学生が相手でも手抜きなし？　アイビーリーガーの面目躍如。6 龍ヶ崎市内4校の女子バスケ部を対象としたクリニックを開催。7 多くの子どもたちに声をかけて回る。8 手取り足取り基本からしっかり指導。9 気になるところは通訳を介しアドバイス。10「グッジョブ！　イイネ！」の声で子どもたちも笑顔に。11 左からシエナ・デュール（SIENNA DURR）さん、カリン・スピラー（KALLIN SPILLER）さん。共にコロンビア大学の2年生

【若き指導者の挑戦】

秋田ノーザンハピネッツ　アシスタントコーチ

前田健滋朗

好奇心と向上心が ボクを突き動かす

KENJIRO MAEDA

akita northern HAPPINETS

秋田ノーザンハピネッツのアシスタントコーチに就任した前田健滋朗は2018-2019シーズン、オーストラリアの地にいた。若き指導者は異国の地でなにを学び、日本になにを伝えようとしているのか？

text _ バスケットボール・ラボ編集部
photo _ 吉田宗彦

2018-2019シーズン、比江島慎（宇都宮ブレックス）が海を渡り、オーストラリアのプロバスケットボールリーグ（NBL）に挑戦していたことは、読者諸氏も記憶に残っているだろう。しかし同時期、もうひとりの日本人がNBLに在籍していたことをご存知だろうか？

前田健滋朗――1990年生まれというから、比江島と同学年である。前田は前シーズンのNBLチャンピオン、メルボルン・ユナイテッドの一員として、2018-2019シーズンのファイナルまで戦い抜いた。

ただし、選手としてではない。メルボルンのアシスタントコーチとして、である――。

衝撃を受けたU17世界選手権をきっかけにオーストラリアへ

前田とオーストラリアの接点は2016年にさかのぼる。

当時アルバルク東京のアシスタントコーチ／スカウティングコーチを務めていた前田は、「バスケットボールの家庭教師」を主宰する株式会社ERUTLUC（エルトラック）のコーチングツアーでスペイン・サラゴサにいた。そのツアーの一環として、現地で行われていた「FIBA U17世界選手権」を観戦。そのとき女子の部で優勝したオーストラリアのバスケットに目を奪われたのが始まりだ。

「印象的というより、衝撃でした。バスケットボールの戦術理解度というか、エクスキューション、実行力の高さにビックリしたんです」

大会名からもわかるとおり、戦術を理解し、実行をしているのは16歳、もしくは17歳の女の子たち。しかもチームとしてのまとまりも強い。さらに、これはのちにオーストラリアの文化だと知るのだが、U17女子オーストラリア代表は事あるごとにコートでハドルを組み、チームメイトのいいプレーにはベンチの選手たちが立ち上がって、タオルをブンブンと振り回す。

そのチームを率いているのが当時28歳、自分と同世代の男性がヘッドコーチだったことにも驚かされた。

「その人は常にコーチングをするというより、選手たちのいいプレーにはきちんと拍手をして、必要なときに的確な指示を出す。それが自分の目指すコーチングのスタイルに合っていたので、その人みたいになってみたいなって思ったんですよね」

将来的にはヘッドコーチになることを目指している前田だったが、当時はコーチング力が不足していると自認していた。アルバルク東京で主に担当していたスカウティングについては自信をつけてきていたものの、アシスタントコーチやヘッドコーチへとつながるコーチング力が絶対的に不足している。どうにかオーストラリアに渡って、そのヘッドコーチに会えないか。前田はそう考えていた。

古来「意志あるところに道は開ける」というが、まさしく前田の意志が新しい道を切り開くような出来事が、スペインから帰国した2週間後に起こる。日本バスケットボール協会が主催するコーチングライセンス取得講習会でオーストラリア出身のショーン・デニス（現・滋賀レイクスターズHC）と知り合ったのだ。オーストラリアへの熱い思いをデニスに告げると「もし君に本気で行くつもりがあるなら、紹介してあげるよ」と言われ、前田はその1週間後、オーストラリアに向かう機内の中にいた。

知れば知るほど、もっとオーストラリアで勉強したい

デニスの紹介で渡った最初のオーストラリアでは、U17女子オーストラリア代表を率いていたヘッドコーチに会うこともできたし、これも運命的なのだが、2年後にメルボルンでアシスタントコーチとしてサポートするディーン・ヴィッカーマンHCにも、このときに会っている。彼らと接し、プロチームの練習や子どもたちの育成現場を目の当たりにしたことで「もっとオーストラリアでバスケットを勉強したい」と、前田の気持ちはさらにオーストラリアに向けて加速していく。

翌2017年も3週間ほど滞在し、さまざまなプロチーム、育成現場を見て回った前田は、気持ちを抑えきれなくなり、帰国後ヴィッカーマンにメールを送った。その前年、シドニーからメルボルンに移っていたヴィッカーマンは2017－2018シーズン、冒頭にも記したとおり、メルボルンをリーグ優勝に導いている。

「優勝おめでとうございます。あなたのもとで1年間、勉強したいのですが、お願いできませんか？」

そんなメールだったと前田は振り返る。拙いが、熱意のこもった前田のメールにヴィッカーマンは「OK。社長と相談してみよう」と返してくれた。実際、球団の社長からも連絡があった。

「お前は本当にお金はいらないのか？　ほぼほぼ無給のインターンだぞ。それでもいいのか？」

「それで大丈夫です。コーチングの勉強がしたいから行きたいんです」

「わかった」

こうして2018－2019シーズン、前田はメルボルン・ユナイテッドのアシスタントコーチとして迎え入れてもらうことになったのである。

言葉の壁を“ask”と“listen”で乗り越えていく

ここでひとつ、重大なことを記しておきたい。

前田は英語が喋れない。

海外に活躍の舞台を求める、もしくは挑戦をしようと思ったとき、日本人にとって言語は越えなければならない壁のひとつだ。それを理由に二の足を踏む人だっているはずだ。しかし、前田はなんとかなると躊躇をしなかった。その熱意が通じたのか、ヴィッカーマンHCも素晴らしい対応を取ってくれたと前田は明かす。

「コーチ・ディーン（・ヴィッカーマン）は自分が英語を話せないことを理解してくれていました。チームの前で英語を話すことが苦手だということも。だから基本的に自分がチームの前に出て話さないようにしてくれて、でも僕がなにかをすれば、『ケニー（前田のメルボルンでのニックネーム）がやってくれたよ』と言ってくれるんです。自分のいいところを見てくれたんですね。これは今後の自分のコーチングにも大きく残るところかなって思っています」

むろん、英語が喋れないからといって、1年間ずっと沈黙を貫いていたわけではない。実際、試合後のミーティングで選手にフィードバックをしなさいと言われたこともある。当然、前田の頭の中は真っ白になってしまう。英語が喋れないのに、どうフィードバックをすればいいんだ……。

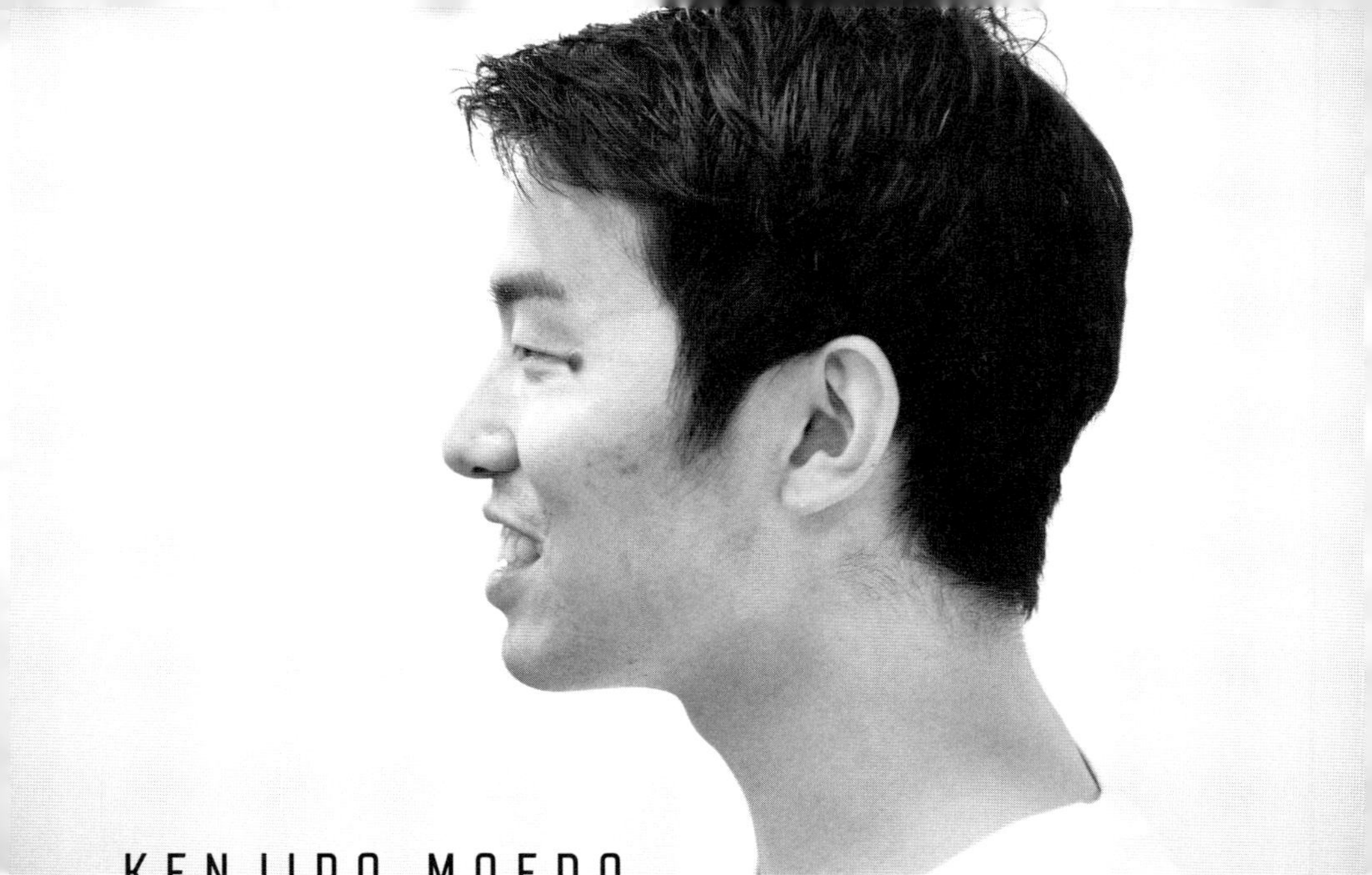

KENJIRO MAEDA

akita northern HAPPINETS

「そのときコーチが言ったんです。『ask』と。選手に尋ねろって言うわけです。それまでコーチングっていうと教えなきゃいけないと思っていたんです。でもコーチ・ディーンは『喋らなくていいから、フィードバックする映像を見ながら、なんでこのプレーをしたのか、このプレーはいいのか悪いかをどんどん聞いて、それに対して選手に答えさせなさい』って言っていたんですね。それはヘッドコーチ自身がフィードバックのときにやっていることでもありました。それをきっかけに自分はコミュニケーションで『ask』とか『listen』を意識し始めるようになったんです」

コーチからなにかを伝えるのではなく、選手からそのなにかを引き出そうとする。それを重ねていくと、シーズンの終盤にはコーチが話し出す前に映像を見ながら選手のほうから「今のプレーはよかった」「このスクリーンはよかったぞ」という声が上がってくる。それこそがバスケットの内容もさることながら、メルボルンが2年連続でファイナルに進出できたひとつの要因なのかもしれない。

コーチングに〝間違い〟はない アプローチが異なるだけ

NBLの1シーズンは決して長くない。レギュラーシーズンは10月から2月までの5カ月間で、1チーム当たり28試合のみである（その後上位4チームによる3戦2先勝方式のセミファイナル、5戦3先勝方式のファイナル）。その期間で前田は、実に多くの、それでいて濃い内容のコーチング哲学やチーム作りの手法を学んだ。

だが、なによりも大きかったのは、やはりヴィッカーマンHCとの出会いだ。

メルボルンで学んだことを次世代に引き継いでいかないといけない。

「とにかくマネジメント力が高いんです。常に選手とチームがどうまとまるかを考えています。もちろんバスケットについてもNBLでチームを優勝に導くヘッドコーチなのでめちゃくちゃ知識があります。コーチングの能力としても、優しいながら言うべきことはすごくはっきり言うんです。でもそれを常に言い続けるというより、一歩下がってコーチングするところに魅力を感じました」

正直なことを言えば、と前田は苦笑いをしつつ、オーストラリアにいく前はルカ・パヴィチェヴィッチHC（アルバルク東京）のやり方がすごいと思っていた。ダメなところがあれば、何度でもやり直しをさせ、完璧を求める。だからBリーグでも2連覇を達成することができたのだ。

「いろんなコーチングのスタイルがあって、しかもそのどれもが間違いではないと思うんです。どのコーチも選手やチームのベストを出させようという点で同じだと思います。ただそのアプローチが違う。僕は自分の性格的にもコーチ・ディーンのアプローチの仕方のほうが合っていると思うから、今は彼のようになりたいと思っているんです」

そして師事する相手と出会い、そこで多くのことを学んだからこそ、前田自身がやらなければならないことがあると気がついた。

「さまざまなバスケットの歴史があるなかで、メルボルンで学んだことを次世代に引き継いでいかないといけない、よりよくしていかなければいけないってことを、バスケットに関わる者として改めて学びました。今、バスケットを仕事としてさせてもらっているところで、それに関わる人が減っていくわけにはいきません。それはスポンサーや集客といったビジネス的なところもありますけど、ファンやコーチを作るのもコーチの仕事なのかなと思うんです。もちろん選手も育てなければいけませんが、選手はいつか必ず引退するものです。そういったバスケットの根幹になる部分をしっかりと引き継いでいく。それが必要なのかなと思いました」

その思いを抱えて、前田は2019－2020シーズン、Bリーグの秋田ノーザンハピネッツとアシスタントコーチの契約を結んだ。

“make others better”を未来に継承し続ける

「バスケットを通して自分になにができるのか。プロのコーチとしてどういうことをしていくべきなのか。秋田のファンはすごく熱狂的で、選手の懸命なプレーを見に来ている。そうしたいいものを見せることで地域が元気になるというか、それを見て次の日の朝『昨日のハピネッツはすごかったよね』って話題になる。それがバスケットの価値だと思います。その点において秋田にはすでに素晴らしい文化があります。それに対して、いかに自分がよりよくできるか。今まで積み上げてきたものをいかにベターにさせられるか。それが僕自身の今シーズンからのチャレンジだと思っています」

“make others better”——自分以外の人をよりよくさせよう。これはメルボルン・ユナイテッドが大切にするチームカルチャーのひとつで、前田は最も感銘を受けたフレーズのひとつでもある。

むろんオーストラリアと日本、メルボルンと秋田とでは培ってきた

前田の熱意と仕事ぶりを評価してもらえたからこそ、メルボルン・ユナイテッドで1シーズンを学ぶことができた（写真提供：前田健滋朗）

文化や歴史、風土も異なる。メルボルンで学んだことがすべて秋田に当てはまるわけではない。むしろ、そのアプローチがうまくいかないのであれば、自分を変えなければいけないとさえ前田は思っている。

「ただそういったアプローチを自分が持っている、知っていることはコーチングをするうえで武器になってくると思います。それを使うか使わないかは自分次第。もちろん選手によっても変わると思います。きれい事だけでできる世界ではないと思いますし、プロである以上、盛り上げることはもちろんですが、勝つという結果を残すことも大事になってきます。しかも自分はアシスタントコーチです。自分のやり方はあくまで自分のやり方で、アシスタントコーチとしてはいかに前田顕蔵HCをサポートするか。ヘッドコーチのやり方に対して、それと同じ方向を向いてもらうように選手を誘導する、もしくは引っ張る。それが自分の役割だと思っています」

選手であれ、コーチであれ、海外に挑戦をしようと思えば、言葉を含めて、その壁は高い。しかし前田健滋朗は、その高くて厚い壁を「学びたい」という思いだけで乗り越えてみせた。むろん言葉を操ることができれば、もっと深く学ぶことはできたかもしれない。それでも、海外に行ってただ試合を見るのと、その裏側にある練習やコーチングを肌で知れることのあいだには、やはり大きな差がある。

「一度行ってみたら、やみつきになるんですよ（笑）。やみつきって言うと変ですけど、こんな考え方があるんだ、こんなやり方があるんだと、どんどんどん学ぶ意欲が増してくるんです」

前田をはじめとした若き指導者たちの向上心、意欲こそが日本のバスケット界のさらなる推進力となる。■

KENJIRO MAEDA

akita northern HAPPINETS

profile

前田健滋朗（まえだ・けんじろう）

1990年生まれ、大阪府出身。アルバルク東京のアシスタントコーチ／スカウティングコーチを経て、2018-2019シーズン、オーストラリアのプロリーグ（NBL）のメルボルン・ユナイテッドでアシスタントコーチを務めた。2019-2020シーズン、秋田ノーザンハピネッツのアシスタントコーチとしてBリーグに復帰する。

PRESENT

プレゼントの応募方法

バスラボ購読者の中から抽選で合計６名様に
下記いずれかの賞品をプレゼント致します。
応募方法をよくお読みのうえ、ふるってご応募ください。

Ⓐ ３名
田村大 サイン入り
バスラボ オリジナルポスター

Ⓑ １名
藤岡麻菜美 サイン入り
JX－ENEOS
Tシャツ

佐々宜央 HC サイン入り書籍
『バスケットボールの
戦い方』

Ⓒ １名

大野篤史 HC サイン入り書籍
『ボールマンが
すべてではない』

Ⓓ １名

ご応募は **Twitter**（ツイッター）か **Instagram**（インスタグラム）で受付します。
ご自身のアカウントを使って、以下４点を必ず入れて投稿してください。

1. お買い求めになった本書（バスラボ）を撮った写真
   ※画質や撮り方の良し悪しは問いません。
2. ＃バスラボ
3. 本書をお読みになっての感想（Twitter の場合、短い文章で OK ！）
4. 希望の賞品の記号

2019 年 9 月 30 日 23:59 までに投稿されたものの中で抽選を行います。
その後、本書の版元である「東邦出版」の公式アカウントより DM にて当選のお知らせを致しますので、
アカウントのメッセージ機能を ON にしておいてください。

cover story

このアングルから描くことで躍動感や上昇していくイメージ、「バスラボ」の大いなる門出、スタートを表現しました。日本バスケットボールの果てしない可能性への期待も込めて、全精力をぶつけて描きました。

カバー・イラストレーション
田村 大

Basketball Lab 日本のバスケットボールの未来。

2019年9月20日　初版第1刷発行

発行人
保川敏克

制作
シーロック出版社

編者
バスケットボール・ラボ編集部

編集
有限会社ライトハウス
黄川田洋志

WRITE AND WRITE
網野友雄
石川哲也
泉 誠一
片岡秀一
木村雄大
小谷 究
佐久間一彦
佐々木クリス
西原雄一
三上 太
宮地陽子

デザイン
有限会社ライトハウス
井上菜奈美
石黒悠紀

カメラマン
少路昌平
谷内仁美
長谷川拓司
吉田宗彦

編集補助
及川輝也
斉藤美織

発行所
東邦出版株式会社
〒169-0051
東京都新宿区西早稲田 3-30-16
http://www.toho-pub.com

印刷・製本
株式会社 Sun Fuerza

本文用紙：B7 トラネクスト AT 55.0kg